资源教室课程建设与实施

魏寿洪 著

重庆大学出版社

图书在版编目（CIP）数据

资源教室课程建设与实施 / 魏寿洪著. -- 重庆：重庆大学出版社, 2023.3

特殊儿童教育康复培训教材

ISBN 978-7-5689-3728-3

Ⅰ.①资… Ⅱ.①魏… Ⅲ.①儿童教育—特殊教育—课堂教学—教学研究—教材Ⅳ.①G764

中国国家版本馆CIP数据核字（2023）第037059号

资源教室课程建设与实施

ZIYUAN JIAOSHI KECHENG JIANSHE YU SHISHI

魏寿洪　著

策划编辑：陈　曦

责任编辑：李桂英　杨　扬　　版式设计：陈　曦

责任校对：谢　芳　　　　　　责任印刷：张　策

*

重庆大学出版社出版发行

出版人：饶帮华

社址：重庆市沙坪坝区大学城西路21号

邮编：401331

电话：（023）88617190　88617185（中小学）

传真：（023）88617186　88617166

网址：http://www.cqup.com.cn

邮箱：fxk@cqup.com.cn（营销中心）

全国新华书店经销

重庆华林天美印务有限公司印刷

*

开本：787mm×1092mm　1/16　印张：20.00　字数：372千

2023年3月第1版　2023年3月第1次印刷

ISBN 978-7-5689-3728-3　定价：58.00元

推荐序 1

我国资源教室的建设走过了几个阶段，首先是"资源教室"这个概念引入国内，各地开始尝试建设资源教室，这个阶段资源教室建设的重点在硬件与设施的建设上。在此基础上，我国逐渐探索资源教室运作机制，研究资源教室的工作如何有效开展，探索资源教师如何培养，这个阶段的重点是结合随班就读案例研究资源教室实施机制，以个案管理为基本线索的资源教室方案逐渐成熟，一批有经验的资源教师也成长起来。如今，我国资源教室建设深入活动内容的研究，即资源教室课程建设与实施的阶段，资源教室教师的专业化发展提上了议事日程。"十四五"期间，我国将着手进行五级资源支持体系的服务传递系统的建设，包括国家、省、市和区县四级资源中心，学校一级的资源教室，其中学校一级的资源教室覆盖面最广，且直接服务于一线有特殊教育需要的学生。位于五级资源支持体系中的资源教室将在我国融合教育中发挥越来越有效的作用。

以魏寿洪教授为首的作者团队是由高校专家和一线资源教室教师结合起来的，已经就资源教室的相关内容进行了相当长时间的研讨与实践。他们经历了资源教室建设与运作机制阶段，资源教室方案建设与师资培养阶段，再进入本书涉及的主题——资源教室课程建设与实施的阶段。所以，本书是建立在循证本位实践基础上的一本关于资源教室专业活动与具体实施操作的专著，与当前融合教育发展趋势对资源教室的要求十分合拍。

本书与资源教室服务需求关系密切。该书关注当前资源教室服务的热点问题，涵盖了行为辅导、社交技能、基本学习能力（含注意力、识字、阅读与写作能力等）、康复训练等资源教室常见的内容，能够较好地满足一线资源教师针对特殊教育需要学生进行支持服务的需求，从而有效开展资源教室的相关活动。

本书在内容上有自身的特色。该书将劳动技术教育纳入资源教室的课程。劳动教育是近期召开的全国教育大会上强调的内容，要求学生弘扬劳动精神。如何在随班就读的学生中强化劳动教育，资源教室应该是有效途径之一，可通过资源教室的个别化教育支持方案将有特殊教育需求学生的劳动教育渗透到学校教育教学活动、家庭生活和社区适应。

本书有资源教室课程建设与实施的明晰结构。该书将资源教室课程内容分成课程概述与内容纲要、评估及方法、实施以及案例分析，这样的基本结构框架让资源教室的工作内容与工作流程显得非常清楚，便于读者学习和应用。

本书有非常实用的操作性。该书的内容比较详实，操作性较强，案例分析具有代表性和示范性，给各地资源教室教师以参考示范作用，尤其对新从事资源教室工作的同行有实际的帮助，能够让他们尽快进入资源教师的角色，开展资源教室服务。

我谨向服务在融合教育一线的资源教师推荐本书，这是一本每个资源教室都应该配备的专业书籍，它能用于指导资源教室的实际工作，协助资源教师尽快成长；本书也适合作为在校师范专业学生学习资源教室的教材或参考书。本书值得国内从事各级资源（中心）教室工作的专业人士，以及进行资源（中心）教室研究的理论工作者一读。我衷心希望能看到更多这样具有理论性、专业性和实用性的书籍出版问世，持续推进我国融合教育资源（中心）教室系统深入地发展。

许家成

推荐序 2

随班就读是融合教育在我国的普遍形式。2017年出台的《残疾人教育条例》，提出"普校优先"的政策，之后无论是政府工作报告还是地方法规都遵循这个重要方针表述。《中国教育现代化 2035》提出要"办好特殊教育，推进适龄残疾儿童少年教育全覆盖，全面推进融合教育"。2020年出台的《关于加强残疾儿童少年义务教育阶段随班就读工作的指导意见》，进一步细化了"随班就读""普校优先"的政策。2021年《"十四五"特殊教育发展提升行动计划》提出，到 2025年初步建立高质量特殊教育体系，将"推进融合教育"作为重要的任务举措之一。可见，我国的特殊教育发展已经进入全面推进融合教育，并不断追寻质量提升的新阶段。融合教育质量的提升离不开相关机制的完善和支持体系的建设。其中资源教室就是推进残疾儿童少年在普通学校融合教育的关键支持。我国曾在 2016年发布《普通学校特殊教育资源教室建设指南》，对普通学校特殊教育资源教室的建设和管理进行规范。但在资源教室建设的实践中，依然存在重"设备"轻"课程"，为普通学校残疾学生提供特殊教育、康复训练和咨询的作用发挥得不充分等问题。

为了充分发挥资源教室的功能，重庆师范大学融合教～～任魏寿洪教授带领的团队，自2013年起开～～学校上学的各类残疾学生提供资源教室辅导～～研究，并且重点关注资源教室课程建设。经

过多年的不懈努力，逐步形成了资源教室的行为辅导课程、社交情绪课程、注意力课程、学业辅导课程等资源教室课程方案，并在多所普通学校资源教室进行实践，取得了显著的成效。如今研究者将成果集中表达，形成了《资源教室课程建设与实施》一书，包括资源教室课程建设方案、资源教室行为辅导课程建设与实施、资源教室社交技能训练课程建设与实施、资源教室基本学习能力课程建设与实施、资源教室劳动教育课程建设与实施等五部分。

该书以资源教室相关研究为基础，扎根我国随班就读的实践，从资源教室功能定位出发，以特殊儿童为中心构建资源教室课程方案，在此基础上开展循证实践，并不断修订完善。该成果不仅在一定程度上指导了资源教室的建设，更重要的是指导了资源教师的教学，实践性强。魏寿洪 2012 年博士毕业于北京师范大学特殊教育专业，博士毕业后任重庆师范大学教育科学学院特殊教育专业的教师。很高兴看到他作为中国年轻一代特殊教育研究者这些年脚踏实地扎根中国随班就读实践，进行研究并结出果实。望今后能继续保持及发扬，在中国特殊教育、融合教育的研究领域贡献更多的智慧。特为序。

北京师范大学教育学部

前　言

资源教室是推进残疾儿童少年在普通学校融合教育的关键支撑，对全面提高特殊教育普及水平具有不可替代的作用。《特殊教育提升计划（2014—2016 年）》实施以来，资源教室如雨后春笋般在全国各地建立起来。然而，资源教室在建设过程中却存在诸多问题，如大多是以设备为中心，资源教室课程建设严重不足，资源教室教师不知道教什么。

面对这些问题，重庆师范大学融合教育研究中心自 2013 年开始不断深入普通学校，为特殊学生提供各种支持服务，并在重庆师范大学校内为在普通学校上学的各类特殊学生提供资源教室辅导服务。学校经过不断研究与实践，逐渐形成了行为辅导课程、社交情绪课程、注意力课程、学业辅导课程等资源教室课程建设方案。这些课程方案也在普通学校资源教室中被逐步推广与使用，且效果明显。

基于此，本书主要分为如下六个部分。第一部分是对资源教室课程建设方案做整体介绍，包括资源教室方案的缘起、资源教室及资源教室课程建设相关研究概况、资源教室课程建设思路与方法等；第二部分到第六部分则是对资源教室课程做的具体介绍。其中，第二部分主要介绍资源教室行为辅导课程建设与实施，包括资源教室行为辅导课程概述、资源教室行为辅导课程评估、资源教室行为辅导课程实施；第三部分主要介绍资源教室社交技能训练课程建设与实施，包括资源教室社交技能训练课程建设概述、资源教室社交技能训练课程评估、资源教室社交技能训练课程实施；第四部分主要介绍资源教室基本学习能力课程建设与实施，包括资源教室基本学习能力课程概述、资源教室基本学习能力课程的评估、资源教室基本学习能力课程的实施；第五部分主要介绍资源教室基本康复课程建设与实施，包括资源教室基本康复课程概述、资源教室康复课程心理课程实施；第六部分主要介绍资源教室劳动教育课程建设与实施，包括资源教室劳动教育课程概述、资源教室劳动教育课程评估、资源教室劳动教育课程实施。

本书尝试从资源教室自身的功能出发，以特殊学生的发展为本位，设计了资源教室课程建设方案，并在研究与实践基础上不断对其进行修改与完善，具有较强的实践性。本书提及的相关评估工具、教学设计方案、教学表格、案例分析等对资源教室教师的教学具有借鉴作用。

本书第一章由魏寿洪（重庆师范大学）撰写，第二章、第三章、第四章由魏寿洪、米韬（广东省珠海市特殊教育学校）、冯吉荣（北京市通州区特殊教育中心）共同撰写；第五章、第六章、第七章由魏寿洪、余琳（四川省双流棠湖中学怡兴实验学校）、蓝远婷（广东省广州市黄埔区知明学校）共同撰写；第八章、第九章、第十章由魏寿洪、杜艾静（重庆市沙坪坝区教师进修学院）、韦天琪（重庆市璧山区永嘉实验小学）、罗芸（浙江省温州特殊教育学校）共同撰写；第十一章、第十二章由李文冉（湖南省长沙市特殊教育学校）、齐锦涛（长沙特殊教育学校）共同撰写；第十三章、第十四章、第十五章由范洋（德阳特殊教育学校）、刘婉（重庆师范大学）共同撰写。

本书参考了大量的相关研究，并尽量对所有引用的学术观点一一注明。但由于水平有限，书中难免有不当之处，敬请读者和同行批评指正，以便修正完善。

本书是 2021 年重庆市社会科学规划英才计划项目"义务教育阶段随班就读学生评价体系建构及应用研究"（项目批准号：2021YC073）；2022 年重庆市教育委员会人文社会科学研究重大项目"智能媒体时代残疾青少年社交媒体使用技能的评估及干预研究"（项目批准号：22SKGH079）；2022 年重庆市教育科学"十四五"规划重点课题"特殊教育医教康结合一体化运行模式研究"（项目号：B059）；2022 年重庆市语言文字科研项目"孤独症儿童隐喻能力康复训练研究"的阶段性成果，得到重庆师范大学教育科学学院教育学"十三五"市级重点学科建设出版基金资助，得到重庆师范大学 2021 年校级出版基金资助（21XCB14），在此表示感谢。

目　录

第一部分　资源教室课程建设方案概述

第一章／
资源教室课程建设方案概述

第一节　资源教室课程建设缘起

一、融合教育发展呼唤资源教室建设

让特殊学生进入普通学校学习已成为我国特殊学生安置的主要形式。这一安置形式在我国诸多相关法律法规中得到了确认。2017 年，我国新修订的《中华人民共和国残疾人教育条例》（以下简称《残疾人教育条例》）第三条指出：残疾人教育应当提高教育质量，积极推进融合教育，根据残疾人的残疾类别和接受能力，采取普通教育方式或者特殊教育方式，优先采取普通教育方式，此外为了让特殊学生在普通学校接受特殊教育专业服务，该条例还指出"优先在部分普通学校建立特殊教育资源教室"。由此可见，《残疾人教育条例》已经将推进融合教育、建设资源教室放在极其重要的位置。除了法律法规，国务院出台的相关文件也成为融合教育发展和资源教室建设的助推剂。2014 年和 2017 年国务院办公厅颁布了《特殊教育提升计划（2014—2016 年）》和《第二期特殊教育提升计划（2017—2020 年）》，两项计划均提出要全面推进全纳教育，以区县为单位统筹规划，重点选择部分普通学校建立资源教室，配备专门从事残疾人教育的教师（以下简称"资源教师"），指定其招收残疾学生。招收残疾学生 5 人以上的普通学校也要逐步建立特殊教育资源教室。2021 年，国务院同意并转发的《"十四五"特殊教育发展提升行动计划》更是指出要推进融合教育，提升特殊教育质量。由此可见，积极推进融合教育并在普通学校设立特殊教育资源教室，既是我国融合教育发展的重要任务，也是提升融合教育质量的关键支撑。基于此，全国各地推进资源教室建设，2012 年北京市资源教室建设数量达到 148 个。近年来随着融合教育的积

极推进，各地资源教室数量成倍数增长。资源教室建设成为推动融合教育发展的重要力量。

二、资源教室规范化发展成为必然

资源教室方案起源于 1913 年 Robert Irwin 为视力障碍者提出的合作计划，该计划是关于资源教室建设的最初理论。随着最少受限制环境、回归主流和融合教育的发展，资源教室应运而生。Dunn 认为特殊教育想要成为普通教育的一部分，就必须打破人为的隔离环境。Dunn 的研究发现，轻度智力障碍的学生在特殊教育班（以下简称"特教班"）的学习成效并没有明显优于普通班，他认为特教班的设立是与民主精神相违背的，同时提出应该设立具有诊断功能的教学中心、巡回辅导或资源教室。20 世纪 70 年代以后，受"回归主流"的特殊教育思潮和运动的影响，越来越多的特殊学生回归到普通学校与普通学生一起接受教育，为了让特殊学生在普通教育中获得适合的教育，资源教室的建设逐渐成了特殊教育发展的主流。

我国资源教室建设起步相对较晚。20 世纪 80 年代随着融合教育理论进入我国，我国开始探索适合国情的特殊教育安置形式，并于 1994 年实行随班就读模式。随班就读是指让部分肢体残疾、轻度智力障碍、低视力和重听等残障孩子进入普通班就读的一种方式。自此，随班就读就成为我国特殊教育重要的安置形式之一。随着大量特殊学生进入普通学校，如何保证普通学校特殊学生的教育质量就成为随班就读需要重点考虑的问题，而资源教室就成为解决此问题的关键。1997 年，北京市建立我国第一个资源教室，随后全国各地开始陆续建立资源教室，特别是 2014 年国务院办公厅颁发的《特殊教育提升计划（2014—2016 年）》，更是助推了资源教室在全国各地如雨后春笋般被建立，该计划要求尽可能在普通学校安排残疾学生随班就读，加强特殊教育资源教室、无障碍设施等建设，为残疾学生提供必要的学习和生活环境。自此，资源教室成为推进融合教育发展的关键支撑。全国各地开始对资源教室建设进行积极有益的探索，但是特殊教育资源教室工作的基础薄弱，数量较少且相关设备不完善、资源教师缺乏和资源教室无法发挥应有作用等突出问题亟待解决。为此，2016 年教育部办公厅专门印发了《普通学校特殊教育资源教室建设指南》，该指南对资源教室的总体要求、功能作用、基本布局、场地及环境、区域设置、配备目录、资源教室及管理规范做了详细阐述，使得资源教室建设更加规范化、制度化。为能更加有效地推进融合教育工作的发展，2020 年教育部出台了《关于加强残疾儿童少年义务教育阶段随班就读工作的指导意见》，该指导意见明确提出要加强资源教室建设，县级以上人民政府要根据残疾儿童入学分布情况，合理规划，统筹布局，在区域内选择若干普通学校设立特殊教育资源教室，对接收 5 名以上残疾学生随班就读的学校设立专门的资源教室，并按照特殊教育资源教室建设指南，根据学生残疾类别配备必要的教育教学、康复训练设施设备和资源教师及专业人员。对其他接收残疾学生随班就读的普通学校，也应给予相应的支持。要进一步提升资源教室的使用效率，充分利用资源教室为残疾学生开展个别辅导、心理咨询、康复训练等特殊教育专业服务。经过 20 多年的发展，我国资源教室经历了"从无到有，从无序到有序，从零星建设到遍地开花"的发展过程。可以看出，随着融合教育的发展，资源教室建设越来越规范。

三、课程建设是资源教室建设的关键

虽然我国积极推进资源教室建设，投入大量经费用于资源教室建设，但在资源教室建设过程中还存在如下问题：

（一）以设备为中心

由于缺乏对资源教室功能的理解，我国资源教室普遍购买大型医疗康复器材，如感统设备、言语设备、运动设备、心理设备及休闲娱乐设备，而直接用于支持学生的学具较少，这种以设备为导向的做法表现出我国资源教室建设以物资取胜的错误倾向。

（二）资源教室课程较少

虽然资源教室形态框架已经被搭建，但在资源教室开展的课程与教学相对有限。相关调查数据表明，资源教室普遍存在"有室无人"的现象，只有在被参观或被检查时才被打开；还有一些资源教室虽然用于开展相关课程，但教师们往往根据自己的理解进行教学，并且在资源教室开展的课程五花八门，是否能真正解决特殊学生的问题，是否能促进其参与普通教育课程，尚不得知。即便部分地区开始对资源教室课程建设进行积极探索，但资源教室建设理论尚未形成体系，也缺乏真正可操作的实践方案。

（三）资源教师不知教什么

如前所述，由于缺乏可操作性的资源教室课程理论体系，资源教师往往会根据自己的理解，把特殊学生放在资源教室开展一些娱乐活动，尚不能真正给予特殊学生专业服务。由此看来，资源教室课程建设是资源教室建设的关键。

第二节　资源教室相关研究

一、资源教室的内涵

　　不同时期、不同学者对资源教室的内含做了不同界定。Wiederholt、Hammill和Brown认为资源教室主要是能让特殊学生在普通环境中接受特殊教育服务，以解决这些学生在普通班级无法克服的困难，同时协助特殊学生能有机会在普通环境中充分发挥学习潜能。Harris和Schutz认为，资源教室存在的主要目的是弥补特殊学生在学科、行为和社会技巧的不足，协助他们成功适应普通教育环境。资源教师除了给特殊学生提供直接服务，还要透过间接方式为普通班级教师提供教育咨询。Mcnamara认为资源教室存在的目的是为特殊学生在普通班级获得成功服务，让这些学生以在普通班级参与教学活动为主，资源教室在必要时提供特殊需求。林坤燦认为，资源教室是依据他们的需要而在特定的时间，为就读普通班级的特殊学生提供特殊教育课程或资源协助的某一种教学环境。张明璇指出，制订资源教室的方案是特殊学生就读普通学校的一项教育措施，资源教室方案服务的学生是具有特殊需求的少数学生。资源教室设置的目的是要充分发挥支持与桥梁的角色，利用校内、校外各项资源满足特殊学生在普通学习环境所表现的需求，让他们能够顺利接受教育。许家成认为，资源教室是在普通学校建立的集特殊教育课程、教材、专业图书以及学具、教具、康复器材于一体的专门的教室。它具有为特殊教育需求儿童提供咨询、个案管理、教学心理诊断、拟订儿童个别化教育计划、教学支持、学习辅导、个别补救教学、康复训练和教育效果评估等多种功能，以满足具有显著个别差异儿童的特殊教育需求。

　　综合众多学者对资源教室的定义，资源教室的主要目的是协助特殊学生适应普通的教育环境，并满足他们的特殊教育需求。特殊学生主要在普通班级进行普通教育、以学习普通课程为主，部分时间到资源教室接受特殊辅导。资源教室除了对特殊学生的直接服务，还承担了为普通班级教师、家长、社会人员提供咨询和特殊教育知识推广的任务，为特殊学生营造良好的学习生活支持服务系统。

二、资源教室的性质

资源教室的性质决定了资源教室的定位和方向。张蓓莉（1991）提出资源教室应具有以下四种性质：

（一）支持性

资源教室所提供的服务是协助特殊学生在行为、学业、学习策略和其他与学习相关的项目上的成长和进步。

（二）个别性

特殊学生接受辅导的内容和时间是资源教师依据个别化教育计划教育目标的个别化需求来安排的。

（三）统整性

学生的个别化教育计划应由资源教师、普通班级教师和其他相关人员共同拟订，使个别化教育方案更系统。

（四）暂时性

特殊学生在资源教室接受辅导并不是永久的，资源教师会依据学生的学习状况，适时调整辅导的内容和辅导的时长。

此外，杨坤堂（1995）提出资源教室具有以下特征：

（1）全校性：资源教室需要全校人员参与和配合。

（2）本校性：资源教师由本校编制内人员担任。

（3）经济性：相比于特教班，资源教室更具经济性。

（4）有效性：资源教室的教学制度优于现行的教学制度。

（5）多样性：资源教室具有普通班和特教班的功能。

（6）预防性：资源教室具有早期教育诊断和临床教学的功能。

（7）支持性：资源教师能协助普通班教师改善教学策略，解决特殊学生的学习困难。

（8）诊疗性：资源教室实施教育诊断和疗育。

（9）特教性：资源教室方案符合特殊教育的精神和理念。

（10）人文性：资源教室方案能避免学生被标记和隔离。

资源教室的性质反映了资源教室的优越性。在普通教育中，资源教室充当的是一个支持者、协调者的角色。当特殊学生在普通教育中遇到问题，就会在资源教室寻求个性化的服务内容和服务方式，直接获得支持；当他们能在普通教育中获得适当的教育时，就可以退出资源教室，由资源教师通过协调提供间接支持。

三、资源教室的服务对象

王振德认为，资源教室服务的对象以特殊学生为主，在资源充足时，也可以辅导临界智能不足、严重低成就学生或个案。

（1）轻度智能不足者：智商为 60~79。

（2）其他障碍类别：学习障碍、听力障碍、语言障碍、视力障碍、肢体障碍、性格行为异常、身体病弱等，应根据学生需要辅导的程度和学习状况，再决定是否将其安置在资源教室。

（3）临界智能不足者：智商为 70~85，学习成就提升较迟缓者。

（4）严重低成就：学业成就偏低，通常是班级中成绩最差的 1%~2%（最差的 1~3 名）。

四、资源教室类型

（一）单类（特定类别）的资源教室

单类的资源教室是为单一特定类型的障碍学生设置的，如听力障碍资源教室、学习障碍资源教室、智力障碍资源教室等。这种类型的资源教室适合人口稠密的地区或某种障碍类型多发的地区。资源教室设备、资源教师的专长、专业人员的协助等方面更具有针对性，更容易满足某类障碍学生的特殊教育需求。

（二）跨类的资源教室

跨类的资源教室是为两种或两种以上障碍类型的学生设置的，如智力障碍和学习障碍资源教室。该类资源教室适合人口较少的地区，服务的障碍类别较多，服务的人数也较多。缺点是师资力量薄弱，资源教室的设置和设备很难同时满足不同障碍类型学生的特殊教育需求。

（三）不分类的资源教室

不分类的资源教室的服务对象不分障碍类型。目前我国大多采用不分类的资源教室。它的优点是消除了"标签"的影响，不过分强调学生的障碍类型，更多关注满足特殊学生的需求。

资源教室的类型根据服务的方式还可以分为直接服务资源教室和间接服务资源教室。直接服务资源教室以特殊学生的个别需求为服务重点，为其提供诊断评估和针对性的教学活动。间接服务资源教师以协调特殊学生周围的环境，协助特殊学生为重点，为普通班级教师提供教学策略咨询，为家长提供家庭活动咨询，同时为校内的任课教师和相关行政人员提供特殊教育知识的培训。直接服务和间接服务内容可以整合到同一个资源教室中，这样可以使资源教室的服务更为多元化。

五、资源教室的功能

不同时期、不同学者对资源教室的功能做了不同界定。Harris 和 Schutz 指出资源教室具有评估、教学、咨询与在职训练四大功能。

（1）评估。评估是指资源教师收集特殊学生的基本资料，通过各种评估方式（如标准化测验、量表、课程评量、访谈、观察等）来整体评估特殊学生，再根据他们的评估结果拟订个别化教育计划，提供适合的特殊教育。

（2）教学。根据个别化教育计划，制订具体教学计划，依据特殊学生的需要在执行教育计划过程中适当调整课程与教学，提供个别化的教学。

（3）咨询。资源教室除了为特殊学生提供直接的评估和教学活动，同时为特殊学生家长、普通班级教师、相关行政人员提供教育咨询与服务。

（4）在职训练。资源教师要向校内的普通班级教师和相关行政人员进行特殊教育理念和特殊教育知识的宣传和指导，对其进行相关训练，让普通班级教师和相关行政人员更好地了解特殊学生的特殊教育需要，为特殊学生创造适合其发展的教学和支持。

林坤燦指出，资源教室的功能包括诊断评量、教学辅导、咨询、对相关人员进行在职训练等。

（1）诊断评估。收集特殊学生的基本资料，再通过标准化测验、量表、访谈及观察等方式，了解特殊学生在学习、生理、心理、社会适应等各方面的优缺点，需要根据特殊教育的项目及其优先次序，拟订并执行个别化教育计划。

（2）教学辅导。教育辅导包括学科辅导和学习技巧与策略辅导两个方面。比较重要的教学辅导是针对特殊学生的障碍类型，对迫切需要充实或补救的学科进行特殊专门训练（特别需要训练的领域，如社交技能训练等）。

（3）咨询。资源教师需要为普通班级教师、家长或大众提供特殊教育咨询服务，帮助普通班级教师解决特殊学生在普通班级学习和生活的适应问题，同时需要帮助家长解决特殊学生在家庭教育过程中出现的心理和行动问题。

（4）在职训练。在职训练主要指学校普通班教师的特殊教育知能训练，资源教师应通过不同的在职训练机会，传递特殊教育的理念及实质做法，让普通班级教师了解特殊学生的需要，并且在与资源教师的合作中，普通教师可以帮助特殊学生更好地适应普通班的学习环境。

（5）特殊教育知识推广。 资源教师需担负起向家长或大众进行特教知能推广的重责。特教知能推广越深入，发现的个案就越多。资源教师对个案进行鉴定和安置后，一方面可以服务更多的特殊学生， 另一方面会使越来越多的人关怀、接纳，甚至付诸行动，帮助特殊学生。现有研究发现，资源教室大都重视评量和教学功能，对在职培训和特教知能的宣传都不重视。Evans 的研究发现，学校在发挥资源教室功能上，资源教师的教学功能占 57%，评鉴与诊断功能占 16%，咨询功能占 12%， 行政功能占 10%，其他功能占 5%。蓝祺琳同样发现资源教师重视直接服务而忽视间接服务。资源教室提供的服务是支持性的，也是暂时的，特殊学生最终还是要回归到普通班级中，只有对普通班级教师、学校相关行政人员和家长提供好咨询服务和特教知能培训，才能保证特殊学生在普通班级中获得更有利的教育和学习环境。我国 2016 年颁布的《普通学校特殊教育资源教室建设指南》提到的教室的作用是：开展特殊教育咨询、测查、评估、建档等活动；进行学科知识辅导；进行生活辅导和社会适应性训练；进行基本的康复训练；提供支持性教育环境和条件； 开展普通教师、学生家长和有关社区工作人员的培训。

总之，尽管不同学者对资源教室的功能有不同界定，但总体上其还是认为资源教室主要是面向特殊学生提供直接服务，评估、课程与教学（学科辅导、生活适应训练、康复训练等）以及间接服务，包括为普通教师、家长等提供咨询和培训等，而对特殊学生提供的直接服务则是资源教室建设的核心。

六、资源教室的排课方式

（一）抽离式

抽离式排课方式是将学生从普通教室课堂中抽离到资源教室参与课程辅导或为其特殊需要服务。

适用对象：障碍程度较明显，无法在普通班级完成某门科目的学习的特殊学生。

优点：根据特殊学生的现有能力和需求设计教材（区别于普通班级的教材），符合特殊学生现阶段的能力和发展要求。

缺点：若抽离时间太长，不利于特殊学生融入普通班级，不能达到融合教育的目的。

注意事项：应采用完全抽离的方式，且抽离总时长应有所限制。

（二）外加式

外加式排课方式是不占用普通教学时间，而是在其他时间，如午休、放学等让特殊学生到资源教室接受课程辅导或特殊需要服务。

适用对象：需要辅导的内容与教学领域相关度较低的特殊学生。

优点：不占用特殊学生在普通班级学习的时间，有利于学生充分融入普通班级。

缺点：若资源教师没有结合普通班级的教学内容和进度进行教学，容易造成学生的学业负担过重，不利于学生在普通班级进行学习。

（三）抽离式与外加式并用

根据特殊学生的能力和学习需求，学校可以抽离式与外加式两种排课方式并用，充分发挥两种排课方式的优点，这有利于特殊学生在普通班级的学习和成长。

第三节　资源教室课程方案研究概况

虞台华认为广义的课程包括课程内容、教学与评估三个层面。课程内容指科目、领域或教材；教学包含教学策略、教学方法以及教学环境的安排和教具的准备；评估指对课程实施后所产生或展现的各项学习行为结果的评价。资源教室特殊学生的障碍类型和程度不同，所需的特殊教育辅导也有很大不同。因此，资源教师应根据特殊学生的需要选择适合的课程内容，并根据特殊学生的学习特点，采取个别化的教学策略与方法，对学生进行多元的评价。

一、资源教室课程的内容选择与调整

资源教室建设是特殊教育的一种规划，其核心是在资源教室对特殊学生进行课程设计和教学介入。

王振德指出资源教室课程类型的性质可以分为：

（1）补救性课程。补充性课程通常适用于学习成就较低或障碍程度较轻的学生，课程的重点在于相关学科的补救教学，资源教师可以通过降低教材内容的难度，增加练习的时间等帮助特殊学生完成普通班级的学习。

（2）功能性课程。功能性课程适用于学习成就很难达到普通班级课程标准的特殊学生，其是提供实用的、符合发展需求的课程。

蔡瑞美指出资源教室的课程按内容可以分为：

（1）基本能力教学或服务：沟通训练、定向行走训练、职能训练、物理治疗、社交技巧训练、行为管理训练、学习策略训练等。

（2）学科或技能教学：一般学科包括数学、语文、英语、物理、化学、生物等，而技能训练包括会计、电学、汽车维修等。

（3）辅导：升学辅导、班级辅导、休闲辅导、生涯辅导、人际关系辅导、生活辅导、心理咨询等。

林坤燦指出资源教室的课程类型分为补救性课程、功能性课程和充实性课程三种。充实性课程是拓宽知识范围的学习活动。资源教室的课程范围包括：

（1）视听觉学习技能：视觉辨别、视觉注意、视觉记忆、视觉理解；听觉辨别、听觉注意、听觉记忆、听觉理解等。

（2）阅读：字形结构、词汇、字义理解、教科书和课外读物阅读。

（3）书写：注音符号和汉字的书写、造词、造句、短文及修辞。

（4）口语表达：构音、文句结构、有效的沟通。

（5）基础学科与学习领域：语文、数学、英语及相关领域。

（6）学习技能：完成作业、做笔记、学习方法、应试技巧等。

（7）社会情意的发展：自信心与自我观念的树立，人际互动技巧，自我省思及行为控制。

（8）生涯职业训练：生活教育、职业情操陶冶、生涯发展。

（9）专门化的训练：听能训练、知觉动作训练、构音矫正、生活训练等。

资源教室课程的选择首先要考虑学生个别化教育计划的目标，教师对特殊学生的能力和特殊需求进行评估后，在课程内容、教学策略、教学环境、评量方法等方面做出选择与调整。资源教室学生的学习特征不同于普通学生，尤其是有学习困难的特殊学生无法适应普通教育课程，因此需要对普通教育课程进行调整。课程调整是一个动态的过程，教师需要以学生为中心，考量学生的能力与学校课程的适配性，再随时调整教学内容。调整课程的方法主要有简化、减量、分解、替代、补救、实用重整、特殊需求、浓缩、充实等。表 1-1 为普通教育课程与教学目标调整。

表 1-1　普通教育课程与教学目标的调整

调整策略	调整策略用词参考
简化	1. 将原指标汉字或英文单词量减少
	2. 将原指标计数量减少
	3. 将原指标符号（注音符号、度量衡符号、数学符号、单位、标点符号等）量减少
分解	将原指标分为两个以上的能力指标，再于同阶段或不同阶段逐步学习
替代	1. 使用不同的学习策略，如写出调整为说出
	2. 其他如拼读、模仿（仿写）、复述（仿说）、按压、指出（认）等
补救	1. 能具备……能力；能达成……目标
	2. 其他如加强、补足、恢复、提高、扩充、建立等
实用与重整	1. 实用：将指标重新诠释或转化为衣、食、住、行、育、乐等相关生活经验内容；其他如应用……日常生活；养成……习惯
	2. 重整：多指两项以上指标转化为功能实用性指标

由此可以看出，不同学者对资源教室课程都有自己的见解，因特殊学生的需求，在资源教室开设的课程种类繁多，大致可以分为三大类：学业类、功能辅导类、康复类。无论是哪一类课程，都是在弥补特殊学生学习方面的不足，发展其基本能力，并努力促进其更好地融入普通班级，减少其在普通班级学习的障碍。即便如此，从实际运作角度来看，大多数资源教师在资源教室的课程教学以学科补救性教学为主，其次是特需领域课程的教学。

一些地区根据实践需求对资源教室课程建设做了积极探索，如大连甘井子区将资源教室课程分为学科补救课程（语文、数学、英语等）、功能性课程、艺术休闲活动课程、社会性发展课程，四川大学附属实验小学则将资源教室课程分为学科补救课程、功能性课程、康复特色课程、家长及教师培训课程。从中可以看出，虽然不同地区大致会根据特殊学生的需求开设相应课程，但总体而言，其仍然处于初步探索阶段，尚未形成系统的操作方案，如何建立本土化的资源教室课程成为当前资源教室建设需解决的核心问题。

二、教学策略

除了探索资源教室课程，还有部分学者探索了资源教室课程的教学策略。林坤燦提出了调整教学策略的原则，具体如下：

（1）活动的真实性：所设计的活动与真实生活的接近程度如何。

（2）学习的活动性：教学方式为高度活度与低度活动的灵活运用。

（3）目标的符合性：教学活动必须高度符合学生的成长。

West 和 Taymas 认为有效的教学策略包括以工作分析将教学目标分成较小的单位，循序渐进；根据学生的学习风格教授学习策略；利用特殊教材或电脑进行一对一的教学；利用视觉性的图标提升学生学习能力等。

Simpson 等人则将 37 种自闭症介入方法分为五大类：

（1）人际关系疗法：拥抱治疗、温柔教学法、选择方法、发展性个别差异关系本位模式/地板时间、游戏导向策略、人际关系发展介入等。

（2）技能本位疗法：图片兑换沟通系统、随机教学、促进沟通、扩大及代替性沟通、辅助科技、van Dijk 课程方法、应用行为分析、单一尝试教学、共同行动例行活动、关键反应训练、结构式教学等。

（3）认知疗法：认知行为改变、认知学习策略、认知脚本、社会故事、连环画、做社会性决定策略等。

（4）生理（生物或神经）疗法：感觉统合、听力统合训练、高维他命治疗等。

（5）其他疗法。

张青衿提出的促进特殊学生学习的有效教学策略包括合作学习、同伴教导小组学习、个别指导等，及引发动机与示范求助的技巧。

综上可知，面对特殊学生的课程与教学，无论是采用认知类、行为类教学策略，还是人本类导向的教学策略，都要体现趣味性、功能性、迁移性，让特殊学生尽可能学会在普通班级的课程中进行知识迁移和运用。

三、课程评量调整

课程实施的结果要透过评量来呈现。完整的评量应该包括课前的能力评估、多元评量及评量结果的运用。鉴于特殊学生在感官、记忆、注意力、知觉、理解、肢体动作等能力的有限性，传统的笔试无法真实反映测验本身所要被测量的能力，因此需要调整评量方式，将表现障碍移除，使其公平参与考试，充分展现个人能力。评量方法要根据学生个别化的需求进行调整，因此评量方式是多元化的，具有弹性的。陈明聪、张靖卿整理出了六种评量方式的基本类型：

（1）试题呈现方式的调整。改变试题呈现的方式，可以对试题本身做处理或改变试题呈现的符号，如视觉障碍学生使用大字或语音试卷；注意力缺陷学生的试卷可以用黑线标注关键词。

（2）作答反应方式的调整。改用其他符号系统或调整作答工具，如缺少双手的肢体障碍学生可以用口语录音的方式进行答题。

（3）施测情境的调整。改变施测的环境设置，如为视觉障碍学生提供照明设备。

（4）施测时限的调整。延长施测的时间或分时段考试，可以对身体病弱的学生采用分时段考试的方式，保证学生在身体正常时完成测验。

（5）时间的调整。调整考试的时间，如将考试时间固定在一天中某个固定时间段，如可以选择在注意力缺陷多动障碍学生一天中注意力较为稳定的某个时间段让其完成考试。

（6）其他。无法归类的方式包括提升注意力、固定考试内容等。评量调整是课程调整的一环，完善的评量调整应与课程调整配套。目前我国较少涉及评量调整，如何进行评量调整仍是未来需要研究和解决的问题。

从以上内容可以看出，资源教室课程方案内容包罗万象，既有针对特殊学生各项基本能力的训练，也有对其在普通班级学习的辅导。资源教室课程方案涉及课程内容、教学策略以及评量调整等多项内容。资源教室建设方案主要是对特殊学生在资源教室进行辅导，以便其能更好地适应普通班级教学的一种课程方案。虽然已有研究为资源教室课程方案提供了基本框架，但鲜有研究去探讨资源教室课程方案具体如何实施，因此，建立具有操作性、实用性的资源教室课程方案成为当前资源教室建设的重点问题。

第四节　资源教室课程建设的内容、思路与方法

从已有研究来看，我国资源教室正在各逐步进行，但目前绝大多数地区由于专业能力有限，大多将资源教室建设的重点放在资源教室房屋的装修改造、资源教室设备设施的购买，而资源教室课程建设方面的不足，也导致绝大多数资源教师不知在资源教室给特殊学生提供什么样的课程，不知如何基于相关课程对其进行教学，不知如何评价教学效果等，这些问题严重影响了融合教育的质量。因此，建设符合我国国情的资源教室课程成为我国当前资源教室建设的核心和重点任务。基于此，本书将探讨资源教室课程建设的目的、主要依据、框架、核心，以及如何基于课程评估制订个别化的支持计划和学习计划，针对目标内容，又该如何在资源教室开展课程与教学，如何评价特殊学生在资源教室的学习成效。

一、资源教室课程建设的目的

（一）促进特殊学生在普通班级的适应与发展

正如已有研究所述，资源教室设置的目的是给特殊学生提供各种特殊教育专业服务，以减少或消除其参与普通教育课程的阻碍，使其能顺利适应学校生活。特殊学生在普通班级常常表现出各种问题，如各种问题行为以及课程学习等方面的问题，这些问题极大地困扰了普通班级的老师，同时阻碍了特殊学生在普通班级的适应与发展。虽然普通班级教师可以通过学习设计或课程调整给特殊学生提供高质量的教学，但由于普通班级教师需要兼顾普通学生的需要，因此给予特殊学生的帮助就仍有限，这就需要资源教师的辅导。资源教师在资源教室对特殊学生进行课堂常规、自我控制以及语言沟通、学习策略等方面的辅导，可以极大地促进其适应普通班级的课程与学习。对特殊学生而言，其普通班的适应与发展包括课程学习、学校或班级适应、社交技能发展等。资源教室课程建设就是基于特殊学生适应普通班级的需要，对其在普通教育中需要被额外提供支持的内容，设置专门的课程并对其进行针对性辅导，以使其更好地适应普通教育的发展。

（二）促进特殊学生自我发展

特殊学生常常是劣势与优势共存。在劣势方面，其常常表现为在某些方面的能力较弱，如注意力差、较为多动和冲动、语言能力和社交技能都较弱，学习能力不足等，这就需要对其进行针对性的训练。此外，特殊学生具有一些优势，如在画画、音乐、体育活动等方面表现出某种天赋，这也需要资源教师通过辅导或其他形式促进其潜能的发挥。因此，资源教室课程建设需要考虑特殊学生的特殊需要，考虑其自身能力发展的需要，为其设置符合其个性的课程。

二、资源教室课程建设的依据

基于资源教室课程建设的目的，资源教室建设的依据主要如下：

（一）符合普通教育的要求

如前所述，特殊学生需要适应普通学校、普通班级的学习生活。普通教育有其自身要求，包括课程学习、行为规范、德育、劳动教育等方面。一方面普通学校、普通班级需要做出教育调整，如对普通班级进行无障碍环境建设、提供全校范围的正向行为支持、进行课程与教学调整等，为特殊学生提供合适的教育。另一方面也需要特殊学生自己积极努力，尽可能学习普通教育课程。因此，资源教室课程建设要考虑特殊学生适应普通教育的需求。具体应考虑其在适应普通教育中的学科需求、行为规范要求、劳动教育要求以及人际交往的要求。

（二）特殊学生自我发展的需要

除了考虑其适应普通教育的要求，资源教室课程建设还需考虑特殊学生自我发展的需要。相比普通学生，特殊学生往往在动作发展、语言能力、社交技能、自我管理、基本学习能力、心理支持等方面需要更多的支持和专业服务，同时特殊学生可能会在画画、音乐等方面具有优势，这些都是资源教室课程建设方案的重要来源。

（三）国家相关文件的要求

国家相关政策文件为资源教室课程建设指明了方向。2016 年教育部印发了《普通学校特殊教育资源教室建设指南》，该文件明确提出了资源教室的主要作用包括学科知识辅导、生活辅导和社会适应性训练以及基本的康复训练等内容，这些都与资源教室的课程建设密切相关。2020 年教育部印发的《关于加强残疾儿童少年义务教育阶段随班就读工作的指导意见》明确提出，资源教室要加强个别辅导、心理咨询、康复训练等特殊教育专业服务。此外，为促进学生德智体美劳全面发展，2020 年教育部印发的《大中小学生劳动教育指导纲要（试行）》，规定了中小学劳动教育的具体内容和要求。从以上文件可以看出，资源教室课程建设包含学科辅导、功能性辅导、基本康复训练以及劳动教育等内容。

三、资源教室课程建设方案的主要内容

特殊学生在普通学校通常会遇到各种各样的问题，这些问题一方面是在学习普通教育课程时产生的，另一方面是在自我发展或康复发展需求中产生的。但归纳起来主要有四大问题：一是问题行为，如注意力不集中、多动、不听从指令、发脾气等。二是人际交往问题，与同伴关系不好或受到同伴的欺凌等。三是学习问题，其主要表现为学业上明显落后于普通学生，无法有效掌握学习方法时，会自信心不足等。四是康复需求问题，主要表现在心理康复、动作康复或语言康复等方面的需求。五是劳动教育问题，基于新时代背景下德智体美劳全面发展的要求，劳动教育成为新的教育核心，也是资源教室课程建设的重要内容。因此，资源教室课程建设方面的主要内容如图 1-1 所示。

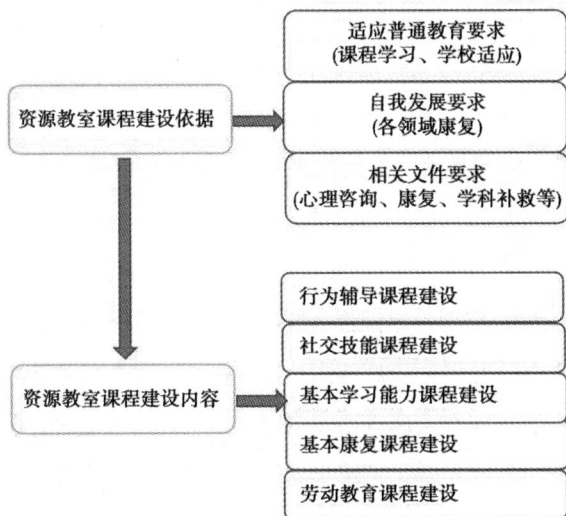

图 1-1　资源教室课程建设框架图

（一）资源教室行为辅导课程建设

资源教室行为辅导课程主要是针对特殊学生的问题行为在资源教室进行专门的辅导，一方面是利用积极行为支持和认知理论对其问题行为进行矫正，另一方面是针对其能力不足的方面，对其进行相关基本能力的训练及行为常规的训练，教会其形成良好的新行为等。

（二）资源教室社交技能课程建设

资源教室社交技能辅导课程主要是针对特殊学生的人际交往问题在资源教室对其进行专门的辅导，社交技能课程是将认知和行为教导相结合，让特殊学生了解在何种情况下应该表现出何种社交技能，并在实践中实施该社交技能，提高特殊学生的社交技能和问题解决能力。

（三）资源教室基本学习能力课程建设

资源教室基本学习能力课程主要是针对特殊学生的学习问题对其进行专门辅导，对特殊学生在识字与写字、阅读理解、写作、数学等方面进行基本辅导，并教会其掌握相应的学习策略，适当对其提供学业补救。

（四）资源教室基本康复课程建设

资源教室基本康复课程建设主要是对针对特殊学生的动作问题、语言康复或心理问题对其进行专门辅导，由于心理问题是特殊学生普遍具有的问题，因此资源教室心理康复课程是资源教室建设的重点内容之一。

（五）资源教室劳动技能课程建设

资源教室劳动技能课程主要是针对特殊学生德智体美劳全面发展的需要，将劳动技能教育作为资源教室课程建设的补充，重点培养特殊学生的家庭劳动技能、适应学校生活的相关劳动技能，为其职业生涯及生活打下基础。

四、资源教室课程建设思路

从已有研究可知，资源教室课程方案包含了课程内容选择、教学策略以及评量等内容。但这些并不是课程全部要素，实际上课程全部要素包含了课程性质、课程目标、课程内容、课程实施等诸多内容。此外，为了更好地服务特殊学生，本书的课程建设思路主要是基于特殊学生个别化教育的运作体系，从特殊学生具有的问题出发，制定相关课程指导纲要，而后形成评估方案，制订个别化支持计划和学习计划，选择教学模式和教学策略，对课程与教学进行设计，进而实施教学，做出效果评价，其具体建设思路如图 1-2 所示。

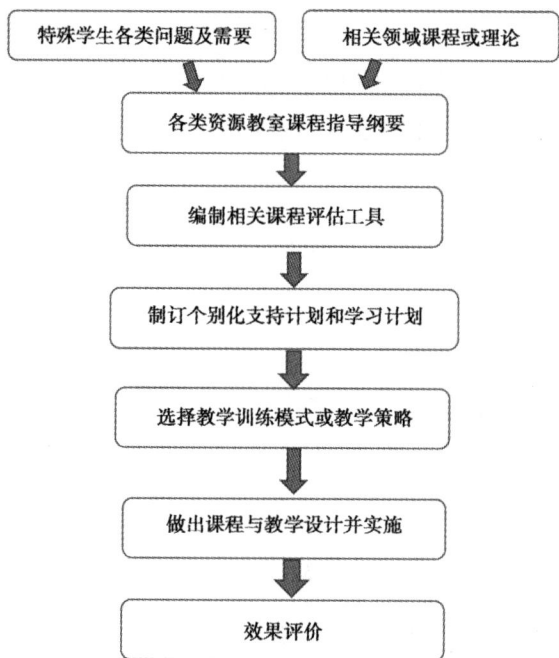

图 1-2　资源教室课程建设思路

从上图可知，该建设思路是以特殊学生个别化教育为核心，涉及课程指导纲要、评估、计划制订、教学设计与实施、评价的全流程，可为资源教室实际运作提供可靠的参考，并以大量案例对其进行佐证。

五、资源教室课程建设方法

根据本书提出的研究方案，资源教室课程建设涉及课程指导纲要制定、评估工具研发 、课程与教学设计、教学实施、评价等。在具体实施过程中，不同环节将采取不同的方法，以便最大限度体现资源教室课程建设的科学性、有效性。

（一）制订课程指导纲要的方法

在制订课程指导纲要时，研究方案主要依据泰勒原理的课程目标编制模式，即基于特殊学生的问题，找出资源教室各子课题体系的课程目标，进而组织课程内容，课程实施建议等。

（二）评估工具研发的方法

资源教室课程建设涉及诸多评估工具的开发，如融合学生问题行为检核表、自闭症儿童社会技能评量表等，这些评估工具的开发，主要依据的是问卷调查法，通过收集样本数据，获得评量表的信效度。除此之外，以案例研究法来说明如何使用该评估工具，并根据评估结果撰写评估报告。

（三）课程教学设计与实施、评价的方法

在资源教室课程与教学设计方面，本书是基于学习设计的课程与教学案例设计完成的，并采用个案研究法来检验课程设计的成效。因此，本书会对个案的问题进行描述，并呈现评估结果，根据评估结果制订个别化支持计划和学习计划，进而进行课程与教学设计和干预，最后评价其干预效果。

第二部分　资源教室行为辅导课程建设与实施

第二章 /
资源教室行为辅导课程建设概述

第一节 随班就读学生的问题行为

随班就读学生在普通学校往往表现出各种问题行为，他们会在课堂上表现出干扰行为（如尖叫）、自我刺激行为（如反复敲桌子）或在学校日常活动中表现出不良行为（如在校园里到处跑、在墙上乱涂乱画等），这些问题行为极大地影响了随班就读学生融入普通班级。大多数普通教师反映，随班就读学生的问题行为成为困扰其教学的主要问题。因此，减少随班就读学生问题行为的发生，帮助其建立良好的行为，就成为资源教室课程建设的重要内容。

受研究领域、研究方法以及学者社会文化背景的影响，不同学者提出的问题行为的含义并不十分一致。有学者从儿童行为或社会行为视角出发对问题行为的含义进行界定，如林格伦认为，从广义上讲，问题行为是一个术语，它是指任何一种引起麻烦的行为，或者说这种行为会产生麻烦。孙煜明认为，问题行为是指那些影响障碍儿童身心健康、智能发展，或是给家庭、学校、社会带来麻烦的行为。车文博指出，问题行为是指儿童和青少年在成长过程中常见的各种不利于品格发展和身心健康的行为，它是品格教育和心理卫生教育的对象。张春兴在其编著的《张氏心理学辞典》中，把问题行为界定为"凡具有反社会性或破坏性的行为就被称为问题行为"。林崇德的《心理学大辞典》认为，问题行为是个体自身妨碍其适应社会的异常行为。尽管学者们对问题行为的含义界定不同，但他们都较为认同：问题行为不利于自己或不利他人，行为具有危害性；问题行为是反复发生的，即判断某一行为是否是问题行为，就看它是否有危害性并且是否反复发生。

一、随班就读学生问题行为的类型

问题行为就是不合理的、困难的、过多或过少发生的行为。在界定一个随班就读学生的行为是否为问题行为时应考虑以下因素：行为本身是否符合个体的年龄和身心发展程度；行为发生的时间和地点是否合适；周围的人对此行为的看法；对个体来说，行为是否合适（如行为发生次数过多或过少），是否严重，是否影响其和他人的相处。通过总结，常见的问题行为有：自我刺激行为；攻击行为；过度活动；不当社会行为；严重情绪问题行为等。详述如下：

（一）自我刺激行为

自我刺激行为通常是为追求感官刺激或自我娱乐而产生的问题行为，如咬、吸、吮身体部位及固定物品，沉迷电脑、手机、漫画书等，是基于"内在自我积极性增强"形成的。其产生的原因多为特殊学生空虚无聊、需及时行乐等。因此，本书建议特殊学生不要独处、减少感官刺激、参加替代性活动等。

（二）攻击行为

攻击行为常常由不当的示范、模仿形成，如身体攻击、口头攻击、物品攻击等。此外，攻击行为表现为反抗行为、消极抵制、不听从家人或教师教导等。因此，本书建议教师帮助、引导学生，如对其进行良好的行为示范，帮助学生调节消极情绪、转移注意力，安排系列社交技巧训练等。

（三）过度活动

过度活动通常是注意力缺陷所导致，如分心、被外在事物影响等。其具体表现如下：（1）学习专注力不够。上课时有抠手指、摆弄玩具等，上课时自制力差，顶撞老师，离开座位；（2）注意力无法集中，多动，总是环顾四周或自己玩自己的，课堂专注时间短，不能听从老师指令，不能按老师的要求坐好。本书建议教师对学生进行注意力训练、专注行为训练等。

（四）不当社会行为

不当社会行为大致表现为三个方面：（1）因逃离、逃避所产生的行为，如逃学、旷课、离家出走等；（2）因间歇性鼓励而产生的行为，如说谎、偷盗、赌博、常与同学发生肢体冲突等；（3）说脏话、当众脱衣服、进错厕所等。本书建议教师帮助特殊学生调整周围环境，让其逐渐减少固着行为，进行合理认知。

（五）严重情绪问题行为

严重情绪问题行为是困扰随班就读教师较大的问题行为之一，其表现在学生情绪浮动比较大，遇到困难或受生理因素影响时爱哭闹、拒绝活动且不易被安抚，容易兴奋尖叫，甚至产生攻击行为等，具体病症包括抑郁症、躁郁症、焦虑症、强迫症等。本书建议教师寻求心理健康教师或医生等专业人士的帮助，必要且适当的情况下，辅以药物对其进行行为干预。此外，可以尽量延长其正常行为的时间，帮助其建立结构化的情境，通过播放轻音乐等帮助学生保持情绪稳定。

（六）其他问题行为

随班就读学生自理能力以及自我管控能力不足等问题行为也困扰着普通学校的教师。自理能力不足一般表现在特殊学生不会收拾学习用品，常把自己的物品随意塞满柜子，找物品的时间较长，有时把相关物品散落一地，不能及时做好课前准备，个人物品摆放无序等。自我管理能力的不足还体现在自律性差，违反课堂常规纪律，经常打扰同学学习和老师教学，老师要求学生独立完成作业时与其他同学讲话；下课时间追跑打闹，招惹其他同学；做眼保健操时晃动桌椅；做课间操时身体静止不动的时间不超过两分钟。此外，做事随意、拖沓也属于问题行为。其需要老师或同学的不断提醒才能勉强完成老师的任务，在上课或写作业的过程中写字慢或不写。基于上述问题，教师应根据实际情况对特殊学生进行针对性干预，如针对学生的自理能力不足问题，可以联合家长对其进行辅导，将复杂的自理工作分成不同步骤对其进行教学，并对其进行及时表扬与奖励。

二、随班就读学生问题行为的成因

随班就读学生出现上述问题行为基本出于三个方面的原因，包括个人因素、家庭因素、学校因素。

（一）个人因素

个人因素包括以下三个方面。生理因素：身体不舒服或发生疾病等，如不断转圈寻找感觉刺激；能力发展因素：包括认知能力有限或认知偏差，语言沟通差，社会技能掌握不够，感知觉异常等，如有些学生在很着急时，由于沟通能力差，无法用语言表达自己，可能会通过发脾气、破坏东西等来表达自己的情绪；基本学习能力因素：注意力不集中，学习态度不佳，耐力不足，部分随班就读学生在课堂上很难长时间集中注意力，自我管理能力差，会上课做小动作，发出声响，随意离开座位等。

（二）家庭因素

家庭因素具体如下。家庭氛围不佳：受不良家庭氛围影响，学生会习得一些不良行为；父母的错误管教方式：溺爱或指责都会对孩子的行为产生影响；父母教育方式不一致；家长不配合：家长不配合学校一起干预学生的问题行为；家长的过高或低期望和不当示范：家长缺乏对学生的合理期望，加上学生的受教育阶段处于模仿阶段，家长的错误行为很容易被学生模仿。

（三）学校因素

学校因素具体如下。校园氛围不佳：教师及同学的接纳度对随班就读学生的学习生活尤为重要，学校要构建共融的学校文化环境，促进同伴间相互支持，鼓励学生相互关怀；缺少特殊课程：当学校课程不适合随班就读学生的学习及发展时，其通常会表现出不耐烦、厌恶的情绪，伴随而来的是其故意发出声音吸引他人注意、上课离开座位等；缺乏行为管理策略：普通学校的任课教师及行政管理人员未学习系统的行为管理策略，难以对学生的问题行为做出正确的反应并进行恰当处理。

三、随班就读学生问题行为的功能分析

随班就读学生问题行为的功能及对应的原因有以下几点：

（一）自我刺激行为

自我刺激行为行为通常是为追求感官刺激或自我娱乐的问题行为，如沉迷计算机游戏、漫画书等，是基于"内在自我积极性增强"形成的；产生原因多为学生空虚无聊、需及时行乐或刺激等；本书建议学生不要独处、减少感官刺激、参加替代性活动等。

（二）逃避

学生通常先有逃避某厌恶之人、事物或情境之经验，而后才出现躲避行为，如逃避学校大扫除、考试、竞赛等，其是基于"外在消极增强"所形成的；产生原因多为学生压力大、不想做事。本书建议学生适度调整做事难易度及速度等。

（三）吸引他人注意

学生的行为常是为吸引他人的注意而产生的，如大声尖叫、奇怪行为、撞墙等，是基于"外在积极性增强"而形成的；产生原因多为学生的社会及人际需求未被实现等。本书建议教师应指导学生立即停止吸引他人注意问题行为等。

（四）获得实质性东西

学生的问题行为常是为获得实质性、特有的东西或事物，如要求给予特定的食物或玩具、抢夺特定物品、要求特定人士的行动等，是基于"内在自我消极性增强"

而形成的；产生原因多为学生的特定需求未被重视或是沟通经验不足等。本书建议适度满足学生需求，提升学生的需求层次，教授学生适当的沟通、学习经验等。

第二节　资源教室行为辅导课程指导纲要

随班就读学生是多样化且高度异质的群体，相关的表现又因个体间的差异而有所不同。行为是心理学与教育学中的一个重要概念，心理学领域的不同理论流派对行为的界定不同。传统行为论者（如华生、斯金纳）认为行为是可以测量的外显反应或活动，具有内隐性的心理结构。意识的发展过程不属于心理学研究的行为范畴。而新行为主义（霍尔、托尔曼等）认为，行为既包括外显的可以测量的反应和活动，也包括内隐的意识历程。美国心理学家米尔顿伯格认为，行为有六个基本特征：①行为是个体行动而非静态的，它是人们所说所做的；②行为可以测量，包括行为发生的频率、强度、发生时间和持续时间；③行为可以由行为者本人或别人进行观察、描述和记录；④行为会对外界环境产生影响；⑤行为受自然规律支配；⑥行为既包括公开的可以观察记录的个体行为，也包括隐蔽的无法直接观察的个体行为。基于上述特征，将教育与行为辅导有效结合起来，能在一定程度上弥补学生的身心缺陷，从而满足他们的学习与发展需求。资源教室行为辅导课程对促进学生适应学校生活、家庭生活以及社会生活具有重要作用，在资源教室课程建设与实施中占主要地位。

一、资源教室行为辅导课程性质

资源教室行为辅导课程是为满足不同随班就读学生的学习与康复需求而设置的关键课程。本课程依据学生身心发展规律及正向行为支持等需求，注重行为改善与学习常规的优化，具有基础性、发展性、功能性、综合性、实践性以及互助性等特点。

1. 基础性

资源教室行为辅导课程强调训练学生日常生活及学习所需的基本技能，重点是情绪与行为辅导等，为随班就读学生学习其他资源教室辅导课程打下基础。

2. 发展性

资源教室行为辅导课程强调遵循学生身心发展规律，从现有的基础入手，依照学生的最近发展区逐级设定目标，开展有梯度的多样化训练，逐步提升学生生活品质，让学生形成良好行为习惯。

3. 功能性

资源教室行为辅导课程强调依据学生潜能，在实际生活中训练和发展学生的正向行为，减少以及消除不当行为，让其养成良好的行为习惯等，并充分为其提供支持。

4. 综合性

资源教室行为辅导课程强调辅导内容涉及多种方法以及多个领域，需针对学生不同的行为辅导需求，制订个别化行为支持计划以及行为辅导课程学习计划，采用认知导向以及行为技能训练导向的训练模式开展辅导。

5. 实践性

资源教室行为辅导课程强调以训练为主要手段，以校园及班级为主要辅导场所，辅以家庭、社区等真实情境，改善学生的问题行为，培养学生良好的行为习惯，锻炼学生的自我管理能力。

6. 互助性

资源教室行为辅导课程与资源教室社交技能课程具有较强的关联性，改善不当行为和良好行为习惯的养成是资源教室社交技能课程开展的基础，行为辅导课程的开展涉及不同社会成员（教师、学生、家长、社区居民等）的参与及协作。

二、资源教室行为辅导课程目标

资源教室行为辅导课程是为了提升随班就读学生正确理解和适当表达情绪的能力，以满足学生在日常生活和学习活动中人际交往的基本需求；制订并实施积极行为支持方案，使学生表现合理行为，减少或消除不当行为。

三、资源教室行为辅导课程内容

资源教室行为辅导课程主要涉及问题行为的矫正与常规行为的养成两个部分。具体而言，问题行为的矫正包括自我刺激行为的矫正、攻击行为的矫正、过度活动行为的矫正、不当社会行为的矫正、严重情绪问题行为的矫正等；常规行为的养成包括课堂教学常规行为的养成以及校园环境常规行为的养成。具体如下：

（一）问题行为的矫正

1. 自我刺激行为的矫正

（1）减少独处时间；

（2）减少感官刺激；

（3）减少快乐刺激；

（4）参与替代性活动。

2. 攻击行为的矫正

（1）学习楷模行为；

（2）调节消极情绪；

（3）转移注意力；

（4）参与社交技巧训练。

3. 过度活动行为的矫正

（1）有意识控制自己的行为；

（2）在不干扰他人的情况下进行活动；

（3）按照教师的指令静坐。

4. 不当社会行为的矫正

（1）合理调动学习兴趣和动机；

（2）积极参加课堂教学活动；

（3）与他人保持良好的人际关系。

5. 严重情绪问题行为的矫正

（1）识别高兴、生气、焦虑等不同的情绪；

（2）在不同情境下适当表达自己的情绪；

（3）辨别不同情境并理解自己的情绪，辨别不同情境并理解他人的情绪；

（4）通过他人的帮助调节自己的情绪。

6. 其他问题行为的矫正

（1）能够生活自理；

（2）进行自我管理；

（3）实现自我控制。

（二）常规行为的养成

1.课堂教学常规

（1）能听到铃声回座位坐好；

（2）准备学习用具；

（3）休息待课；

（4）主动问好；

（5）坐姿端正；

（6）听从老师指令；

（7）有问题举手示意；

（8）认真倾听老师和同伴的讲话；

（9）安静坐好且不随意离开座位；

（10）不在课堂上做与学习无关的事情。

2.校园环境常规

（1）能根据值日安排打扫卫生；

（2）保持教室清洁；

（3）不损害且爱惜公物；

（4）维护班级纪律；

（5）遵守学生规范。

四、资源教室行为辅导课程实施建议

本课程应制订合理的课程计划，安排合适的教学内容，选择恰当的教学方式，并依据学生的个性化康复需求设定弹性课时。课程实施过程中，应结合各地、学校及学生的实际情况，因地制宜地开展行为辅导。

（一）教学建议

1.根据课程性质，全面落实课程目标

教师应把握课程的性质和理念，以提升随班就读学生能力和促进其发展为目的，有机整合课程内容，培养和提高学生参与日常生活及学习等各项活动的基本能力。应尽可能结合日常生活和学习情境开展有意义的行为辅导活动，不宜机械地使用课程内容进行训练，也不宜仅在隔离式场所对单一目标进行反复训练。

2.依据课程定位，处理不同课程关系

本课程作为关键性课程，为其他课程学习奠定了基础。当学生因某种功能障碍不能有效参与其他课程学习时，教师可以通过本课程实施针对性的行为辅导训练，使学生具备一定的基本技能，遵守课堂常规，养成良好的行为习惯，进而顺利参与其他课程学习。

3. 恰当选择内容，有机拓展教学资源

教师对行为辅导内容的选择要基于学生的身心发展需要，强调功能性、实用性及个别化；要关注学生在学习、生活和成长过程中出现的问题，提供具有针对性、综合性的有效训练。教师还可充分利用学生的家庭生活和社区环境等资源，为学生提供丰富的行为辅导。

4. 采取多元形式，有效开展训练活动

行为辅导形式要符合学生的生活经验、认知基础、学习方式。教师可根据目标、内容、条件、资源等，因地制宜地选择多样化的训练形式，以个别训练为主，辅以小组训练、集体训练等方式；也可通过班级支持服务、家庭支持服务等途径，将行为辅导与日常生活、学校学习有机结合，多渠道开展训练。

5. 倡导循证实践，科学规范训练程序

行为辅导宜采用"评估—训练—再评估"的程序。由经过专业培训的教师选择合适的评估工具，"评估"学生现有的各项水平，并制订行为辅导方案；依据方案开展针对性的"训练"，并通过阶段性检测，在训练中适时调整目标和内容；对训练效果进行全面的"再评估"，进而制订后续的行为辅导方案。

6. 将积极行为支持的理念贯彻整个行为辅导的课程教学中

在全校性正向行为支持系统中，依据学生问题行为的严重程度可将学生分为低危险群学生、中危险群学生和高危险群学生，他们分别需要初级预防、次级预防和三级预防。初级预防面对的是低危险群学生，即只需要一般的支持便能有所进步的学生（约占30%），可以在学校范围内，向其提供全方位的行为支持，并且持续监控这类学生的表现。次级预防面对的是中危险群学生，即有慢性严重问题行为的学生（约占5%）。

（二）评价建议

课程评价应根据学生的身心发展特点及能力发展水平，采用恰当的方式，突出评价的诊断性、发展性和激励性功能，进而改善教师教学，促进学生能力提升。

1. 评价目标的合理性

通过比较学生在行为辅导前后的能力提升程度，评价行为辅导目标拟订的合理性，从而及时、动态地调整学生行为辅导的目标，提高行为辅导的效果，以促

进教师更好地把握学生的能力水平。

2. 评价内容的适当性

通过分析行为辅导内容与目标的匹配度、教学内容与生活的相关性，观察学生在课堂中的表现，评价行为辅导内容选择的适当性，从而有效调整行为辅导的内容，促进教师更好地把握学生的生活和学习需求。

3. 评价主体的多元化

评价应有多方人员参与，包括教师、专业人员、家长等。教师可以通过日常观察，客观记录学生在活动中的各种表现，也可通过访谈家长、其他相关人员以及学生本人，获得有关学生发展的相关信息。此外，可以利用行为量表等，在与家长、教师等人员的讨论下对随班就读学生的课堂常规和问题行为进行检核评估。

4. 评价方式的多样性

评价应坚持质性评价与量化评价相结合，评价方式具体包括观察、访谈、调查、测验、动态评价、成长资料袋评价等。不同的评价内容所采用的评价方式不同，在评价过程中要灵活运用。

5. 评价结果的指导性

评价结果对行为辅导具有指导意义，不仅为相关人员提供学生不同阶段能力发展的信息，还可发现随班就读学生的特殊需要和身心发展优势。这有利于教师改进行为辅导方法，调整和制订行为辅导方案。

第三章 / 资源教室行为辅导课程的评估

第一节　行为辅导课程的评估流程

一、组建评估团队

资源教室行为辅导课程的评估应该由一个团队经过会谈、协商之后形成，团队中不同人员有着不同的职责，其人员构成和主要职责如下。

家长：他们是行为辅导课程评估环节中的关键成员。首先，他们熟知随班就读学生的基本情况，了解他们的优势和需求；能提供随班就读学生在家中的学习情况与学习状态。家长参与评估十分必要，他们是"家校共育"在随班就读工作中的具体体现。

教师：这里的"教师"主要指班主任及非资源任课教师，他们同样是行为辅导课程评估的重要成员。他们能够对随班就读学生做出教育诊断，包括随班就读学生行为习惯、课堂表现、情绪管理等方面，并对随班就读学生所需的辅具、教育措施、安置方式、环境布置、长短期目标的制订等提供建议。

学校行政人员：他们依据随班就读学生的情况，参考相关专家和家长的意见，为随班就读学生提供所需的、适合的资源服务，并确保在行为辅导课程评估实施过程中将这些服务落到实处。

相关专业人员：相关专业人员是指能满足随班就读学生需要的、学生行为辅导方面的专业人员。例如，特殊教育专业高校教师、特殊教育学校教师、巡回指导教师等。

评估人员：评估人员主要指资源教师，他们负责对随班就读学生进行评估，并负责向团队其他成员解释说明评估结果，为计划的制订提供必要的建议。此外，资源教师还可以寻求除上述成员外更多的社会资源，如帮助随班就读学生获得更多康复团队、社会工作者的关注与支持。

随班就读学生：随班就读学生即实施对象，在必要的或者随班就读学生可参与的情况下，可以邀请其参加会议，更加明确地了解他本人的需求。

二、确定评估对象

随班就读学生行为辅导课程评估是指，相应的机构和专业人员运用一定的技术和方法对疑似特殊学生进行各种必要的检查和测验并做出结论的过程。评估结果是了解学生差异、寻找教学起点、确定教学目标和内容、选择教学方法的重要依据。在正式的评估与教学活动开始之前，确定需要资源教室行为辅导的学生。一般来说，若是随班就读学生存在干扰他人或影响自身学习的问题行为时（如注意力不集中或有问题不会举手），基于正向行为支持提倡的预防原则，可以让这部分随班就读学生学习行为常规课程；若是随班就读学生已经出现问题行为且对他人或自身造成严重干扰，除了需要在普通班级对他们进行相应的行为支持（如课程与教学调整、行为契约、自我监控等方式），还需要在资源教室对他们进行行为辅导，以便对其进行长期的、针对性的问题行为训练。

三、实施评估

行为辅导课程教学计划的制订及实施有赖于合理的评估，因此评估是教育教学的起点。学校对学生开展针对性的评估不仅可以发现学生的问题行为，而且可以为问题行为的干预提供依据。根据评量表，观察记录他人的访谈结果，准确把握学生的问题行为和动机，以便进一步制订合适的个别化行为支持计划和行为辅导课程学习计划。

四、形成评估报告

呈现行为各项评估所用的工具与方法，进行结果、优弱势分析，并就该领域现状提出建议策略。评估报告主要分为评估结果与结果分析两部分。表 3-1 是对李 ×× 的评估结果报告进行的分析。

表 3-1　李 ×× 的评估结果报告分析

融合学生情绪问题行为评估报告	
学生：李 ××　　　　　　性别：男　　　　　　出生年月：2006 年 × 月 × 日 评量人员：米 ×　　　　　　评量日期：2018 年 3 月 18 日	
1. 个案基本资料	教育安置：新小学，×× 融合教育研究中心 主要照顾者：爸爸、妈妈 医学诊断：自闭症

2. 评量工具及内容	评量工具：融合学生情绪问题行为检核表。 评量内容：注意力问题行为、冲动行为、多动行为、指令理解与服从、攻击行为、不当社会行为、自我刺激行为行为、情绪问题行为等。
3. 总体结果分析	该学生评估总分为 65 分，其中"注意力""情绪问题"两方面的问题行为较为严重，教师在后期的教学中应对此有所侧重，尽可能改善其问题行为；"多动行为""冲动行为"频繁，需要加强对其的相应技能训练；"自我刺激行为""不听从指令""不当社会行为"等较少，说明该个案在这几个方面表现较好，在后期的生活学习过程中对此进行巩固训练。
4. 个案总体分析	优势：（1）该学生在"自我刺激行为行为""不听从命令""不当社会行为"等方面表现较好。因此，不会对他人以及自己造成伤害。 （2）遵守规则，听从指令。当老师布置任务时，该学生可以按照要求立即完成；遇到有难度的任务时，个案会主动告诉老师自己不会，并向老师寻求帮助。 劣势：（1）该学生在"注意力""情绪行为"方面表现一般，可见他不能很好地把控自己的情绪，不知道如何处理情绪问题行为，缺少情绪行为方面的知识；不能较好地集中注意力，影响学生的上课质量；多动行为较为严重，表现为上课没有耐心听讲，课上经常搞小动作，如挖鼻孔、含手指等。 （2）在其他方面也存在一定问题，尤其是语言方面的问题。语言方面的问题可能与其自闭症的特征相关，在一定程度上对其社交产生影响，在后期的训练中这块也应加强训练。

第二节　行为辅导课程评估的方法

行为辅导课程评估的方法多种多样，大致包括评量法、观察法以及访谈法等。

一、行为量表或检核表

行为量表或检核表通常包含学生基本资料、问题行为记录、初步诊断与处理三个方面。除上述行为量表，常见的评估工具有融合学生情绪问题行为检核表、学生常规检核表、随班就读学生情绪问题行为原因检核表、问题行为动机量表、语言行为评估量表（VeraBAS）、孤独症儿童发展评估表中的情绪行为评估表、儿童行为问卷（家长版）、儿童行为问卷（教师版）、Achenbach 儿童行为量表（CBCL）等。

行为量表或检核表在行为辅导课程评估中大致分三类：找出问题行为；找出问题行为的原因；找出问题行为的功能。

1.找出评估问题行为 / 常规行为的工具

1）随班就读学生情绪行为问题检核表

该检核表首先是根据 125 位随班就读教师对随班就读学生在学校问题行为的表现进行的描述，并基于扎根理论进行一级编码、二级编码、三级编码，其编码过程见表 3-2。根据编码信息，结合问题行为相关理论以及 Achenbach 儿童行为量表，最终确定随班就读学生问题行为的指标体系，并基于该指标体系，编制初步的《随班就读学生情绪行为问题检核表》，再让随班就读教师对随班就读学生的问题行为进行评定，得到修改后的检核表，让随班就读教师对该量表进行评定，其信度、结构效度均须达到统计学要求。最终版的《随班就读学生情绪问题行为检核表》见表 3-3。

表 3-2 资料编码过程

三级编码	二级编码	一级编码
注意力问题	注意力不集中	1. 上课抠手指 2. 总是环顾四周 3. 东张西望 4. 时常走神、发呆 5. 做作业或活动时总犯错
	注意力集中时间短	1. 课堂专注时间短 2. 做作业总是需要他人提醒 3. 作业不能自主完成 4. 没有办法等待
冲动行为	自我控制能力差	1. 会打断或干扰别人的活动 2. 随意离开座位或想做什么就做什么 3. 老师提问时，随意说出答案 4. 老师说话时，随意打断 5. 上课时不举手就发言
	等待时间短	1. 一件事情没做完就去做另一件 2. 老师的问题未问完就抢先回答
多动行为	无法控制自己的乱动	1. 坐不住，手、脚或身体其他部位动个不停 2. 无法安静坐着，会离开座位到处走动 3. 在座位上扭来扭去
	动个不停	1. 喜欢追逐打闹、过度跑跳、停不下来 2. 上课时，动个不停，喜欢干扰别人 3. 做操时站不了 1 分钟又开始动了
指令理解与服从	不能理解指令	1. 听不懂翻书、看黑板的指令 2. 听不懂连续的指令
	不服从	1. 不愿意完成老师的指令 2. 被要求写字时，乱扔自己物品以逃避写字 3. 被要求不要讲话时，仍然讲话 4. 被要求不要讲话时，会打老师或朝老师吼叫

表 3-3　随班就读学生情绪行为问题检核表（魏寿洪编）

填写者基本情况			
姓名		填表日期	年　月　日
身份	□班主任　□任课教师	处理融合学生经验	□从未　□曾经　□持续
学生基本情况			
姓名		出生日期	年　月　日
性别	□男生　□女生	所在学校	
所在班级		诊断类型	□自闭症　□多动症　□情绪行为障碍　□学习障碍　□无诊断
主要问题行为 ［请具体叙明填表者最关心或需迫切解决的学生的问题行为（最多 3 个）并写出该问题行为发生的情境、地点、时间等。］			

评量说明：请仔细阅读所有题目，根据平时对学生在大量不同环境的观察和了解，在最符合学生目前行为的等级上画"√"。

评分等级		受评学生表现
0	从不	▶从没有出现过该行为
1	有时	▶一半左右的情况下会出现该行为
2	较常	▶大部分情况下会出现该行为
3	总是	▶一直出现该行为

（1）注意力

		从不	有时	较常	总是
1	不看黑板或被要求看的其他地方	0	1	2	3
2	不能倾听他人讲话	0	1	2	3
3	注意力集中时间短暂（如看黑板只能看 1~2 分钟）	0	1	2	3
4	心不在焉（如喜欢东张西望）	0	1	2	3
5	周围一有动静，就会转移注意力	0	1	2	3
6	时常走神、发呆	0	1	2	3
7	做活动或写作业时，粗心、容易犯错	0	1	2	3
8	很难持续地做功课或完成其他任务	0	1	2	3
9	无法独立完成任务（如总是需要他人提醒）	0	1	2	3
原始总分					

（2）冲动行为

		从不	有时	较常	总是
1	做事不经过仔细思考	0	1	2	3
2	不假思索就脱口而出	0	1	2	3
3	一件事情没做完就去做另一件事情	0	1	2	3
4	没有耐心去等待（如无法排队）	0	1	2	3
5	会打断或干扰他人的活动（如常常打断他人说话）	0	1	2	3
6	不遵守规范或规则而随意行动（如没有举手就站起来回答问题；随意大笑）	0	1	2	3
7	老师问题未问完，就抢先回答	0	1	2	3
8	不等待指令就行事	0	1	2	3
原始总分					

（3）多动行为

		从不	有时	较常	总是
1	坐姿不当（如斜靠在座位上）	0	1	2	3
2	坐不住，手、脚或身体其他部位动个不停	0	1	2	3
3	无法安静坐着，会离开座位、到处走动	0	1	2	3
4	容易激动或兴奋	0	1	2	3
5	很爱讲话，即使没有人也会自言自语	0	1	2	3
6	喜欢追逐打闹，停不下来	0	1	2	3
7	保持安静的时间较短（如做操时站立不超过1分钟）	0	1	2	3
8	上课时喜欢干扰人（如找同学说话或用笔戳同学）	0	1	2	3
	原始总分				

（4）指令理解与服从

		从不	有时	较常	总是
1	听不懂常见的指令（如听不懂翻书、写字、看黑板）	0	1	2	3
2	听不懂连续指令（如听不懂把书拿出来，翻到第35页）	0	1	2	3
3	能听懂指令，但不执行课堂教学指令（如不拿笔、不写字、不翻书等）	0	1	2	3
4	以其他方式逃避老师指令（如要求写字时，乱扔物品以逃避写字）	0	1	2	3
5	不听从警告（如要求不讲话时，仍然讲话）	0	1	2	3
6	反抗、挑衅（如要求不要讲话时，会打老师或朝老师吼叫）	0	1	2	3
7	消极对待（如虽口头答应，但仍我行我素）	0	1	2	3
	原始总分				

（5）攻击行为

		从不	有时	较常	总是
1	不开心时，会有攻击他人或破坏物品的行为	0	1	2	3
2	会以伤害他人的方式来宣泄个人的情绪	0	1	2	3
3	看到别人拥有自己想要的物品时，会用抢夺的方式获取	0	1	2	3
4	参与活动被干扰时，会出现攻击行为	0	1	2	3
5	不想做事时会出现攻击行为	0	1	2	3
6	用推、打他人的方式，中断自己不想参与的活动	0	1	2	3
7	习惯使用攻击他人的方式保护个人或个人物品	0	1	2	3
8	无法完成指定任务时，会出现攻击行为	0	1	2	3
9	吸引他人注意时，会出现攻击行为（如通过踢打或朝对方吐口水吸引注意）	0	1	2	3
	原始总分				

（6）不当社会行为

		从不	有时	较常	总是
1	缺乏学习的兴趣和动机	0	1	2	3
2	学习态度不积极，不参与课堂教学活动	0	1	2	3
3	常迟到或旷课	0	1	2	3
4	人际关系不佳，常与他人发生口角	0	1	2	3

		从不	有时	较常	总是
5	常与同学发生肢体冲突或打架	0	1	2	3
6	会逃学	0	1	2	3
7	用说谎来掩饰自己的错误或逃避责任	0	1	2	3
8	用欺骗的方式来获得物品或好处	0	1	2	3
9	说脏话	0	1	2	3
10	偷窃（不经他人同意，私自拿走他人物品）	0	1	2	3
	原始总分				

（7）自我刺激行为

		从不	有时	较常	总是
1	具有自伤行为，如拍打头部、咬手、撞墙等	0	1	2	3
2	持续重复某一动作（如手在胸前不停晃动、摇晃身体）	0	1	2	3
3	反复抚摸或揉捏身体的某一部位	0	1	2	3
4	持续发出某种声音，以满足听觉需求	0	1	2	3
5	会不由自主地触碰特定物品以满足触觉需求（如摇晃桌椅、敲打桌面）	0	1	2	3
6	会持续看着特定物品	0	1	2	3
7	有固定的行为反应（看到电灯就会绕圈走等）	0	1	2	3
8	喜欢闻某种味道以满足嗅觉需求（如喜欢闻铅笔、老师的皮包等）	0	1	2	3
	原始总分				

（8）情绪问题行为

		从不	有时	较常	总是
1	情绪不稳定	0	1	2	3
2	不良情绪持续时间长（如生气、哭闹的时间很长）	0	1	2	3
3	缺乏自信，有畏难情绪	0	1	2	3
4	无法处理生气等情绪	0	1	2	3
5	采用不恰当的方式表达情绪（如大哭大闹等）	0	1	2	3
6	遇到自己不喜欢的事情，容易发脾气	0	1	2	3
7	遇到困难，容易焦虑	0	1	2	3
8	面对失败或批评容易陷入沮丧、忧伤的情绪	0	1	2	3
9	想法比较消极，感觉做任何事情都没有意义	0	1	2	3
10	过度害怕特定的人、事或环境	0	1	2	3
	原始总分				

（9）其他问题

		从不	有时	较常	总是
1	日常生活问题（如过度挑食、无法上厕所等）	0	1	2	3
2	认知问题（如找不到教室等）	0	1	2	3
3	语言问题（如语言表达能力不佳）	0	1	2	3
4	身体成长问题（如动作不协调）	0	1	2	3
5	自我管理问题（如无法收拾个人物品、东西乱放）	0	1	2	3
	原始总分				

评量结果

	注意力问题行为	多动行为	冲动行为	不听从指令	攻击行为	不当社会问题行为	自我刺激行为	情绪问题行为	其他问题	总分
分数										

2）随班就读学生常规检核表

随班就读学生常规检核表是根据随班就读学生在普通学校所遵循的制度规范，以及随班就读学生容易违反的常规进行设计的，目的是及时找出随班就读学生在常规要求下可能存在的问题，并及时对其进行教导，使其养成良好的行为习惯。具体内容如表3-4所示。

表3-4　随班就读学生常规检核表（魏寿洪编）

请依据您平时对学生在不同环境下的观察和了解，在最符合学生当前水平的选项上画"✓"（若是网上填写，则直接将所选答案的数字涂成红色即可）。本量表采用五级计分法。每级计分标准如下：
0—从未有过：学生从没有表现出该行为；
1—几乎没有：学生偶尔表现出该行为，日常生活中很少看到该行为；
2—有时：学生有时表现出该行为；
3—常常：学生大多数时间会表现出该行为；
4—总是：学生在多种场合、多种环境下持续表现出该行为。

姓名		填表日期	年　月　日	
身份	□班主任　□任课教师	处理融合学生经验	□从未　□曾经　□持续	
学生基本情况				
姓名		出生日期	年　月　日	
性别	□男生　□女生		所在学校	
所在班级		诊断类型	□自闭症　□多动症　□情绪行为障碍 □学习障碍　□无诊断	

编号	题目	从未有过	几乎没有	有时	常常	总是
一、课堂教学常规						
1	听到铃声就回座位坐好	0	1	2	3	4
2	准备学习用具	0	1	2	3	4
3	候课静息	0	1	2	3	4
4	向师生问好	0	1	2	3	4
5	坐姿端正	0	1	2	3	4
6	听从老师指令	0	1	2	3	4
7	有问题举手示意	0	1	2	3	4
8	保持注意力集中	0	1	2	3	4
9	认真倾听老师和同伴的讲话	0	1	2	3	4
10	安静坐好，不随意离开座位	0	1	2	3	4
11	老师点名，会作出合理反应	0	1	2	3	4
12	眼睛看黑板或者老师要求看的地方	0	1	2	3	4
13	不在课堂上做与学习无关的事情（如吃东西、摆弄物品等）	0	1	2	3	4
14	不与同学打闹	0	1	2	3	4
15	上课时要去上厕所，会跟老师报告	0	1	2	3	4

编号	题目	从未有过	几乎没有	有时	常常	总是
16	不随意打断他人说话	0	1	2	3	4
二、教室环境常规						
环境卫生						
1	根据值日安排做清洁	0	1	2	3	4
2	果皮、纸屑丢入垃圾桶	0	1	2	3	4
3	吐痰入盂或者在纸上	0	1	2	3	4
4	保持课桌整洁干净	0	1	2	3	4
5	保持教室地面整洁	0	1	2	3	4
6	保持墙面整洁	0	1	2	3	4
物品使用						
7	爱护公物	0	1	2	3	4
8	不随意触碰电闸、电器、开关、消火栓等	0	1	2	3	4
9	黑板、课桌和凳子上没有刻画痕迹	0	1	2	3	4
10	清洁物品（如扫帚）用完及时放到指定位置	0	1	2	3	4
11	爱惜保护日常使用的器材、工具、设备等	0	1	2	3	4
班级纪律						
12	在教室小声说话	0	1	2	3	4
13	不赤膊进入教室	0	1	2	3	4
14	在教室不随意脱鞋	0	1	2	3	4
15	不给同学起侮辱性绰号	0	1	2	3	4
16	不带零食进入教室	0	1	2	3	4

2. 找出问题行为原因的工具

行为是个体与环境互动的结果。随班就读学生所处的主要环境是家庭环境和学校环境，因而其问题行为产生的因素可以分为个人因素、家庭因素和学校因素。下面的检核表是对随班就读学生问题行为案例进行分析、总结而成的。该检核表可以找出随班就读学生情绪行为问题产生的原因，从而为发现问题源头、调整环境因素提供依据，具体内容见表3-5。

表3-5　随班就读学生情绪行为问题原因检核表

评量说明：请仔细阅读所有题目，依据您平时对儿童在大量不同环境的观察和了解，在最符合儿童目前行为表现的频率或符合程度上选项上画"✓"。

（1）个人因素

		不符合	有点符合	大部分符合	完全符合
1	知觉动作有限	0	1	2	3
2	语言理解和表达有限	0	1	2	3
3	注意力不佳	0	1	2	3
4	记忆有限	0	1	2	3
5	认知能力有限	0	1	2	3
6	自我控制能力不佳	0	1	2	3
	原始总分				

（2）家庭因素

		从不	有时	较常	总是
1	家庭氛围不好	0	1	2	3
2	家长没有时间管教	0	1	2	3
3	家长对孩子的不合理期待	0	1	2	3
4	家长的不良教养方式	0	1	2	3
5	家长的不当示范	0	1	2	3
6	家长教养意见不一致	0	1	2	3
7	家长不配合	0	1	2	3
	原始总分				

（3）学校因素

		从不	有时	较常	总是
1	校园氛围不佳	0	1	2	3
2	缺乏课程与教学调整	0	1	2	3
3	缺乏行为管理策略	0	1	2	3
4	人力资源不足	0	1	2	3
	原始总分				

3. 找出问题行为功能的工具

通常来讲，问题行为的功能分为自我刺激行为、逃避、引起他人注意和获得实质性东西。问题行为功能不同，其处理方法也不同。对问题行为功能的分析可以帮助我们找到对应的干预方法和策略，具体见表3-6。

表3-6 问题行为动机量表

	题目	0 从来不会	1 偶尔发生	2 有时发生	3 经常发生	4 总是发生	5 一直都是
自我刺激行为	1. 发生此行为是因为听到特殊的声音。	0	1	2	3	4	5
	2. 发生此行为是因为特殊的视觉刺激。	0	1	2	3	4	5
	3. 发生此行为是因为闻到了特殊的味道。	0	1	2	3	4	5
	4. 当一个人时，此行为就会发生。	0	1	2	3	4	5
	5. 当无所事事时，此行为就会发生。	0	1	2	3	4	5
	6. 此行为会持续一段时间，甚至在他人出现在身旁时仍不会停止。	0	1	2	3	4	5
	7. 当发生此行为时，他会显得特别专心，丝毫不受外界干扰。	0	1	2	3	4	5
	8. 此行为会重复出现。	0	1	2	3	4	5
	计分						
	总分：_____ 平均：_____						

	题目	0 从来不会	1 偶尔发生	2 有时发生	3 经常发生	4 总是发生	5 一直都是
逃避	1. 当他不喜欢或讨厌的人靠近时，此行为就会发生。	0	1	2	3	4	5
	2. 当你要求他做事时，此行为就会发生。	0	1	2	3	4	5
	3. 当他在活动中遇到困难时，此行为就会发生。	0	1	2	3	4	5
	4. 当他处在不喜欢的场所时，此行为就会发生。	0	1	2	3	4	5
	5. 当他被处罚或被责备时，此行为就会发生。	0	1	2	3	4	5
	6. 当同学批评他时，此行为就会发生。	0	1	2	3	4	5
	7. 当他做错事时，此行为就会发生。	0	1	2	3	4	5
	8. 当他离开熟悉的场所时，此行为就会发生。	0	1	2	3	4	5
	计分						
	总分：_____ 平均：_____						

	题目	0 从来不会	1 偶尔发生	2 有时发生	3 经常发生	4 总是发生	5 一直都是
获得他人注意	1. 当他引起你的注意后，此行为就会停止。	0	1	2	3	4	5
	2. 当他引起同学的注意后，此行为就会停止。	0	1	2	3	4	5
	3. 当你称赞他时，此行为就不会发生。	0	1	2	3	4	5
	4. 当同学称赞他时，此行为就不会发生。	0	1	2	3	4	5
	5. 有你的陪伴时，此行为就不会发生。	0	1	2	3	4	5
	6. 有同学陪伴时，此行为就不会发生。	0	1	2	3	4	5
	7. 当你把注意力放在他人身上时，此行为就会出现。	0	1	2	3	4	5
	8. 当同学把注意力放在他人身上时，此行为就会出现。	0	1	2	3	4	5
	计分						
	总分：_____ 平均：_____						

	题目	0 从来不会	1 偶尔发生	2 有时发生	3 经常发生	4 总是发生	5 一直都是
获得实质性东西	1. 当他在做某件事而你不让他做时，此行为就会出现。	0	1	2	3	4	5
	2. 当他想做某件事而你不允许他做时，此行为就会发生。	0	1	2	3	4	5
	3. 当同学不给他东西时，此行为就会出现。	0	1	2	3	4	5
	4. 当他不能马上得到想要的东西时，此行为就会出现。	0	1	2	3	4	5
	5. 当你把他喜欢的东西拿走时，此行为就会发生。	0	1	2	3	4	5
	6. 当同学拿走他喜欢的东西时，此行为就会出现。	0	1	2	3	4	5
	7. 当别人有某一样东西而他没有时(零食或玩具)，此行为就会发生。	0	1	2	3	4	5
	8. 当给他东西他不想要时，此行为就会发生。	0	1	2	3	4	5
	计分						
	总分：_____ 平均：_____						

资料来源：林惠芬的《问题行为动机量表之编制报告》。

如上表所示，教师可以通过对照学生日常的具体行为表现判定其问题行为产生的原因与功能，如学生肚子饿但不能马上吃到午餐，会大喊大叫，其问题行为动机旨在获得实质性东西；当学生觉得作业难度大而难以完成时急躁地撕课本，其问题行为动机旨在逃避困难任务。提高普通学校对随班就读学生的接纳度，让学生遵守学校常规尤为重要，学校常规主要包括课堂教学常规、教室环境常规，对学生的学校常规遵守情况进行检核，是准确把握问题行为并及时对其进行干预的基础。

二、观察

在对随班就读学生行为进行直接观察时，还可以通过询问老师、家长以及同学等对其进行了解。除了现有的观察表等资料，观察者还可以参考相关内容自编条目，灵活开展观察过程。生态评估及行为评估综合观察表见表3-7。

表3-7　生态评估及行为评估综合观察表

观察对象：		观察者：		观察日期：	
主要活动	学生与谁互动	普通学生表现	特殊学生表现	老师处理方式（行为结果）	原因分析

观察法是常见的行为评估方法，观察法可以直接记录学生问题行为发生前、发生时和发生后的一手资料。为了更清楚细致地掌握学生的问题行为，教师在教学过程中可以根据需求自行设计表格，对学生的问题行为进行观察记录。表格的内容可以包括观察者、观察日期等基本信息，主要观察特定的场合下特殊学生在与谁互动，普通学生表现如何，特殊学生表现如何，当发生问题行为时老师是如何处理的，对问题行为做动因分析，在综合考虑学生的问题行为及动因后制定具体的学习目标及支持目标，具体案例见表3-8、表3-9。

表3-8　行为观察表案例

观察对象		观察者		观察日期	2015年11月19日			
主要活动	个案与谁互动	普通学生表现如何	个案表现如何	老师如何处理（行为结果）	原因分析		学生目标	支持目标
早读	自己	在一个同学的带领下一起读	拿出书摆在桌面上但不读，用手去晃牙齿	没有理会	个人因素：①跟不上大家的节奏。②处在换牙期，牙齿不舒服。	外界因素：没有提前提醒		
唱校歌	班主任同学	老师播放视频，大家齐唱校歌	看视频没有唱	没有理会	对校歌不熟悉		学习校歌	给予视频资料，回家或在资源教室练习

观察对象		观察者		观察日期	2015 年 11 月 19 日			
主要活动	个案与谁互动	普通学生表现如何	个案表现如何	老师如何处理（行为结果）	原因分析		学生目标	支持目标
升技仪式	班主任、同学	大家在广播的指挥下，一起齐唱国歌。唱完国歌后一起背出 24 字的社会主义核心价值观（爱国、守法、明礼，诚信……）。	和大家一起唱校歌，没有背核心价值观。	没有理会。	①会唱国歌（个案喜欢唱歌）。②不会背核心价值观。		学习核心价值观，并能简单理解部分含义。	
语文课	班主任	①老师分发试卷，同学依次领试卷。②老师评讲试卷，同学认真听课。③老师提问问题，同学积极举手回答。	①试卷没有发到个案时，自己会离开座位主动照老师要考了78 分，班里最低62 分，最高100 分。②胡乱翻书，不听讲。在座位上乱动，晃几下桌子，咬几下桌子。③站起来在座位旁蹲了两下。④跪在凳子上，趴在窗口向外望。⑤离位在教室里跑了一圈，并摔倒了。	①没有阻止个案，将试卷直接给他了。②提醒个案要做笔记。但个案没有听指令，依然做自己的事。③让个案回位，观察者把个案带回座位。	①不知道要等待，看见别人有试卷了，就想要自己的试卷。②对课堂教学内容不感兴趣。③无法很好的理解并执行共同指令。④课堂常规意识没有很好的建立。	①没有疏导常规。②课程与教学并未做调整。③指令没有视觉提示。④没有提供表现机会。	①学会等待及轮流知道叫自己名字时才能拿。②学会控制自己坐好。	资源款室练习。提前告知常规及要求。提醒。
眼保健操课间操	自己	做眼保健操。做课间操。	和大家一样认真的做。	没有理会。	①会做眼保健操。②能听懂广播。③知道模仿同学。			
下课	同学	玩闹。	到处乱走。愿意到同学旁边，但没有和同学交流。	老师不在场。	口语较差，沟通能力不好。	无同伴支持。	促进其与同伴交流。	同伴主动交往。

表 3-9　目标与调整

学生目标	环境调整	教师调整
1. 学会遵守课堂常规。2. 学会自我控制。3. 发展恰当的沟通方式。4. 发展游戏能力以及恰当的同伴交往方式。	1. 位置调整，不要安排其在窗边。2. 建立一节课的主要流程表。3. 安排同伴对其进行支持。	**语文与数学老师：**1. 提供表现及参与机会。2. 提前告知常规。3. 重复。4. 课程与教学内容调整。5. 给予正向鼓励。6. 给予积极关注。**体育老师：**1. 同伴支持。2. 课程与教学调整。3. 鼓励。

三、访谈

同观察法类似，在针对随班就读学生行为进行访谈时，访谈的对象可以是教师、家长以及同学等，通过对他人的访谈，了解特殊学生具体的问题行为有哪些，分析问题行为的功能。学生在学校接触最多的是同伴及教师，因此访谈基本围绕这两类"他人"。以下为问题行为教师访谈提纲及案例。

问题行为教师访谈提纲

一、基本信息

1. 被访者基本信息

被访者姓名：_____ 所在学校：_____ 教学班级：_____

任教学科：_____

2. 特殊学生基本信息

特殊学生姓名：_____ 障碍类型：_____ 障碍程度：_____

二、问题行为的表现

1. 学生会出现什么样的问题行为？可以具体描述，如自我刺激行为、攻击行为、过度活动等。

2. 他会在什么情况下出现这些行为？如时间、相关人员、地点、事情、任务等。

3. 问题行为出现的频率是多少？持续时间为多久？强度怎样？

三、问题行为发生前的事情

1. 在特殊学生出现问题行为之前，发生了什么？

2. 是否有该问题行为发生之前的一些事情诱发了他的问题行为，如前一天情绪不好。

四、周围人对其问题行为的看法和影响

1. 您是怎么看待他的问题行为的？觉得有什么样的影响？

2. 普通学生对其问题行为有什么看法？

五、问题行为的原因和功能

您觉得他出现问题行为的原因是什么？可以从个人原因和外界原因方面探讨。

六、问题行为的后果和处理策略

1. 他的问题行为导致了什么样的结果？如同伴受伤、教具损坏等。

2.他出现问题行为之后教师是怎样处理的？同学是怎样对他的？

七、期望

针对特殊学生的这些问题行为，您有什么期望？

第三节　行为辅导课程评估案例分析

案例一　冲冲的自伤等问题行为评估案例分析

一、问题行为表述

冲冲是一名普通小学四年级的随班就读学生，患有自闭症。我们通过对其教师的观察和家长的访谈，发现冲冲在日常学习生活中大致面临以下困难。

（1）遇到一些问题时不会处理，会情绪失控，主要表现为扔东西（偶尔）、发脾气，有时会伤害自己，甚至攻击他人，影响家人和同学的日常工作、学习生活。

（2）爱管闲事，容易产生情绪，在课堂上大喊大叫。

（3）若改变平时的生活规律和上课常规（如调课），会产生情绪，哭闹。

二、行为评估过程

冲冲所在学校为其组建了行为辅导评估团队，团队成员包括资源教师、班主任、相关任课教师、家长、高校特殊教育专家等。对冲冲的基本情况进行调查后，评估团队通过填写检核表、访谈、观察等方法对其进行了一系列评估，具体情况如下。

首先，该团队应用随班就读学生问题行为检核表，结合对冲冲母亲的访谈，开展了问题行为的检核评估。评量结果及评估报告见表3-10、图3-1。

表3-10　问题行为分数统计

	注意力问题行为	多动行为	冲动行为	不听从指令	攻击行为	不当社会行为	自我刺激行为行为	情绪问题行为	其他问题	总分
分数	22	9	14	6	1	4	1	12	1	70

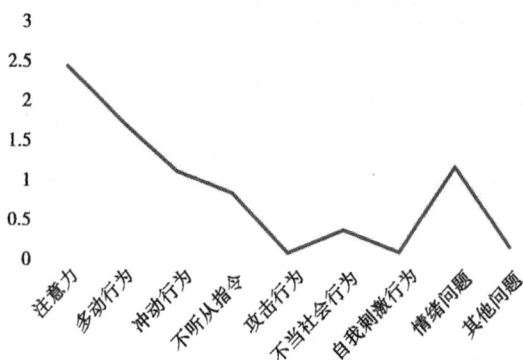

图 3-1　冲冲的评量结果

三、评估结果分析

评估团队依据评量结果，综合讨论，为冲冲制定了评估报告与个别化行为辅导计划，见表 3-11。

表 3-11　冲冲情绪行为问题评估报告

<table>
<tr><th colspan="4">随班就读学生情绪行为问题评估报告</th></tr>
<tr><td rowspan="1">基本资料</td><td colspan="3">学生姓名：冲冲
性别：男
出生年月：2007 年 11 月
学段：小学四年级
评量人员：冯××
评量日期：2018 年 3 月
评量工具：随班就读学生情绪行为问题检核表</td></tr>
<tr><td rowspan="10">评量结果</td><td>领域</td><td>优势</td><td>劣势</td></tr>
<tr><td>注意力问题行为</td><td>会倾听他人讲话</td><td>1. 容易受外界干扰，上课过程中会心不在焉，东张西望。
2. 注意力集中时间短、无法专注持续地做完一项任务。</td></tr>
<tr><td>冲动行为</td><td>能够排队及轮流等候，不会经常干扰他人活动</td><td>1. 做事不审慎思考。
2. 不听从指令，偶尔不遵守规则。</td></tr>
<tr><td>多动行为</td><td>上课不干扰他人</td><td>1. 容易激动或兴奋。
2. 没办法长时间保持安静，偶尔会大声叫喊。</td></tr>
<tr><td>指令理解与服从</td><td>能听懂单一及连续指令，没有反抗、挑衅行为</td><td>能听懂指令但是会消极对待，以其他方式逃避指令。</td></tr>
<tr><td>攻击行为</td><td>基本没有攻击行为</td><td>在心情不愉悦时，偶尔有攻击他人和破坏东西的行为。</td></tr>
<tr><td>不当社会行为</td><td>没有欺骗、偷窃、说脏话等行为</td><td>1. 缺乏学习的兴趣和动机，对自己不喜欢的课程学习态度不积极。
2. 偶尔会与同学发生争执。</td></tr>
<tr><td>自我刺激行为</td><td>很少有自我刺激行为</td><td>在不知道如何表达自己焦急情绪的情况下会有自伤行为。</td></tr>
<tr><td>情绪问题行为</td><td>不良情绪持续时间短</td><td>1. 情绪不稳定，起伏大，遇到自己不会处理的问题会发脾气。
2. 容易产生畏难情绪。</td></tr>
<tr><td>其他问题</td><td>基本可以做到生活自理</td><td>自我管理能力较差，东西乱扔乱放等。</td></tr>
</table>

综合评价：根据随班就读学生情绪行为问题检核表的各项指标得分的平均分，绘制如上所示的折线图，由图表可以看出冲冲同学得分最高的三项也就是最需要解决的三项为：注意力问题行为、情绪行为问题、冲动行为，这也是本学期教学的三个主要目标。其中注意力问题行为得分最高，但考虑到情绪问题行为是最为迫切解决的问题，将解决情绪问题定位为首要教学目标。

案例二　辉辉的多动、冲动问题行为评估案例分析

一、问题行为表述

辉辉是一名普通幼儿园的自闭症学生，即将升学进入普通小学。通过教师的观察和对家长的访谈，我们发现辉辉在日常学习生活中大致面临的困难。辉辉所在学校为其组建了行为辅导评估团队，包括其资源教师、班主任、科任教师、家长、高校特殊教育专家等成员。通过对辉辉基本情况的调查，评估团队通过填写检核表、访谈、观察等方法对其进行了一系列评估，具体如下：①注意力不集中，冲动、多动，影响自己的学习与生活，有时也会影响到其他同学。②对课堂纪律、秩序、学校规范等要求的理解与遵守较困难，我行我素。

二、问题行为评估过程

辉辉所在学校为其组建了行为辅导评估团队，包括其资源教师、班主任、科任教师、家长、高校特殊教育专家等成员。经过对辉辉基本情况的调查，评估团队通过检核表、访谈、观察等方法对其进行了一系列的评估，具体如下：

首先，团队通过填写检核表，结合对辉辉父母的访谈，开展了问题行为的检核评估，见表3-12、表3-13、图3-2。

表3-12　问题行为分数统计

	注意力问题行为	多动行为	冲动行为	不听从指令	攻击行为	不当社会问题行为	自我刺激行为	情绪问题行为	其他问题	总分
分数	20	17	7	9	2	5	3	10	10	83

表3-13　问题行为平均分统计

	注意力问题行为	多动行为	冲动行为	不听从指令	攻击行为	不当社会问题行为	自我刺激行为	情绪问题行为	其他问题
平均分	2.22	2.13	0.88	1.29	0.22	0.56	0.38	1	2

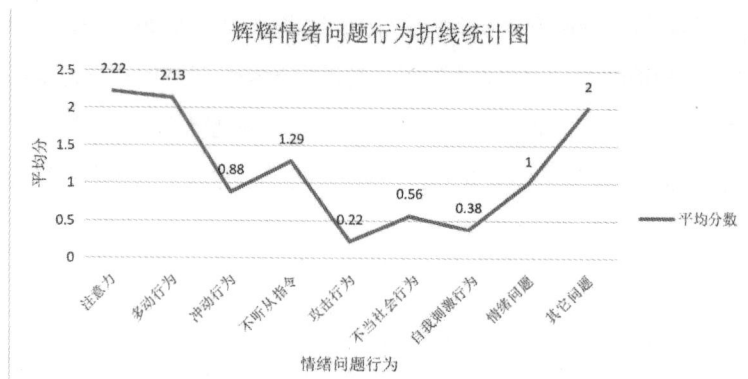

图 3-2　冲冲的评量结果

三、评估结果报告

评估团队依据评量结果，综合讨论，为辉辉做了评估报告并提出了行为辅导建议。

表 3-14　辉辉情绪问题行为评估报告

随班就读学生情绪行为问题评估报告	
基本资料	学生：辉辉　　性别：男　　出生年月：2011 年 3 月 23 日 评量人员：张××、吕××　　评量日期：2017 年 3 月 17 日 目前安排疗育：××特教中心 习惯用手：右手 目前主要照顾者：爸爸、妈妈 医学诊断：自闭症 服用药物：无
评量工具及结果	评量工具／方法：随班就读学生情绪行为问题检核表 评量内容：注意力问题行为、冲动行为、多动行为、指令理解与服从、攻击行为、不当社会行为、自我刺激行为、情绪问题行为、其他问题行为 评量结果：该学生情绪行为评估结果详见结果分析表
情绪行为问题结果分析	该学生总分为 83 分，其中"注意力问题行为""冲动行为"两方面的问题行为较为严重，在后期的教学计划中应对其有所侧重，尽可能改善其问题行为；在"情绪问题行为""其他问题行为""指令理解与服从"和"多动行为"方面需要改善，需要加强相应技能的训练；在"攻击行为""不当社会行为"和"自我刺激行为行为"方面分值较低，说明该学生在这几个方面有较强的能力，后期的学习计划中可以对这部分做巩固训练。 优势： （1）该学生是典型的自闭症儿童，年龄比较小，其在攻击性行为、不当社会行为以及自我刺激行为方面都表现较好，不会对他人及自己造成伤害。 （2）该学生在多动行为和指令理解与服从方面虽然表现较差，但却能自觉配合老师完成相应的任务。 劣势： （1）该学生在"注意力问题行为"和"冲动行为"方面分数较高，可以看出该学生不能很好地控制自己的情绪，不知道如何处理情绪问题行为，在控制情绪问题行为方面缺少相应的知识储备；不能较好地集中注意力，容易注意力分散；该学生在冲动行为方面表现较差，没有耐心和等待心理，一件事未完成就会去做另外一件事，经常不遵守规范或规则而随意行动。这几点会对学生的社会交往技能产生较大影响，会造成他人对学生的误会和不解。 （2）在其他问题行为方面也存在一定不足，尤其是语言问题行为和自我管理能力方面。语言问题行为可能与其自闭症的特征相关，在一定程度上会对其社会交往能力造成影响，在后期的训练中应对其社会交往技能加强训练；而在自我管理能力方面，由于该学生年纪尚小，大部分事情是由爸爸妈妈操办，后期的教学和生活中可加强对其自我管理能力的训练，为其进入小学打下基础。 行为辅导重点： 重点放在训练其注意力、情绪控制、行为管理能力等方面。

第四章 /

行为辅导课程实施

第一节　行为辅导课程计划

一、学生个别化行为支持计划

（一）学生个别化行为支持计划内容及要素

一般来说，行为辅导计划与个别化教育计划的结构类似，通常包括以下几个板块的内容：学生基本资料、问题行为评估资料、行为辅导内容与措施、行为辅导实施、行为辅导结果与讨论等。

1.学生基本资料

学生基本资料中，除了介绍学生的人口学信息、障碍信息，还应该包括学生所出现的问题行为的具体表现、发生史、对自身及他人所产生的影响。

2.问题行为评估资料

此板块要求对被纳入评估的问题行为的操作性定义、评估过程以及评估结果进行详细介绍。被纳入评估的问题行为并不完全与转介过程中所取得的问题行为资料一致，因此要对问题行为下一个操作性定义。

行为评估结果主要涉及两个方面的内容：

（1）对问题行为严重程度的描述。通过对问题行为的发生频率、持续时间、强度等行为指标，以及对自身、他人学习生活和身体安全的影响等方面的描述，说明学生问题行为的严重性。

（2）行为功能评估。对功能评估结果进行分析，对学生问题行为的功能进行假设和总结，并对功能进行描述。

3. 制订行为辅导计划

行为辅导计划的内容包括行为辅导目标、具体采取的行为辅导措施、辅导效果监控措施等。行为辅导目标需对学生须达到的目标进行描述。行为辅导措施即详细介绍针对个体问题行为所采取的对应措施，可以从基于预发事件所采取的措施、基于问题行为发生过程所采取的措施以及基于问题行为的结果所采取的措施进行描述。

4. 实施行为辅导计划

行为辅导计划是对问题行为的具体辅导情况进行描述，可采取插页或者粘贴附录等方式说明每次干预问题行为的时间、过程、行为变化情况等。如果在辅导过程中对辅导计划进行调整、改变，也需要对此进行说明。

5. 讨论行为辅导结果

经过一段时间的辅导，教师要对学生的行为变化情况进行总结。对行为辅导结果进行讨论就是总结学生问题行为变化过程并对其问题行为辅导结果进行原因分析。在全校性正向行为支持系统中，依据学生问题行为的严重程度将学生分为低危险群、中危险群和高危险群，他们分别需要初级预防、次级预防和三级预防。初级预防面对的是低危险群，即只需要一般的支持便能有所进步的学生（约占30%），在学校范围内，为学生提供全方位的行为支持，并且持续观察学生的表现。次级预防面对的是中危险群，即需要行为介入才能进步的学生（约占15%），针对此类学生，在学校范围内，为其提供额外的正向行为支持。三级预防面对的是高危险群，即有慢性严重问题行为的学生（约占5%），为学生提供特殊化且个别化的正向行为支持。因此，在建立行为辅导计划时，我们应考虑学生问题行为的严重程度，这决定了学生是低危险群还是中危险群或高危险群，进而决定了学生行为辅导的预防层级。

在初级预防中，我们可以做的有：

（1）保障稳定而不受干扰的学习环境。

（2）在课堂中为其提供适应性的支持。

（3）提升学生的学习动机。

（4）照顾学生不同的学习需要。

（5）打造共融的学习文化。

在次级预防和三级预防中，资源教师需要接受行为辅导，由资源教师指导学生预防问题行为，因此需要制订资源教室行为辅导计划。

（二）制订学生个别化行为支持计划的案例分析

1.基本问题

雷××，男，10岁，自闭症，主要照顾者为母亲。

障碍状况：认知能力较好，但存在情绪问题行为，遇到问题会情绪失控、发脾气，具体表现有大哭大叫、扔东西、打自己。

2.问题行为评估

1）评估工具

随班就读学生情绪行为问题检核表

观察表：随班就读学生问题行为记录表

访谈：自编访谈提纲，对学校教师、同伴及特殊学生自身进行社交方面的相关访谈。

2）评估结果

问题行为评估结果报告

学　生：雷××　　　性　别：男　　　年　龄：10岁

评量人：　　评量日期：

（1）评量结果（表4-1）

表4-1　雷××问题行为评估结果

评量工具／方法	评量内容	评量者／评量日期	评量结果概要
随班就读学生情绪行为问题检核表	问题行为		根据随班就读学生情绪问题行为检核表的各项指标得分的平均分，注意力问题行为、情绪问题行为、冲动行为核心，确定本学期教学的三个主要目标。其中，注意力问题行为得分最高，但考虑到情绪问题行为是迫切需要改善的问题行为，情绪问题行为可以作为首要教学目标

（2）评量表各领域结果分析（表4-2）

表4-2　雷××问题行为评估结果分析

问题行为	优势	劣势	建议训练目标
注意力问题行为	认知能力较强，能倾听他人的讲话	1. 易受外界干扰，上课时会心不在焉，东张西望 2. 注意力集中时间短 3. 无法专注且持续地做完一项任务	1. 能根据老师要求集中注意力 2. 在一定时间内保持注意力集中 3. 在规定时间内完成任务
冲动行为	能够排队及等待，不会经常干扰他人活动	1. 做事不审慎思考 2. 不听从指令，偶尔会不遵守规则	1. 会三思而后行 2. 学习同学好的行为 3. 在不同场合遵守相关规则 4. 学会等待
多动行为	上课不干扰他人	1. 容易激动或兴奋 2. 无法长时间保持安静，偶尔会大声叫喊	1. 坐姿得当，上课过程中不经常做小动作 2. 上课不随意走动 3. 能短时间保持安静，不大喊大叫 4. 会在游戏中轮流等待

问题行为	优势	劣势	建议训练目标
指令理解与服从	能听懂单一及连续指令，没有反抗、挑衅行为。	能听懂指令但是会消极对待，以其他方式逃避指令	1. 能根据老师的指令翻书、拿笔、做课间操、做眼保健操 2. 建立惩罚机制，让其在懂得指令的情况下认真执行 3. 答应老师的事情要真正做到，不能应付了事
攻击行为	基本没有攻击行为	在心情不愉悦时，会有攻击他人和破坏东西的行为	任何情况下都不能伤害自己、他人，或者用破坏东西的方式来解决问题
不当社会行为	没有欺骗、偷窃、说脏话等行为	1. 缺乏学习的兴趣和动机，对自己不喜欢的课程学习不积极 2. 偶尔会与同学发生争执	1. 寻找社会参照，依据班里同学的做法对事情做出正确反应，减少争吵、打架行为 2. 与同学发生矛盾会主动寻求老师的帮助 3. 与同学建立友谊，拥有班级归属感，采用合理方式发泄情绪，任何情况下不能通过自伤解决问题
自我刺激行为	很少有自我刺激行为	在不知道如何表达自己的焦急情绪的情况下会有自伤行为	
情绪问题行为	不良情绪持续时间短	1. 情绪不稳定、起伏大，遇到自己不会处理的事情会发脾气 2. 容易有畏难情绪	1. 学会正确识别情绪 2. 学会识别他人情绪：伤心、烦闷、高兴等 3. 根据他人情绪做出正确的反应，如别人不耐烦时停止说教，别人伤心时懂得安慰 4. 懂得自我管理情绪，控制情绪
其他问题行为	基本可以做到生活自理	自我管理能力较差，东西乱扔乱放等	生活自理能力的培养，知道自己的事情自己做

（3）观察结果及分析（见表4-3）

表4-3　雷××问题行为观察及分析

日期	问题行为的发生过程（时间、地点、情境）	次数/频率	持续时间	分析
2018年4月	课间一个人玩多媒体，其他同学要玩，指责其不对，该学生就开始发脾气、大哭，甚至与同学打架	1次/周	2h	分析其问题行为发生的原因，用消除、减少等方法改变前因；正向行为支持，引导学生以正确方法处理冲突
2018年4月	去食堂比较晚，排在自己班级最后一个打饭，别的班级的同学误以为他插队，指责他，他便开始大声哭喊，并打自己	1次/周	1h	
2018年4月	中午打饭时插队被同班同学批评，该学生便开始哭叫、扔东西	1次/周	1h	

二、行为训练课程

根据评估结果，教师与家长商讨后制订教学目标，并在教学过程中随时观察学生并对教学目标进行调整，见表4-4。

表 4-4　行为训练目标

领域	长期目标	短期目标
注意力问题行为	能根据老师要求集中注意力	1. 上课时，能复述老师的话 2. 能独立完成任务与作业 3. 老师在说话时，眼睛能够注视老师，当其他同学回答问题时，能够注意到同学 4. 能保持注意力集中 10 分钟
冲动行为	能够三思而后行	1. 能轮流等候 2. 不打断别人的话或不干扰别人的活动 3. 学会遵守规则，遵守课堂规范（有问题举手、不随便离开座位）、在食堂打饭排队等。 4. 做事考虑前因后果，不直接行动
多动行为	课堂不随便乱动	1. 坐姿得当，上课时不做小动作 2. 上课时能坐在自己座位上 3. 能短时间保持安静，不大喊大叫
不当社会行为	与同学建立友好关系，减少矛盾发生次数	1. 寻求社会参照，以班里的同伴为参照，对事件作出正确反应，减少争吵、打架行为 2. 与同学发生矛盾时会主动寻求老师的帮助 3. 与同学建立友谊，拥有班级归属感
情绪问题行为	学会自我管理情绪	1. 能管理自己的情绪 2. 能识别他人情绪：伤心、烦闷、高兴等 3. 能根据他人的情绪作出正确的反应，如别人不耐烦时停止说教，别人伤心时懂得安慰 4. 懂得自我管理情绪并能控制自己的情绪
指令理解与服从	不逃避指令	1. 能根据老师的指令翻书、拿笔、做课间操、做眼保健操 2. 能执行警告性指令 3. 真正做到答应老师的事情，不应付了事
攻击行为	消除攻击行为	1. 能攻击他人 2. 不自伤 3. 不破坏物品
自我刺激行为	减少自我刺激行为	组织替代性活动
其他问题行为	提高语言表达能力	1. 在他人向其提问时，能有所回应 2. 能主动向他人表示问候、祝贺等 3. 能够用简单句叙述事情 4. 能表达自己想法，如想要某种东西时，能够说出"我要"

三、行为辅导课程学习计划

（一）行为辅导课程学习计划内容及要素

行为辅导课程学习计划主要包括学生的目标和根据学习目标制订的每周课程表。行为辅导课程学习计划既有个人的行为辅导学习计划，又有团体的行为辅导学习计划，最后形成学习计划安排表，见表 4-5。

表 4-5　行为辅导学习计划表

	第一周		第二周		第三周		第四周	
	目标	课名	目标	课名	目标	课名	目标	课名
三月								
四月								
五月								
六月								
七月								

（二）行为辅导课程学习计划案例

根据学生个别化行为支持计划制订案例中关于雷××的评估结果，结合与其家长访谈情况和对其课上课下的观察，该学生的课程形式分为团体课和个训课。团体课的教育目标来自参与学生的共同目标，个训课的教育目标是根据学生差异而设置的个体目标。本学期时长基本为4个月，大概有17个课时，利用6个课时针对情绪问题行为对学生进行教学，课时内容包括认识自己的情绪、理解他人的情绪、正确表达自己的情绪、正确处理冲突等。这一阶段的教学以期让学生减少情感障碍，更好地融入班集体。利用6个课时改善注意力不集中问题，这部分教学内容分为听觉注意力训练与视觉注意力训练，让学生学会上课认真听讲、学会倾听他人讲话、独立完成任务与作业。利用4个课时处理冲动问题行为，向学生教授解决问题的方法，让他们懂得在做事情之前三思而后行。利用1个课时总结本学期所学并制订暑假计划。在这一基本规划下可以结合学生在学校的表现进行灵活处理，课表安排如表4-6所示。

表4-6　雷××课表

	第一周		第二周		第三周		第四周	
	目标	课名	目标	课名	目标	课名	目标	课名
三月			3.10 认识情绪	"情绪宝宝有话说"	3.18 理解他人情绪	"他怎么了？"	3.25 应对他人情绪	"我应该怎么做"
四月	4.08 冲突处理		4.15 赞美他人，倾听他人讲话		4.22 听觉注意力训练（一）	"正听反说数字"	4.29 听觉注意力训练（二）	"听词语做动作"
五月	5.6 视觉注意训练	"图形记忆"	5.13 视觉注意训练（视觉）	"手眼协调"	5.20 视觉注意力训练	"找不同"	5.27 学会等待	
六月	6.03 学会慎重思考	"三思而后行"	6.10 注意力转移		6.17 轮流等候		6.24 独立完成任务	
七月	7.01 总结规划							

第二节　行为辅导的训练模式

在资源教室中，问题行为的行为辅导模式可以分为两大类：基于认知心理学的认知训练模式（主要有编写行为常规的社会故事、编写行为常规的寓言或儿歌等）

和基于行为主义心理学的行为训练模式（主要有行为问题模拟情境训练以及行为技能训练）。下面是对两大类的详细阐述。

一、认知训练模式

认知心理学认为，社会信息的加工和理解是社会行为的基础和中介，认知取向的干预方法很重视学生对社会关系和社会交往的认识理解能力的培养。其目的就是从认知上让随班就读学生了解在何种情境下该表现出何种良好的行为，为什么要表现这种良好行为，以及如何表现这种良好行为，表现这种良好行为的后果与他人的看法，另外是让随班就读学生了解当表现不好的行为时对他人的影响。主要采用的方法有编写行为常规的社会故事和编写行为常规的寓言或儿歌等。

（一）编写行为常规的社会故事

社会故事是美国心理学家 Gray 于 1991 年依据自身教学经验发展的一种应用于自闭症谱系障碍学生行为干预的教学方法。就操作而言，其是由相关人员（譬如专业治疗师、教师或父母等）为自闭症患者编写小故事，围绕所发生事情的诸多信息（时间、地点和情境中的相关人物等）展开故事内容，告诉患者和普通大众面对此情境通常会怎么做、有什么想法或感受等。相比普通的故事，社会故事在编写手法上强调社会线索，站在自闭症患者的立场，以其能理解的语言表达，传达出情境中对应的行为方式信息，以此达到指导自闭症患者发展出适宜的社交行为的目的。

社会故事的内容包括六个基本句型：描述句、观点句、指导句、肯定句、控制句和合作句。描述句是对故事中的人、事进行描述，引导故事的发展；观点句主要是呈现故事中其他人对同样情境的观点，帮助自闭症儿童理解他人观点与行为间的关系；指导句是描述情境中自闭症儿童被期望表现的行为；肯定句是描述同一情境下大多数人所持的价值观；控制句是为自闭症儿童提供同一情境下恰当个体的独立应对策略；合作句是让自闭症儿童了解在遇到问题时可以向谁求助。Gray 建议，在编写社会故事时多使用描述句、观点句、肯定句和合作句，少用控制句和指导句，以免引起儿童的厌恶和反感情绪。描述性句子的数量至少是指导性句子数量的两倍，一般五倍最为适宜。在编写社会故事时，研究者们一般都会遵守这个编写格式。

在我们所编写的社会故事中，要注意呈现以下几个要点：

（1）会发生什么事？（情境信号的识别）

（2）如何进行表现？

（3）表现的后果（别人会怎么看，自己会得到什么）

下面呈现的案例是老师在实际教学中，针对学生不遵守课堂行为常规的问题行为所编写的社会故事。

1）一般社会故事

下面呈现的案例，是老师在实际教学中，针对学生不遵守课堂行为常规的问题所编写的一则社会故事：

上课铃响了，我看到同学们都回到教室，在自己的座位上坐好静息，老师也走进了教室。

此时，我也会回到自己的座位上，两手叠放在桌子上，两脚在地面放平，静息等待上课。

这时，我看到老师向我投来赞许的目光，同学们更愿意和我一起学习，下课也和我一起玩，我好开心，觉得自己好棒！

从案例可以看出，一则完整的社会故事，除了需要呈现上述三个要点，也需要注意前后逻辑的通顺性，其架构梳理如下：

上课了 ➡ 我应该怎么做 ➡ 我这么做的后果

2）简易版社会故事

在清晰的结构图帮助下，将内容填入对应位置，即可顺利完成一则社会故事，但这需要我们在编写故事前将要点以及结构图列好，这样才可以做到事半功倍。针对学生的障碍程度，关于行为常规的社会故事，语言可以进一步精简，如下图所示。

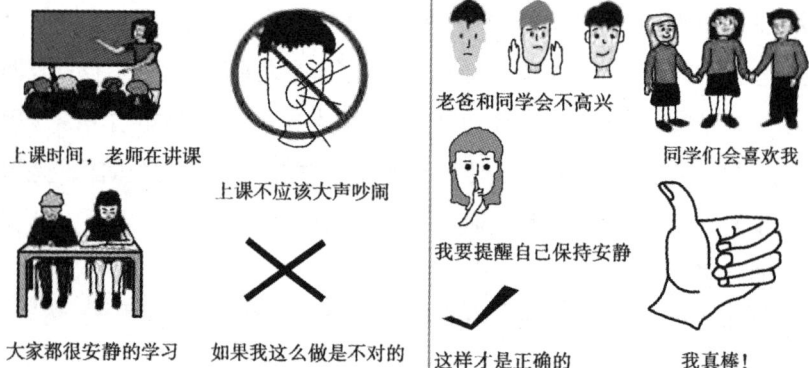

上课时间，老师在讲课

上课不应该大声吵闹

老爸和同学会不高兴

同学们会喜欢我

大家都很安静的学习

如果我这么做是不对的

我要提醒自己保持安静

这样才是正确的

我真棒！

3）高阶版社会故事

在社会故事的编写中，还可以直接进行语言描述，如下所示。

上课的时候，我想上厕所了，怎么办呢？我要举手，等老师同意后，我才可以站起来问老师："老师，我要去上厕所，可以吗？"老师同意后我才可以上厕所。这样老师会认为我很有礼貌。

（二）编写行为常规的寓言或儿歌

除编写以第一人称为对象的社会故事，也可以用小动物代替小主人公，编写合适情境的社会故事。

小松鼠哈哈的故事

我的名字叫哈哈，我是一只小松鼠，今年9岁，上二年级啦！

（一）游戏

1. 在学校，我遇到了好多小伙伴，我们一起上课，一起玩耍。有时候，我想找小伙伴一起玩，我会对他们说："我们可以一起玩吗？"小伙伴们会对我说："来吧，哈哈，我们一起玩！"

2. 游戏开始之前，我会问小伙伴："游戏规则是什么呀？"大家都很开心可以告诉我游戏规则，于是我遵守好规则，和大家一起玩。

3. 在玩耍的时候，大家互相帮助，十分开心。忽然，我听到"哎呀"一声，回头一看，发现原来是我的朋友尼尼摔倒了，我连忙过去把他扶起来，尼尼笑着对我说："谢谢你，哈哈！"我也很开心地对他说："哈哈哈，不用谢，尼尼。"

（二）上课

1. "叮铃铃……"上课了，我们赶紧到座位上坐好，等老师过来。"哈哈今天表现真棒！"老师来了，表扬了坐在第一排的我，我特别开心，这一课，我听得津津有味。

2. 渐渐地，我发现我爱上了上课，因为每当我认真举手时，老师就会让我回答问题，我可以大声告诉所有的同学我的答案！

3. 回答完后，我又会安静地坐在位置上听讲。

二、行为技能训练导向的训练模式

行为训练模式分为两大类：

①模拟情境训练——模拟问题行为情境，模拟体验活动，再现问题行为本身，

进行恰当的行为训练（采用自我监控、区别强化等方式）。

②行为技能训练——主要是塑造良好的行为（采用示范、塑造、连锁、强化、行为契约、自我控制等方法）。

下面主要介绍行为训练模式常用的两种训练方法。

（一）行为技能训练——行为契约

行为契约是根据学生应有的行为表现，以及学生具有这样的表现或没有这样的表现会有什么样的结果等，进行约定并通过文字形式表现出来。行为契约的实质是通过订立行为契约来奖励良好的行为，同时约束不良行为。

在拟订行为契约的时候，学生需要亲自参与，双方可以就契约内容进行协商。为了使行为契约取得较好的效果，在拟订行为契约时我们需要按照科学的步骤来进行。德里巴斯（DeRisi）和巴兹（Butz）曾列出了一些建立行为契约的步骤，托马斯（Thomas）等人对这些步骤进行了调整和扩展，发展出比较完善的拟订行为契约的步骤。

（1）选择想要增加的目标行为，把目标行为限制为 2~3 个。

（2）用直接观察和可测量的词汇来描述目标行为，这样可以有效地监控学生执行的过程。

（3）确定学生能从中激发动机的强化物。

（4）建立契约——谁将要做什么，以及会得到什么结果。

（5）写下契约，让所有参加的个体都能理解契约，使用和年龄相称的词汇。

（6）要求参加的个体在契约上签名，以表示他们理解和同意契约上的项目。

（7）用和契约上的项目一致的内容持续对目标行为给予强化。

（8）监控和搜集有关目标行为表现的数据。

（9）当数据表明目标行为不再会改善时，讨论并重新签订契约。新契约的生效应该由所有参与的个体签名才能通过。契约书内容如下。

× 老师与 × × 的契约书

契约条款如下：

一、× × 应该做到：1. 听到上课铃响，迅速回到自己的位置并坐端正。2. 上课时要专心听讲，不能随意离开座位。3. 课堂上想要发言需要举手，在得到老师允许后才能发言。

二、如果 × × 完成契约中的部分内容，那么下课后将得到饼干奖励。但是，如果 × × 没有完成的话，就不会得到奖励。

学生签名：

老师签名：

（二）行为技能训练——自我监控

在课堂上，除老师对学生采取的各项策略外，学生也需掌握自我管理的技术，从而在没有他人干预的情况下有效控制自己的行为。下面是学生的自我监控表（表4-7）。

表 4-7　自我监控

我要达成的目标	我能使用的方法
上课坐在座位上	1. 接受好朋友的提醒 2. 听从老师的指令 3. 下课再去拿东西
控制自己情绪	1. 生气时深呼吸，想快乐的事 2. 不与让自己生气的人接触 3. 被同学欺负后告诉老师

第三节　行为辅导课程的教学设计

一、教学设计内容及要素

（一）资源教室行为辅导教学设计

在资源教室的行为辅导教学中，教学设计可以划分为呈现任务表、签订行为契约、社会故事教学、行为技能教学和自我评价五部分，如图4-1所示。

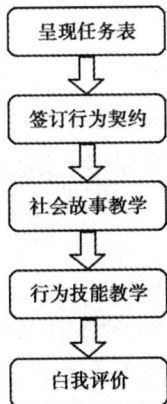

图 4-1　行为辅导教学设计流程图

1. 教学设计——呈现任务表

在备课时，教师根据备课内容制作一份"任务表"（表4-8），包含以下五个部分内容：

表4-8 ××上课流程

项目	完成情况	
	学生自评	教师评价
1.捋一捋 （将上课流程按顺序念出来，知道本堂课的内容）	√	
2.读一读 （将小故事读一遍）	√	
3.演一演 （和老师一起分角色模拟故事情节）	√	
4.做一做 （在遇到类似情况后会怎么做）	√	
5.评一评 （自己整节课的表现）	√	

注：整个过程中，要认真听讲，不可随便讲话，否则会被记为表现不好。

（1）捋一捋（本节课的教学任务）。

（2）读一读（主要是读绘本或社会故事）。

（3）演一演（主要是扮演问题情境的角色）。

（4）做一做（主要是教导其具体该怎么做）。

（5）评一评（看看自己表现如何）。

在每次开始教学前，将此任务表呈现给学生，逐条进行讲解，使教学内容清晰有条理。其中每一项均可根据实际情况适当改动。

2.教学设计——签订行为契约

（1）课前先让学生签订课堂常规协议，明确课堂常规并承诺遵守。

（2）依据对学生的课堂常规要求和行为目标，教师制订一份课堂常规协议书，让学生阅读并理解后，签名承诺自己可以做到。

3.教学设计——社会故事教学

社会故事以及其编写方法在第二节中有详细介绍，在此不再赘述。社会故事教学具体有以下三个步骤：（1）呈现社会故事或绘本；（2）讲解社会故事；（3）社会故事练习。

4.教学设计——行为技能训练

在教授过社会故事后，老师将带领学生进行模拟情境训练，其步骤为：（1）演一演，针对问题情境进行分角色扮演；（2）做一做，在具体情境中教导学生应该怎么做。

5.教学设计——自我评价

自我评价表面上是教学流程的最后一步，实际上其分散在各个教学步骤中，在每个教学流程结束后，教师都要拿出任务表，针对学生在课堂上的表现，与学生一同完成"学生自评"和"老师评价"的部分。

（二）资源教室行为辅导课程设计要素

资源教室的行为辅导课程应包括问题行为矫正、替代行为训练、基础能力训练和学校常规训练四大部分。在资源教室的教学中，我们首先要找出学生的问题行为，从而对其进行矫正训练或找出其他替代行为，也就是我们希望学生出现的目标行为。同时，要针对特殊学生的一些基础能力以及在学校中所必须熟知的学校常规进行训练。以上四个方面同时进行，才能使学生更好地融入班级中，我们的资源教室才能发挥更大的作用。

二、教学设计案例分析

资源教室行为辅导课程进行个训与团体课教学设计时，可以按照"前测—认知学习—练习—后测"的顺序安排，前测即了解学生的学习基础；认知练习即本堂课的主体教学部分；练习即将本堂课所学进行巩固运用；后测即了解本堂课学生对上课内容的掌握情况，为后续的教学活动安排及调整作准备。个训课教学设计表见表4-9。

表4-9　个训课教学设计

授课教师	农××	授课对象		雷××	
授课时间	2018年5月	授课时长		1小时	
学习内容分析	本节课是认识规则，围绕身边的规则、规则的作用、如何制订规则、遵守规则四方面进行介绍，让学生明白规则的重要性，并愿意遵守学校规则。				
学习者分析	该生在社交与情绪和行为方面存在较大问题，在与同班同学的交往过程中不懂得如何表达自我，不能合理控制自己的情绪，并且不能对一些事件做合理的行为反应。				
教学目标	1.知道规则的作用 2.能遵守学校课堂常规				
教学重点、难点及解决措施	教学重点：能明白规则的重要性 教学难点：能在学校真正践行 解决策略：角色互换				
教学过程					
教学环节	教学内容	教学时间	教师活动	学生活动	教学媒体
一、回顾反思	1.一周经历	5分钟	问学生上一周的经历，假期生活、学校经历、开心的事，不开心的事等，引导学生连贯地讲述自己的生活。	讲述或画出自己一周的经历。	纸张
	2.告知学习内容		简单介绍上节课所学内容：课堂常规；引出这节课：走近规则。	思考什么是规则。	班规

续表

教学过程					
教学环节	教学内容	教学时间	教师活动	学生活动	教学媒体
二、规则的作用	1. 规则游戏	30分钟	玩游戏：五子棋；探讨五子棋的游戏规则。	玩五子棋，讲出五子棋的规则。	五子棋
	2. 身边的规则		问：除了玩五子棋，生活中还有哪些地方需要规则？如游戏、出行、家庭、学校。	回答生活中的规则。	
	3. 规则的作用		问：为什么要有规则？不遵守规则会有什么后果？探讨不遵守规则的危害，说出规则的重要性。	在情景图提示下回答问题。	情景图
	4. 规则的制订		问：怎样的规则才能被大家都接受？如符合大多数人利益，大家都认可。	思考问题，在提示下回答问题。	
	5. 按规则涂色		与学生一起商讨涂色规则，给卡片涂色。	制订涂色规则，按规则涂色。	涂色卡
三、遵守规则	1. 角色互换	20分钟	演示学生在课堂上出现的各种问题：上课说话，离开座位，交谈，吃东西，干扰其他同学上课。	体验教师。	自制黑板
	2. 遵守学校规则		问：在课堂中要遵守哪些规则？班规有什么作用？不遵守班规会有什么后果？以后在班级中你需要怎样做？	回答问题。	班规
四、总结评价	1. 总结内容及收获	5分钟	请学生说一说这节课做了什么？有什么收获？	回想这节课的内容，谈谈自己的收获。	评价表
	2. 自我评价		请学生为自己的表现做出评价，然后给相应的笑脸涂色。	自我评价，说说理由。	
教学板书	任务表： 1. 回顾反思 2. 教授课堂常规 3. 学会正确交往 4. 总结评价		课堂常规 1. 我们应该这么做 2. 我是小老师		
教学反思	这周在普通学校的特殊学生与同学有矛盾，上课时花了较多时间让学生述说矛盾，发泄情绪，待其情绪稳定后才继续上课。之后主要在游戏、判断对错、角色互换三个活动中让学生体验遵守规则的重要性，对规则的强调和对具体知识讲解不够，而且没有控制好活动时间及活动内容，活动缺乏组织性。				

团课教学设计如表 4-10。

表 4-10　团课教学设计

授课教师	杜 × ×	授课对象	
授课时间		授课时长	1 小时
学习内容分析	小学的高年级学生处于自我意识飞速发展的关键期，我们常见这种情况：该阶段一些孩子能认识到自己的某些错误（自我认知能力良好），但在实际中却难以克服（自我调控能力差）。所以，增强学生的自我调控能力是必须的。同时，在"小组合作式学习"的推进过程中，让组内学生采用恰当的行为，共同进步。内控力（特殊学生）与外控力（同学）共同发挥作用，能让学生得到更大的发展。因此，教师从积极的角度出发，本着"行为替代"的理念，设计了此课。		
教学目标	1. 让学生知道通过"鼓励、提醒、榜样、奖励"可以养成新行为。 2. 让学生初步体验这些方法，并尝试应用这些方法。 3. 鼓励学生反复训练，养成新行为。		

		教学过程				
		辅导程序与步骤				
辅导环节	老师工作	学生工作	时间	辅导准备	设计意图	意外应对
团体暖身	热身：爱的鼓励 老师：你会吗？（由慢至快演示"爱的鼓励"掌声：12，123，1234，12）	学生模仿	3分钟	暖身		
团体转换	让学生知道养成新行为的方法：鼓励、提醒、榜样、奖励、惩罚。 1.创设情境 老师：这是手的舞蹈，"爱的鼓励"，今天老师还给你们带来了一段"猩猩"舞蹈。 （观看完毕） 老师：它们是怎样学会的呀？ 2.带着问题观看《驯象》 老师：让我们来看看训练现场吧。观看的时候请注意驯兽师的动作与语言哦。 （1）当大象不配合表演的时候，驯兽师什么表情？怎么做的？ 追问：他为什么不生气？ （2）在大象做新动作的时候，驯兽师说了什么？做了什么？ （3）大象做得好，驯兽师又是怎么做的？ 老师：哪个办法用得多？ 学生：提醒，鼓励…… 老师：爸爸妈妈喜欢用哪个方法？（怎么用） 现在我们是小组合作，小组长喜欢用什么方法啊？（怎么用） 老师：你觉得哪个方法更有效呢？ 学生：…… 老师：我们来做一个实验"训练大象"， 看看哪个方法更有效。	1.观看《猩猩踢踏舞》，回答问题学生： 学人类／为了食物。 2.带着问题观看《驯象》，回答问题 （1）2:35 微笑，给吃的。他还给另一头已经躺下的大象吃的，于是这头大象就照着学。模仿 （2）3:17 手势，Hey Hey！提醒 Yes！加油！鼓励 （3）3:17 拍一拍，good boy！吃的。	7分钟	视频	让学生初步感受促进行为改变的方法：鼓励、提醒、榜样、奖励、惩罚。	有的学生会说"打"老师。因此可以适当惩罚学生。
团体工作	让学生初步体验、比较这些方法，并尝试应用这些方法。 1.游戏"训练大象"游戏规则： （1）一名学生扮演大象。另一名学生扮驯兽员。 （2）扮演大象的学生不能说话。观众保持安静。 （3）驯兽员选一种方法，让大象做一个新动作。（如擦黑板、兔子跳、看书……） （4）大象完成新动作后，所有人给予大象"爱的鼓励"。 • 教师示范：我先来做驯兽师，谁来做我的大象？ • 学生实践 2.游戏结束后，比较每种方法所用时间。 老师：你更欣赏哪一种方法？ 让学生自己拟定行为养成书。 老师：通过这些方法，动物们学会了许许多多的新行为。通过这些方法，我们也学会了许许多多的新行为。你呢？想养成什么样的新行为。想一想。（想好的静息）说一说。 学生：…… 老师：那让我们试着用这些方法，养成你期望的新行为吧。（PPT进入"训练大象升级版"《行为养成书》） • 如果你愿意做大象，接受组员的训练，请伸出你的手。 • 请大象们写下想学会的新行为。 智慧的"驯兽师们"集思广益，结合"大象"的意见，完成《行为养成书》。 老师：这些方法，你们用得了吗？ 学生：…… 老师：是不是呢？	1.参与游戏。 2.分小组讨论。 1.两人一组制作"行为养成书"。 2.小组展示。			1.让学生初步体验、比较这些方法。 2.共同训练大象时。大象不知所措，不知道该听谁的指令。老师：所以，……	

	教学过程						
辅导 环节	辅导程序与步骤					设计意图	意外应对
	老师工作	学生工作	时间	辅导准备			
团体结束	让学生感受"21天定律",强化学生养成新行为的动机。 老师:你们预计要坚持多少天,才能养成新行为? 学生:7,2,1…… 老师:听过"21天定律"吗? 学生:…… 老师:让我们亲自感受一下吧。 (1)请同学们将手掌张开,十指交叉。看看自己是左手的拇指在上还是右手的拇指在上。然后请同学们再次打开双手,换另一只手拇指在上,十指交叉。这一次,你有什么感觉? 学生:别扭,不舒服…… 老师:养成新行为,刚开始的确很不舒服。 (3)现在,同学们按照新的交叉动作,用力重复一次。让我们重复21次,现在,又有什么感觉? 学生:好一点了…… 老师:只要重复21次以上,新行为就形成了。现在,老师将《行为养成书》发给大家,祝你们找到值得信任的驯兽师(可以是爸爸妈妈、老师、同学),反复训练,让《行为养成书》实施成功!		20分钟	工作纸		学生:重复21次后:"还是不舒服。 老师:你需要反复更多次。

第四节　行为辅导实施案例分析

　　资源教室行为训练实施包括接案、主要问题行为及原因分析、行为目标达成记录、行为辅导成效检验四方面的内容,下面将以董××的资源教室行为训练案例为依据进行详细描述,对董××的干预采用个案研究的方法,准确定义个案的课题问题行为,正确分析行为功能,制订合理的干预计划,及时记录干预过程中学生目标达成情况,收集统计与整理资料做出客观描述,并对干预过程中存在的问题进行分析,提出相应的建议。

1. 基本资料

学生：董×× 性别：男

教育安置：××小学

目前主要照顾者：爸爸、妈妈

医学诊断：自闭症

兴趣爱好：查地图、记公交路线

2. 课堂问题行为表现

说与课堂无关的话；突然发笑；不听从指令；注意力不集中；坐姿不端正。

3. 问题行为原因推断（表4-11）

表4-11 问题行为原因推断

行为表现	原因分析
说与课堂无关的话	1. 自闭症的特性（行为刻板、兴趣较少、社交不合理）； 2. 教师穿着； 3. 不恰当的教学材料（缺乏趣味性、未投其所好、不符合年龄）； 4. 教师话语的穿透力及威慑力不够； 5. 教师处理方式单一； 6. 普通学校、家庭环境的影响。
突然发笑	1. 教学内容生动有趣，有感而发； 2. 学习时的成就感（收获知识或自己的心思被满足，任课教师被自己愚弄）； 3. 教师的关注度过高，情绪激动； 4. 想到其他事情就笑； 5. 模仿习得。
不听从指令	1. 教师指令复杂； 2. 教师没有威慑力； 3. 学生没有理解指令要求； 4. 教师在发指令时，学生走神只记住了其中一点。
注意力不集中	1. 身体不舒服； 2. 不恰当的教学材料； 3. 位置安排不恰当； 4. 外在因素影响（声音、听课者、灯光明暗、温度等）； 5. 自身抗干扰能力差。
坐姿不端正	1. 身体不舒服； 2. 教学时间过长，产生情绪； 3. 模仿习得。

4. 行为训练内容

基础能力训练：耐力、眼神交流能力、专注力、指令听从、反应力等。

课堂常规训练：课堂礼仪、课堂常规。

5. 教学目标

教师在教学过程中及时对学生的行为表现进行记录，以便调整教学目标，如表4-12所示。

表 4-12　教学目标达成记录表

课程	目标	评量结果	教学策略	支持程度	教学决定
课堂常规训练	1. 能意识到离座行为是违违反课堂常规的	4分，76~100达成目标	口语提示	○独立完成	Ⅱ类化
	2. 能举手询问老师是否可以离开座位	4分，76~100达成目标	示范＋口语	△需要部分帮助	Ⅰ扩充
	3. 能在离开座位前取得老师同意	3分，51~75达成目标	口语提示	△需要部分帮助	Ⅴ继续
	4. 能够在离座前询问老师，得到同意后才能离开座位	2分，26~50达成目标	口语提示部分肢体协调	□需要大量帮助	Ⅴ继续
	5. 减少离座行为，一节课不超过五次	3分，51~75达成目标	口语提示	△需要部分帮助	Ⅲ通过

备注：评量结果：1分：0~25达成目标；2分：26~50达成目标；3分：51~75达成目标；4分：76~100达成目标
　　　教学策略：口语提示；示范；示范＋口语；角色扮演；眼神；眼神＋口语；手势提示；部分肢体协调；全肢体协调
　　　支持程度：○独立完成；△需要部分帮助；□需要大量帮助；※完全需要帮助
　　　教学决定：Ⅰ扩充；Ⅱ类化；Ⅲ通过；Ⅳ抽离；Ⅴ继续；Ⅵ放弃

6. 行为训练效果

为检验教学效果，我们对董××的下一阶段教学目标做出调整，干预前后教学目标达成情况的平均值绘制折线图如图 4-2 所示。

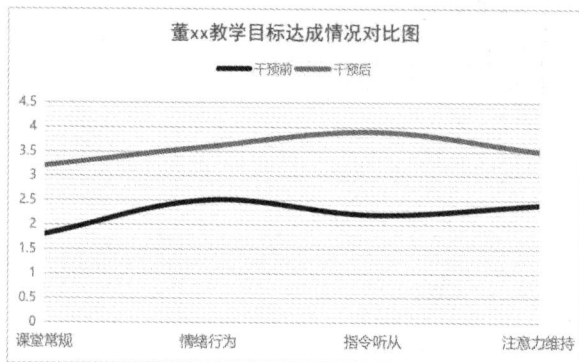

图 4-2　董×× 教学目标达成情况对比

对董×× 主要问题行为进行干预的效果具体描述如表 4-13 所示。

表 4-13　对董×× 主要问题行为干预的效果描述

一个月	三个月
学生的课堂无关话语明显减少，最多不超过 4 句	学生课上能举手示意，将课堂无关语言进行分享与表达
学生情绪稳定，可以保持一节课（60 分钟）左右	学生能在恰当的时间发笑，且能说出原因、保持冷静（深呼吸）
能够执行 3 个连续指令，如"董×× 去教具区拿纸和彩笔给老师"	能够执行复杂指令，如"请把刚刚写的信念给爷爷听"，之后告诉老师你是怎么做的
眼神交流能够维持 10 秒，课堂专注力保持 15 分钟	课堂专注力保持 50 分钟左右
能端坐 5 分钟，静坐 20 分钟，但是需要老师的语言或手势提示	能端坐一节课，静坐一节课

7. 分析与讨论

本研究采用个案研究的方法，对学生进行了为期3个月的干预，研究结果显示学生进步明显，学生家长和普通学校教师均认可本研究干预方案的实施及成效，但仍有一些需要反思改进的方面方面，如下所述。

1）干预成效在不同情境中的泛化

本研究仅选择了学生在学校课堂中的问题行为，未能探讨其在家庭中的表现，未来研究可以探讨其在家庭或其他环境中的表现，以求全面提高学生生活适应能力。

2）相关人员的合作

本次干预主要是由个训教师进行干预，家长积极参与干预方案的制订，认真配合个训教师进行实施干预，但是与学生所在班级的班主任及相关教师合作较少，普通学校教师仅起到了辅助作用，并未真正系统的参与到干预过程中。在相似案例中，我们可以将班主任及任课教师纳入干预团队，避免因为干预课程的时效性及干预情境差异影响干预效果。

3）同伴支持的重要性

本研究选择的学生问题行为主要发生在课堂上，因此干预过程中要充分发挥同伴作用，同伴不仅可以创造包容接纳的氛围，其在课堂的积极表现还会发挥示范作用，使干预效果事半功倍，这在减少课堂问题行为的同时，能改善特殊学生的社交状况。

第三部分　资源教室社交技能训练课程建设与实施

第五章
资源教室社交技能训练课程建设概述

第一节　随班就读学生的社交问题

一、社会动机缺陷

社会动机（ social motivation ）是以人的社会文化需要为基础，在社会生活环境中通过学习和经验获得的。它是直接推动个体活动达到一定目的的内部动力、内部刺激，是个体行为的直接原因。社会动机推动人们努力学习和工作，积极与他人交往，获得社会和他人的赞许性评价等。社会动机既可用来描述个体的社会行为，也可用来解释个体的社会行为。具体而言，社会动机对个体行为具有激发作用，它能引起并推动个体的活动；同时，社会动机对个体行为具有维持和导向功能，使个体在一定时间内坚持某项活动，并促进个体活动向既定的目标前进，实现个体心理与行为的协调。

社会交往能力是随班就读学生融入社会、实现社会化的重要途径，是获得较高生活质量的必备能力，但是特殊儿童的社会交往能力往往低于普通同龄儿童，以下便探讨了感官障碍儿童、肢体障碍儿童和发展障碍儿童的社会动机及其对社会交往能力的影响。

（一）感官障碍及肢体障碍儿童的社会动机

听力障碍儿童社会动机较强烈，他们渴望与他人进行交往，希望获得友谊，拓宽自己的交际圈。但总的来说，他们与听力障碍朋友的沟通更顺畅，更愿意将自己的想法、情感向听力障碍朋友倾诉，虽然他们有强烈地与健全人交流的意愿，但受自身心理因素影响，他们会选择性地与健全人进行交往。首先，他们会与接受听力障碍儿童、关怀听力障碍儿童的朋友进行交流，因为这些人给予他们充分的安全感，这会消除他们自身的恐惧、排斥心理。其次，他们更愿意与会使用手语的健听人交流，通过手语进行交流，语言残疾问题会很好地被解决，更方便他们将自己的想法及时表达出来，情感沟通也更顺畅。但是，还是有不少听力障碍儿童对健听人存在严重的抵触心理，他们将自己蜷缩在只有听力障碍者的社交圈，拒绝与健听人进行沟通。由此可见，虽然听力障碍者具有较强的社交动机，但社交范围和对象仍较狭隘，与健听人相处存在较多的恐惧情绪，仍需要被给予更多的鼓励和关怀。

视力障碍儿童的社会交往动机不高。首先，在社交心理方面，他们的行动受到限制，学习新的事物比无视力障碍者慢，朋友的数量和范围有限，所以他们的情绪多偏向于消极型，缺乏积极、热情的情绪，他们与普通人交往时容易产生自卑心理，很多视力障碍儿童表示在和普通人交往时小心翼翼，在意对方的看法，担心自己做不好给对方留下不好的印象，这种自卑心理严重阻碍了他们与普通人的社会交往。其次，在参与活动方面，当别人发出活动邀请时，视力障碍儿童考虑的因素较多，包括是否有熟人朋友、自己是否感兴趣、视力障碍否影响行动等，所以很多视力障碍儿童参加活动的意愿并不强烈。在向他人求助时，很多视力障碍儿童明确表示不喜欢麻烦别人，尽量自己解决，实在解决不了再向亲近的人求助；还有部分视力障碍儿童表示不会求助他人。北京医科大学（现北京大学医学部）青少年卫生研究所对部分盲校的 237 名 8~20 岁的盲生心理卫生状况的调查结果显示，在自我意识方面，有自卑心理的盲生占 27%。综上所述，视力缺陷给视力障碍儿童带来了自卑心理，使他们的社交动机普遍较弱，社交欲望不强，与别人交往时缺乏自信。有关研究指出，视力障碍儿童由于需求得不到满足，行为目标难以实现，常常会产生挫败感，与朋友倾诉情感成为他们缓解情绪的重要方式。

肢体障碍儿童的社会动机较弱，社交主要是为了满足日常生活需要，交往对象以熟人为主，包括家人、朋友和同学等，且不会主动与陌生人交往。Abirami 提出与非残疾儿童相比，肢体障碍儿童的活动范围较小，局限于家庭成员、朋友和熟人。此外，无障碍环境设施设计不合理可能对肢体障碍者的出行造成不便，从而降低其社会动机。Jing Chen 发现在普通学校中，肢体障碍儿童与同伴互动不足，普通学生对其的接纳度不高，这会导致他们心理受挫，不敢主动与普通人交流。综上所述，由于社会接纳度较低，肢体障碍儿童的社交动机普遍较弱，与他人交往时缺乏自信。

（二）发展性障碍儿童的社会动机

自闭症谱系障碍儿童存在社会动机缺陷。Muddy 等人运用"文兰社会适应量表"进行评估，比较普通儿童与自闭症儿童的差异，结果发现自闭症儿童在人际关系、配合与合作及休闲和游戏三方面的能力最弱，比语言理解和语言表达能力更弱，与普通儿童之间的差异最大。因为认知能力较低，自闭症儿童难以形成良好的人际关系，长此以往，自闭症儿童的社会动机就会低下。由此可见，人际交往对自闭症儿童的影响较大。

智力障碍儿童具有一定的社交动机，但缺乏相关技能。首先，他们对自身朋友多少的满意度不高，主要表现在朋友数量少、和普通人互动频率低等，其原因是他们的社交范围十分有限，以身边亲近的人为主，尤其是家人、同学和老师，和其他同龄人接触机会少，几乎不与陌生人交流。其次，智力障碍儿童参与的社交活动受到限制，主要是学校举办的体育活动和志愿者活动，其他类型的活动如聚会、外出游玩等参与很少，而且部分智力障碍儿童语言发展能力较差，在进行社会交往时主要依赖非语言形式，如面部表情、运动或身体姿势，很难让人懂得他们想表达什么。最后，虽然他们希望通过社交认识新朋友、获得积极感受，但实际交往中往往出于各种原因拒绝与他人交流，如当自己心情不好或任务未完成时不想理会别人。由此可见，智力障碍儿童的社交动机较弱，在社会交往方面仍存在一些问题和困难，整体社交能力有待提高。他们的社交能力得到提高，社交动机也会随之提高。

伴随癫痫的脑瘫儿童多并发智力障碍，所以他们与智力障碍学生一样，虽然有一定的交往动机，但由于自身的认知发展受到限制，他们在语法的掌握、语义的理解、信息的接收与传递等方面仍存在困难。他们的情绪和行为障碍常表现为自卑胆小、任性固执、脆弱、依赖性强、自闭孤立、多动易怒、强迫行为等，这些消极负面的情绪特征与行为表现不利于脑瘫儿童与他人建立良好的人际关系，会阻碍他们的社会融合。

语言发展障碍儿童最大的障碍表现为沟通与交往困难，其与他人进行沟通和交往时具有自身特点。因为语言识别和理解困难，他们很多时候无法听懂对方的言语或者自己表达的内容有限，这导致他们与同伴、家人、朋友的交往出现障碍。长此以往，他们会因为害怕被同伴嘲笑而渐渐失去与人交往的动机。

多动症儿童爱动爱闹，爱捣乱、搞破坏，很难心平气和地进行谈话，因此大多数多动症儿童与外界的沟通和交往情况比较糟糕，人际关系紧张。多动症儿童的社会交往动机是十分强烈的，但是他们往往不会用正确的方式开启对话。多动症儿童为引起他人注意而采取的方式也比较激进，例如采取破坏别人游戏、进行过分的肢体碰撞等。多动症儿童多动冲动的表现也使得他们成为不受同学欢迎的那类学生。

情绪行为障碍儿童由于对情绪控制不佳，与人交往能力受到限制，并且情绪行为障碍学生在智力量表上的测验结果常是操作性的智力高于言语性的智力，这表明他们的沟通能力较差，所以在与人交流时会产生冲动、不专注的行为。

学习障碍儿童因语言符号的使用及逻辑推理的统整性障碍而在学校课业学习上的表现不佳。因此，针对学习障碍学生的需求所给予的特殊教育，学校主要以一般学科学习的补救教学为主，较少关注其语言沟通问题。然而，社会交往、语言沟通是学习障碍学生的核心问题之一，值得关注。学习障碍学生的社会动机缺陷主要是社交技巧缺乏导致其不会与人好好交往，长此以往其社会动机弱，不想主动与人交流。

综上所述，随班就读学生的社会交往动机一方面受到自身限制（如认知能力不足、社交缺陷、自信心不足），另一方面受到环境因素（如社会接纳不足等）影响。因此，给予随班就读学生适当的接纳关怀，提供恰当的支持，是提升他们社会动机的重要途径。

二、社会认知缺陷

社会认知，即个体对具体社会交往知识的了解，包括对自我的认知、友谊的区分、社交礼仪等的了解，此维度描述的是社会交往认知层面的内容；Roloff 等人综合文献对社会认知的定义，指出社会认知的本质是一个思考的过程；重心应是在人际互动；思考内容以某种形态组成；可以区分个人对自己、他人或行为的表征，它可以说是个体用来思考自己、他人和与周围环境互动状态的一种思考方式或过程。随班就读学生在社会认知层面也存在障碍。

（一）感官障碍和肢体障碍儿童的社会认知

听力障碍群体的共同特质是听力损失和语言缺陷使得听力残疾者与健听者无法进行良好互动，从而限制了他们社会情感、认知的正常发展。在与他人关系认知方面，大多数听障儿童表示自己有好朋友，但他们中有些人无法分清楚熟人和朋友的区别，且有不少听力障碍儿童不能很好地根据与他人的亲疏关系来进行沟通和安排社交活动。综上所述，听力障碍儿童的社会交往认知的发展受到听力语言因素影响，虽然社会交往认知能力能达到基本的认知水平，但仍与健听者存在差距。

视力障碍儿童的社会认知水平与他们的社会交往范围、家庭教养方式有关，视力障碍儿童大多数时间生活在学校与家庭中，很少独自外出与人交往。家庭的教养方式对视力障碍儿童的个性心理以及能力有很大影响，不少视力障碍儿童具有依赖心理，所以狭窄的社交范围和儿童对家庭的依赖造成了视力障碍儿童的社会认知能力普遍低下。此外，活动范围的有限、社会接纳程度不高，导致他们在社会交往中有着渴望交往但自卑、退缩的矛盾心理。

肢体障碍儿童身体上的障碍不同程度上限制了他们日常的行为活动。大部分肢体障碍儿童可能会因为自己的障碍而敏感、自卑，外界有时会因为他们外在的不同而对他们产生不合理的认知，这些外在和内在的问题都会影响肢体障碍儿童的沟通与交往，但对肢体障碍儿童的社会认知而言，他们与同龄人的差距不大，阻碍他们社交的还有外界异样的眼光和其对自己障碍的错误认知。

（二）发展障碍儿童的社会认知

自闭症儿童的社会认知能力低于正常儿童，难以推断他人的心理，虽然具备初步的自我与他人的分化认知，但其难以对其进行清晰分辨。总体看来，自闭症儿童与同龄人相比，社会认知能力存在较大差距，他们不能理解和使用较复杂的社交技巧，不能了解较复杂情境下应使用的社交礼仪，总体社交礼仪的认知水平较低。在与他人关系认知方面，自闭症儿童普遍难以正确判断熟人和好朋友的差异，不能采用合理的方式分别对待熟人和好朋友，这影响了他们的人际关系。而且由于认知层面缺陷，他们不能使用恰当的社交媒体，更不会通过社交媒体与他人互动并发展自己的社交技能。总之，自闭症儿童对他人的面孔不关注，较少注视他人面孔的眼睛区域，其视线与他人接触较少且异常，即使他们注意他人的面孔，也常常以注视物品的方式注视他人的面孔，这使得他们常常忽略他人微妙的情绪信息，经常将他们内在的认知与他人的社会情感信息进行不正确的联系，这样会导致他们无法解释或无法表现正常的情感反应。

智力障碍儿童因智力水平发展低下、认知发展较落后、对社会交往的理解偏差、缺乏针对性的干预等，其对安慰他人、请求帮助、邀请他人等重要且基础的社交技能都掌握不足，这导致其社会认知水平较低。智力障碍儿童的社会认知主要包括表情认知、社交技巧及礼仪认知、与他人关系的认知几个方面。研究结果显示，智力障碍儿童社会认知水平还有较大发展空间，尤其是在社会技能礼仪认知、与他人关系认知方面仍存在不足。国外研究者发现，缺乏必要的社交知识和技能是智力障碍儿童进行社会交往时遇到的主要挑战之一（Abbott & McConkey，2006）。首先，在表情认知方面，智力障碍儿童能够根据他人的面部表情做出简单的判断，辨别他人的情绪状态，如皱眉头表示不开心，但仅限于简单的表情判断。其次，在社会技能和礼仪认知方面，多数智力障碍儿童能够掌握常见的基本社交技能与礼仪，但与同龄人相比，其掌握的社会技能礼仪相对简单，不能掌握复杂情境下应该具备的重要社会技能与礼仪。最后，在与他人关系认知方面，大部分智力障碍儿童不能有效判断熟人与好朋友的区别，也不能根据亲疏关系分别与熟人和好朋友相处，这不利于他们良好人际关系的发展与维持。总体而言，智力障碍儿童在社交认知方面仍然面临一些问题，发展水平有待提高。

脑瘫儿童在沟通与交往中所表现的社会认知特点具有一定的稳定性。他们的沟通与交往受障碍程度和伴随症状的影响，沟通能力个别化差异大，呈现的特征与存在的问题也不尽相同。大多数脑瘫儿童因智力水平发展低下，认知发展较落后，对社会交往和沟通不能有正确的认知，同时伴随着不同程度的语言障碍，包括语言发育迟缓和运动性构音障碍等，继而导致沟通过程中的言语使用出现节律、构音、嗓音、清晰度、流畅度等问题。

语言发展障碍儿童最大的障碍表现为沟通与交往困难，且在与他人进行沟通与交往时具有自身的特点。他们在同龄玩伴的眼中往往是内向的，经常被外界孤立，家长和教师往往认为其是自卑、内向和不善表达的。语言发展障碍儿童的沟通与交往能力并不理想，而且具有明显的群体特征。

多动症儿童在沟通与交往过程中的多动冲动是不分场合、时间和地点的，他们的社会认知水平比较差，这也是多动症儿童和顽皮儿童的区别，往往想到什么就做什么，不遵循游戏规则，例如不排队、不和游戏伙伴商量而自作主张，通常是游戏的终结者和破坏者，同时多动症儿童的感觉统合存在障碍，其不能正确估计某一动作的危险性，如会从高处往下跳，或者拿着手中的物品用力甩出去等，这容易自我伤害，甚至伤及他人，所以他们与同伴的关系比较紧张，愿意与他们一起玩的同伴也很少。

情绪行为障碍儿童由于对情绪控制不佳，与人交往能力会受到限制，他们在学校的人际关系普遍较差且对社会情境、社会交往的认知能力普遍弱于普通儿童。

学习障碍儿童对语言符号的使用及逻辑推理的统整性障碍，影响其在学校课业学习上的表现。因此，学校针对学习障碍儿童的需求所给予的特殊教育，主要以一般学科学习的补救教学为主，较少关注其语言沟通问题。关于语言沟通，他们最大的困难是语言符号的运用与记忆，主要表现为对口语及书面语言的理解与表达，这不仅会让他们与同伴的交流出现障碍，也会对他们的学业成绩造成影响。

综上所述，虽然不同障碍类型特殊儿童的社会认知水平各不相同，但总体而言，与普通儿童相比，其仍然存在差距。社会认知水平低也限制了其社会交往能力。

三、社会技能缺陷

社会技能通常是从行为结果进行界定，是看行为反应是否符合当前社交情境的需要进行判断的。Gresham（2001）认为社会技能是指在特定情境中，儿童能预知社交结果并表现出他人（如家长、老师、同伴）认为重要且可接受的社交行为。我国学者周宗奎（2002）认为社会技能是指个体经过学习获得的、在特定社会情境中有效而适当地与他人进行交往的活动方式。社会技能在儿童社会性发展中有着重要地位，对特殊儿童的日常适应、学业成就、生活质量以及在最少受限制环境中生活和受教育的潜能都有非常明显的影响。特殊学生在社会技能发展方面面临的问题主要为社会认知能力低下、判断能力不够、情感识别能力缺乏、易受排斥和被拒绝以及社会技能迁移困难等。

（一）感官障碍及肢体障碍儿童的社会技能

一些听力障碍儿童虽然能掌握一些基本的社会技能，例如以诚待人、赞美他人，但整体而言，他们与健听人相比仍存在一些差距，听力障碍儿童社交的积极性不高，有些听力障碍儿童会过于看重长相、外貌，而忽略了社会交往本身的意义；在社交礼仪方面，听力障碍儿童虽然能掌握一些基本的社交礼仪，例如打招呼、握手、拥抱，但他们对微信、QQ 等社交媒体中的社交礼仪的运用却很少关注。

缺乏一定的社会技能是视力障碍儿童在社会交往中面临的一个突出问题。在社交礼仪方面，视力障碍儿童虽然能掌握一些基本的社交礼仪，例如主动打招呼、尊重他人、有礼貌等，这些是日常生活方面的社交礼仪，但他们不能灵活地运用这些社交礼仪，有时会在恰当的场合与他人大声打招呼和问好。造成视力障碍儿童社交困难的原因是多方面的，视力障碍儿童社交能力受自身能力限制（如认知不足、自我意识不够、缺乏适当社交技能、情绪不稳定等）和环境限制（如不良家庭环境影响、学校时空限制、不良社会因素的影响等）（布文峰，2001；汪斯斯，2013）。所以，针对视力障碍儿童社交技巧掌握不足问题，学校应该在社交技能方面对其进行适当的干预（Guralnick M.，1992；Guralnick M.，1994）。

就肢体障碍儿童而言，由于可活动范围较小、社会适应能力较差、沟通技巧掌握不够，他们在社交行为上受到限制。为了帮助肢体障碍儿童更好地融入社会，与他人融洽地进行沟通，我们需要了解这些儿童在沟通交往中的特点和存在的问题，为他们提供针对性的解决策略，提高他们沟通与交往的能力。

（二）发展障碍儿童的社会技能

在社会技能上，自闭症儿童整体社交技能不足、缺乏社交兴趣、难以与他人进行有效互动并建立恰当的情感关系（蒋小丽，2014）。此外，自闭症儿童在面部表情识别等方面均存在着缺陷，难与他人建立良好的同伴关系。掌握正确的社交技能是维持一段友谊的重要保障，社交技能缺乏容易使互动双方产生矛盾。自闭症儿童和朋友之间产生矛盾的原因包括惹怒他人、打扰他人、向老师告状、索要钱财、嘲弄讥讽、争抢玩具等，出现这些行为的根本原因就在于他们缺乏正确的社交技能，不能以恰当的方式去交往，这容易导致他们产生不愉快。

智力障碍儿童社交技能不足的原因很多，所以要了解其原因，为进一步的社交干预提供依据。首先，智力障碍儿童缺乏社交技能可能是因为其分辨能力不足、网络社交能力差等。其次，大多数智力障碍儿童社交技能出现问题是因自身残疾、老师引导不够和同伴排斥（戚宝萍、胡雅梅，2017）。即使一些智力障碍儿童已经拥有了少数朋友，但他们和这些朋友的交往行为也有一些不恰当的地方，在需要帮助或遇到矛盾的时候，他们不能正确地、独立地解决问题，通常采用哭闹、打人、发脾气等不恰当的行为来解决问题，大大降低了周围人与其交往的动机，不利于已有关系的维持。

大多数脑瘫儿童都伴随着不同程度的语言障碍，这导致他们在沟通过程中的言语使用出现节律、构音、嗓音、清晰度、流畅度等方面的问题，这些问题给他们的日常交流造成障碍。对脑瘫儿童的社交技能干预要以康复训练为基础，逐步教授其社交技能，提高他们的社会交往能力。

多动症儿童不会使用一些社交技能来与他人沟通交流，而且有的儿童在玩耍时不喜欢遵守游戏规则，喜欢我行我素，如不排队、不和游戏伙伴商量而自作主张，通常是游戏的终结者和破坏者。同时多动症儿童的感觉统合存在障碍，不能正确地估计某一动作的危险性。例如，会从高处往下跳，或者拿着手中的物品用力甩出去等，这容易造成自我伤害，甚至伤及他人。此外，多动症儿童常常以自我为中心，与他人言语不合时会大发脾气，甚至用武力来解决问题。多动症儿童不擅长管理和表达自己的情绪，也不善于体谅他人的感受，不能根据沟通与交往对象的情绪变化转变话题，因此，学校亟需对他们进行社交技能干预。

情绪障碍儿童由于对情绪管理不佳，与人交往的能力也受到限制，他们在学校的人际关系普遍较差，而且他们的社交技能薄弱，对社会情境、社会交往的认知能力普遍弱于普通儿童。

学习障碍儿童在语言方面最大的困难是语言符号运用与记忆能力较差，主要体现在对口语及书面语言的理解与表达上。学习障碍儿童也在其他社交方面上的技能存在缺陷，如不能有效地感知对方的情绪变化。

综上所述，虽然各类障碍儿童在社交技能上的缺陷表现不同，但整体上都存在社交技能不足问题，这些问题极大地影响了其在普通班级的人际关系发展。

第二节 资源教室社交技能训练课程指导纲要

一、课程性质

社交技能训练课程（以下简称"课程"）是一门帮助学生学会人际交往、融入社会的一般性课程。本课程以学生认知发展规律为遵循，旨在培养学生简单人际沟通、发展同伴关系和适应社会的能力；帮助学生养成健康的人际交往习惯，形成热爱中国共产党、热爱祖国、热爱人民的情感和态度，使其尽可能地成为合格、独立的社会公民。

社交技能训练课程是在资源教室开设的一门立足于学生当前、着眼于学生未来社交需求，以培养学生社交技能为目的的一般性课程。

（一）生活性

本课程以学生的生活为核心，以学生生活中的社交需要和问题为出发点，学生的生活规律与身心发展特点为遵循，是围绕学生在家庭生活、学校生活与社会生活的沟通需求构建的课程体系。

（二）实践性

本课程强调学生的实践与操作能力，注重学生在体验、操作、探究和解决问题的过程中获得社交经验，提高学生解决社交问题的能力。

（三）开放性

本课程重视教学内容、教学时空的开放性，根据社会生活发展变化和学生身心发展的需要，选择合适的社会交往事件，教学空间从课堂向家庭和社区延伸，提升学生适应生活、适应社会的社交能力，从而实现其在各个方面进行基本社交的能力。

二、课程目标

（一）培养学生社交能力，提高学生生活质量

本课程始终把培养和提高学生的社交能力作为出发点和落脚点，围绕学生当前和未来生活的社交需求构建课程体系，着重发展学生的社交技能，提高其基本社交、发展同伴关系和适应社会的能力，帮助学生养成健康的人际交往习惯，提高学生的生活质量。

（二）关注学生生活实际，帮助学生融入社会交往活动

本课程立足于学生生活实际，将学生的家庭生活、学校生活、社会生活等内容进行有机整合，帮助学生认清自我、处理好人际关系，提高学生解决实际社交问题的能力，促进其融入社会。

（三）尊重学生个体差异，促进学生个性发展

本课程尊重学生的个体差异，依据其身心发展特点和生活实际，设置合理的教学目标，采用不同的教学方法，因材施教，满足学生个别化教育的需求，最大限度地开发其潜能，促进其个性的发展。

三、课程内容

特殊学生社交能力较弱影响其与他人的交往，特殊儿童的社交缺陷主要表现为技能缺陷、认知缺陷等。资源教室是为特殊儿童提供特定的服务场所，具有咨询、个案管理、教育心理诊断、个别化教育计划、教学支持、学习辅导、补救教学、康复训练和教育效果评估等多种功能。该课程以我国特殊儿童的特性与发展特点为突破口，思考合理的问题解决方案，确定了资源教室社交技能的训练方案，其主要内容包括个人技能训练、主动与他人交往的技能训练、交互反应能力、社区相关技能和工作相关技能。

（一）个人技能训练

（1）根据情况适当调整说话语调。

（2）保持仪容整洁，依场合需求决定穿着。

（3）避免不适宜的身体接触、诚实待人接物、不要打架。

（4）以不影响他人的方式表达愤怒，展现幽默感与自制力。

（5）能够与同伴协商，使用礼貌用语。

（6）在游戏和活动中学会次序的重要性。

（7）能应对被冷落的情况。

（8）正确对待失败、挫折，表现积极的心理状态。

（9）接受犯错误的后果、接受表扬、表达热情。

（二）主动与他人交往的技能训练

（1）主动向同伴打招呼，主动参与活动和寻求帮助。

（2）能获得老师注意（口语、肢体动作）。

（3）自我介绍与介绍他人。

（4）主动与他人谈话、主动向他人道歉、主动向他人发出邀请。

（5）表达感情（高兴、害怕等），表达同情心。

（6）能获得他人赞美和赞美他人。

（7）祝贺同伴或长辈、支持朋友。

（8）能原谅自己在团体活动或人际交往中的过失。

（三）交互反应能力

（1）礼貌地倾听他人说话，并表示对他人的关心。

（2）尊重他人的隐私、不戏弄或嘲笑别人。

（3）与长辈交流时，恰当地问候他们。

（4）应对来自同辈的压力。

（5）参与集体活动、维系谈话内容、合理的沟通语言和语调。

（6）主动提供帮助、接受异于自己的观点。

（7）可以维持一段稳定的友谊关系。

（8）合理回应别人的抱怨、愤怒、指责。

（9）辨识他人的情绪变化，进行合理回应。

（四）社区相关技能

（1）尊重他人私有财产，公共场合尊重他人的权利。

（2）表现良好的倾听行为，表现礼貌的行为和举止。

（3）作为游戏参与者展现团队合作精神。

（4）维护自身权益，获得自己需要的服务。

（5）服从权力机关或政府部门人员。

（6）在公共场合能寻求或提供指导与帮助。

（7）公共场合不乱扔垃圾。

（五）工作相关技能

（1）适应复杂多变的环境，没有过多的抱怨。

（2）有合理的休息时间。

（3）在休息时间与他人相处能表现出合理行为。

（4）制订工作目标、寻求工作酬劳。

（5）明白他人需要帮助或自己需要他人帮助。

（6）合理回应毫无根据的指责。

（7）能合理商洽工作，合理处理与顾客关系。

四、课程实施建议

（一）准确把握课程性质，全面落实课程目标

教师应准确把握课程的生活性、实践性和开放性，遵循螺旋式上升原则，注意各年级段课程目标的层次性，将个人生活、家庭生活、学校生活、社区生活等内容进行有机整合、科学设计，多层面发展学生简单社交、发展同伴关系和适应社会的能力。

（二）尊重学生个体差异，坚持个别化教育

教师要遵循个别化的教育理念，通过评估了解学生社交能力的基础与现状，确定教学目标，开展针对性教学。在集体教学中，教师通过分析将学生个体教学内容统整到集体教育活动。在教学过程中处理好集体教学和个别教学、个别支持的关系，注意观察学生的表现，分组分层落实学习内容，满足不同学生的学习需求，并根据学生的反应及目标达成情况，反思及改进教学。

（三）紧密联系生活实际，恰当选择教学内容

教学内容的选择要源于学生的实际生活，关注他们在学习、成长和生活过程中遇到的社交问题，从中捕捉到有教育价值的内容作为课程的生长点，创造性地选择恰当的内容，生成适宜的活动，有效整合学生在其他学科中习得的文化知识、思想品德、行为习惯等，提高其人际社交能力。

（四）采取多样化教学形式，注重实践与操作

教学形式要服从于内容，符合学生的生活经验、个性特征、学习方式等，注重实践与操作，避免脱离实际和形式主义。教师可根据目标、内容、条件、资源、学生需要等，因地制宜地选择教学形式，如情景模拟、角色扮演、游戏体验、小组合作、体验分享等，创设适宜的学习情境，帮助学生获得体验与感悟，发展其

解决人际社交问题的能力。实践中需要注意以下的要点：①重视早期介入阶段；②提供初级预防之道；③避免提供标准答案；④针对社交技能问题；⑤结合各科教学实施；⑥认知行为取向兼顾；⑦重视社交技能类化；⑧融入多元智能观点。

在拟订社交技能训练计划时，需考虑如下问题：①根据社交技能评估的结果；②考虑儿童的年龄和身体条件；③当前优先发展的技能是什么；④社交技能的难易顺序。

第六章
社交技能训练课程的评估

第一节　社交技能训练课程的评估流程

一、组建评估团队

一个组织合理、有专业特长、相互配合的专家小组是评估优劣的关键。评估小组通常由 5 ~ 9 人组成，组内可设组长和副组长，担任组长与副组长的多半是教育管理方面的负责人，其他参与人员由其他普通教育教师、儿童的父母、医生、心理测量工作者、特殊教育教师等组成。各类专业人员的比例可根据评估鉴定的对象和任务做出相应调整，如心理测量的任务偏重，可适当增加心理学工作者。

对参加评估的人员的思想素质、业务能力也要有较高的要求。例如，担任组长的教育行政管理人员应有一定的组织指挥能力，有协调各方面工作和处理突发事件的能力，并熟悉评估鉴定工作的全过程。此外，他们还应有能力组织各成员开展讨论和合作，对各方面的信息加以协调，帮助家长了解评估的过程与目的，更好地促进其他人员的参与与协作。医护人员则应该是某一方面的专家，如眼科医生、耳鼻喉科医生、精神病科医生等，十分熟悉本专业的检查与诊断。特殊教育工作者，包括特殊教育巡回教师、特殊教育辅导员等，要对各类特殊儿童有全面的了解。心理学工作者则应了解各类特殊儿童的心理特征，并熟悉各种心理测量表的编制原理和使用方法。普通教师要对参评儿童的学业成绩、行为表现有一定的了解，和学生家长密切联系。

二、确定评估对象

确定评估对象是在大量学生中发现特殊儿童的一种活动。这些学生大多由普通教师推荐来做筛选的，他们的表现为学习成绩差、生活习惯差、与班上同学沟通交往困难、情绪调节能力差等。评估对象的确定一般由专业人员或受过一定训练的非专业人员进行，使用的测验量表或其他手段简便易操作，能较快粗线条式地确定疑似残疾儿童，如为测量儿童智商数值时使用的丹佛智能筛查法、画人测验法、简易儿童智力筛查法等，但筛选结果一般不能作为诊断的根据。对筛查的特殊儿童应由专业人员作进一步诊断，并对该儿童的情况作出全面评估。

三、实施评估

实施评估是对筛查的特殊儿童或怀疑为特殊的儿童进一步做出全面细致的专业检查，它是评价特殊儿童测验工作的一个阶段，由受过专业训练并取得相关合格证书的专业人员进行，使用的测查工具比之前更复杂，操作程序更严格和标准化。诊断结果应有书面结论，主要包括特殊儿童(主要是残疾儿童)的类型、性质、程度、诊断时间、地点、测查人员签名和测查单位盖章。要结合对儿童发展特征、各方面病史的调查或检查，对儿童进行全面评估并提出特殊教育或康复建议。社交技能的评量倾向于采用多元评量人员、多元评量情景、多元评量方法，多元评量人员包括重要他人，如教师、家长、同伴、儿童本人；多元的评量情境则包括家庭、学校、社区等各种活动场所；多元评量方法包括社交技能评定量表、结合自然行为观察的方法、结构化或半结构化的访谈方法社交技巧评量方法。

四、形成评估报告

呈现沟通技能各项评估所用的工具与方法，做结果、优弱势分析，并就该领域现状提出建议。报告主要分为评估结果与结果分析两部分。

表 6-1 是潘 × × 的评估报告。

表 6-1　社交技能领域评估结果报告

学生：潘 × ×　　　　性别：男　　　　年龄：8 岁　　　　评量人员：李 ×

评量日期：2016 年 9 月 9 日

（一）评量结果

评量工具 / 方法	评量内容	评量者 评量日期	评量结果概要
社交技能评定量表 / 观察	社交技能	李 × 2016 年 9 月 9 日	该生目前的社交技能情况是：在社会趋向和社会认知方面表现较好，自我调节能力次之，社会性沟通方面表现较差，社会参与度尚未评估。其中，社会认知方面表现最好，社会性沟通方面表现最差。经鉴定该生为自闭症儿童，心理知识缺乏，学习动机较弱，有一定的记忆能力，社交语言表达能力较差。由于其年龄尚小，未涉及太多工作相关技能。

（二）评量表各领域结果分析

社交领域	优势	劣势	建议训练目标
社会认知 （40/2.6）	能够看懂他人肢体动作或手势表达的含义，听从老师的大多数指令。	对他人的表情、眼神和声调的辨识能力差，不能很好地感知他人的情绪变化。	提高非语言沟通能力。
自我调控 （36/2.1）	能基本听从老师的安排，遵守简单的活动规则，有一定的耐心。	在要求没被满足时，容易发脾气，不高兴时会擅自离开座位。	1. 加强课堂常规。 2.提高约束自己行为的能力。
社会趋向 （40/1.8）	能注意到他人的肢体动作；当他人叫自己名字时能主动寻找声源，关注他人。	不太能注意到周围人的活动，很少关注他人的面部表情，也很少吸引他人的注意。	1. 提高对非语言的理解能力。 2.提高引起他人注意的能力。
社会性沟通 （48/0.42）	能以合理的方式寻求帮助和回应他人。	不能主动和别人打招呼；不能主动向别人提供帮助；不能邀请别人加入自己的游戏；不能赞美他人等。	1. 学会主动和别人打招呼。 2. 提高语言表达能力。
社会参与	尚未评估		

（三）观察、访谈结果

（1）观察结果（评估）：随班就读学生在上课时能基本遵守课堂规则，但老师需事先给随班就读学生说清楚上课流程，否则他们不知道要做的事情，其会有较大的情绪波动。随班就读学生不愿意与同学分享学习经验，习惯模仿他人声音，沟通意愿多为被动。随班就读学生能够认识一些简单的文字，并在老师的引导下将他们读出来。

（2）访谈结果：由于随班就读已经在普通小学就读，家长希望孩子能够在社交行为方面有大的改变和进步。在学校，如果有学生向他们打招呼，起初他们不会回应甚至推开别人，现在他们会自己走开，孩子的社交技能太差，会导致他们难以融入班级。

（四）建议

（1）随班就读学生：主要是社会认知、自我调节能力训练；加强社会性沟通和社会趋向的学习训练；老师应尽量创造随班就读学生与普通学生共同玩耍、学习的机会。

（2）普通学生：接纳、理解随班就读学生，向他们提供学习、生活上的帮助；邀请他们一起玩游戏，课堂上多提醒他们。

（3）学科老师：应为随班就读学生专门制作一份课表，在课表上明确写出特殊学生上课的时间、地点、内容，学生每上完一节课，任课老师就在课表上打钩。教学内容不仅要面向普通孩子，更要照顾到随班就读学生；授课形式要丰富多样，可小组合作学习，让随班就读学生有机会与普通学生合作完成教学任务；教学目标有层次，对随班就读学生的要求要合理，作业要根据其完成情况适量布置，保证其合理的休息时间；在普通教室宣讲特殊教育知识，让普通学生更多地了解随班就读学生，理解、接纳他们，并主动为他们提供帮助；要有正确的奖惩方式，多肯定随班就读学生表现的好的一面，给予其关注，同时用正确的方法及时应对其问题行为；各科老师要多沟通交流，形成一致的教学方法，熟悉随班就读学生基本情况，因材施教。

（4）父母：不能因为孩子哭闹就满足孩子提出的所有要求，这只会助长孩子的情绪问题行为。在沟通和社交方面，父母平时要多使用非语言沟通技巧，让孩子先学会察言观色，再进一步进行语言的表达。

第二节　社交技能训练课程评估的方法

社交技能训练课程的评估方法是了解随班就读学生社交技能情况的重要途径，评量学生社会交往技能的方法主要包括检核表或量表、调查法、访谈法。

一、检核表或量表

（一）检核表——社交技能评量表

社交技能评量表是应用于特殊儿童社会交往技能的评量工具，主要对特殊儿童的学校常规行为、个人技能、社会交往技能、交互反应能力、社区相关技能、工作相关技能等内容进行评估。每一个领域都有与之相对应的项目，评量者可根据被评量者的实际情况打分。例如，评量者从未见过特殊儿童"充分或适宜"地表现该行为请圈"1"，25%的时间观察到该行为圈"2"，50%的时间观察到该行为圈"3"，75%的时间观察到该行为圈"4"，若特殊学生一直表现该社交技能圈"5"。圈完相应的数字后，评量者要把每个领域的总分和平均分算出来，以便分析特殊学生在该领域的发展状况，再把所有领域的总分和平均分算出来，以此来具体分析该特殊学生的社交技能状况。以下是一份完整的社交技能评量表（表6-2），评量者可根据被评量者的实际情形进行评量。

表6-2　社交技能评量表

姓名：	学校：		日期：	
个案管理者：	年龄		班级：	
评量者 （勾选）	学生		教师		教师辅助完成	

指导语：请阅读下面表中每一项并圈出符合您预估的特殊学生的行为状态。如果您从未见过特殊学生"充分或适宜"地表现该行为请圈"1"，25%的时间观察到该行为圈"2"，50%的时间观察到该行为圈"3"，75%的时间观察到该行为圈"4"，若特殊学生一直表现该种社交技能圈"5"。

续表

社交技能总分	课堂相关行为	学校相关常规行为	个人技能	主动交往技能	交互反应能力	社区相关技能	工作相关技能
5							
4							
3							
2							
1							

领域	项目	评分				
		100%	75%	50%	25%	0
学校相关常规行为	1. 使用餐桌礼仪	5	4	3	2	1
	2. 遵守校车乘坐规则	5	4	3	2	1
	3. 按时坐校车	5	4	3	2	1
	4. 服从学校人员的指令（老师/行政人员）	5	4	3	2	1
	5. 能接受在学校中受到的指责/责骂	5	4	3	2	1
	6. 穿过走廊进入教室	5	4	3	2	1
	7. 排队等候	5	4	3	2	1
	8. 使用休息室设备	5	4	3	2	1
	9. 遵守餐厅规则	5	4	3	2	1
	10. 使用自动饮水机	5	4	3	2	1
	合计					
	总分： 平均分：					
个人技能	1. 说"请"和"谢谢"礼貌用语	5	4	3	2	1
	2. 保持仪容整洁	5	4	3	2	1
	3. 避免不适宜的身体接触	5	4	3	2	1
	4. 以不侵犯对方的方式表达愤怒	5	4	3	2	1
	5. 能够与同伴协商	5	4	3	2	1
	6. 会在游戏和活动中轮流	5	4	3	2	1
	7. 能接受被冷落	5	4	3	2	1
	8. 展现幽默感	5	4	3	2	1
	9. 展现自制力	5	4	3	2	1
	10. 能诚实待人接物	5	4	3	2	1
	11. 接受错误后果	5	4	3	2	1
	12. 根据情况适当调整说话音量	5	4	3	2	1
	13. 不打架	5	4	3	2	1
	14. 能依场合需求决定穿着	5	4	3	2	1
	15. 接受表扬	5	4	3	2	1
	16. 表达热情	5	4	3	2	1
	17. 能处理尴尬的事情					
	18. 恰当处理失败/挫折					
	19. 呈现积极的自我状态					
	20. 在不同环境下使用适当的语言					
	合计					
	总分： 平均分：					

领域	项目	评分				
		100%	75%	50%	25%	0
主动交往技能	1. 给同伴打招呼	5	4	3	2	1
	2. 向同伴寻求帮助	5	4	3	2	1
	3. 叫同伴一起玩	5	4	3	2	1
	4. 能得到老师关注（口语/肢体动作）	5	4	3	2	1
	5. 自我介绍	5	4	3	2	1
	6. 介绍他人	5	4	3	2	1
	7. 主动开启谈话	5	4	3	2	1
	8. 能道歉	5	4	3	2	1
	9. 能邀请	5	4	3	2	1
	10. 能跟同伴借物品	5	4	3	2	1
	11. 和同伴一起参与活动	5	4	3	2	1
	12. 表达感情（高兴、害怕等）	5	4	3	2	1
	13. 赞美他人	5	4	3	2	1
	14. 祝贺同伴或长辈	5	4	3	2	1
	15. 能获得赞美	5	4	3	2	1
	16. 能原谅自己在团体活动或人际交往中的过失	5	4	3	2	1
	17. 表达同情心	5	4	3	2	1
	18. 表达对他人的喜欢/亲近	5	4	3	2	1
	19. 支持/拥护一位朋友	5	4	3	2	1
	20. 积极与人约会（伙伴/同学）	5	4	3	2	1
	合计					
	总分： 平均分：					
交互反应能力	1. 礼貌地倾听他人说话并表示对话题的关心	5	4	3	2	1
	2. 尊重他人的隐私	5	4	3	2	1
	3. 和长辈相处、交流	5	4	3	2	1
	4. 遇到熟人会微笑	5	4	3	2	1
	5. 参与集体活动	5	4	3	2	1
	6. 别人寻求帮助时能提供帮助	5	4	3	2	1
	7. 维系与他人的谈话	5	4	3	2	1
	8. 可以维持一段稳定的友谊关系	5	4	3	2	1
	9. 能接受不同于自己的观点	5	4	3	2	1
	10. 回应别人的抱怨	5	4	3	2	1
	11. 应对别人的愤怒情绪	5	4	3	2	1
	12. 回应别人合理的指责	5	4	3	2	1
	13. 能跟异性相处	5	4	3	2	1
	14. 识别他人的情绪	5	4	3	2	1
	15. 应对来自同辈的压力	5	4	3	2	1
	16. 回应他人的招呼或取笑	5	4	3	2	1
	17. 会拒绝	5	4	3	2	1
	18. 恰当问候别人	5	4	3	2	1
	19. 根据场合需求使用恰当的语言和声调	5	4	3	2	1
	20. 不戏弄或嘲笑别人	5	4	3	2	1
	合计					
	总分：					

续表

领域	项目	评分				
		100%	75%	50%	25%	0
社区相关技能	1. 尊重他人私有财产	5	4	3	2	1
	2. 表现良好的倾听行为	5	4	3	2	1
	3. 作为游戏参与者展现出游戏精神	5	4	3	2	1
	4. 表现出礼貌行为和举止	5	4	3	2	1
	5. 服从权威机关或政府部门人员	5	4	3	2	1
	6. 公共场合尊重他人的权利	5	4	3	2	1
	7. 在公共场合能寻求/提供指导或帮助	5	4	3	2	1
	8. 维护自我权益，获得需要的服务	5	4	3	2	1
	9. 公共场合不乱扔垃圾	5	4	3	2	1
	10. 能通过电话等通信工具与公务人员处理事情	5	4	3	2	1
	合计					
	总分： 平均分：					
工作相关技能	1. 没有过多的抱怨	5	4	3	2	1
	2. 有合理的休息时间	5	4	3	2	1
	3. 休息时间与他人相处能表现出恰当行为	5	4	3	2	1
	4. 制订工作目标	5	4	3	2	1
	5. 获取工作酬劳	5	4	3	2	1
	6. 回应毫无理由的指责	5	4	3	2	1
	7. 能商洽工作	5	4	3	2	1
	8. 能处理好与顾客关系	5	4	3	2	1
	9. 知道他人需要帮助或自己需要他人帮助	5	4	3	2	1
	10. 适应不同环境	5	4	3	2	1
	合计					
	总分： 平均分：					

（二）自闭症儿童社会技能评定量表

表6-3主要用于评估自闭症儿童的社会技能，具有良好的信效度。

表6-3　自闭症儿童社会技能评定量表（魏寿洪编）

本评定量表是对4～16岁儿童的社会技能进行评定。请您根据平时在不同环境下对儿童的观察和了解进行评定。仔细考虑每一个选项，并一一作答。

儿童姓名：_____　　儿童性别：_____

儿童年龄：_____　　就读学校：_____

填表人：_____　　诊断类型：_____

语言状况：（1）无口语（2）模仿语言（3）主动语言（4）语言能力与同龄儿童相当

学校类型：（1）特殊教育学校（2）随班就读（3）特殊儿童康复机构

请依据您平时对自闭症儿童在大量不同环境下的观察和了解，在最符合儿童目前社交技能水平的选项上画"√"（若是线上填写，请直接将所选数字涂成"红色"）。本量表采用五级计分法。

每级计分标准如下：

0——从未：儿童从来没有表现出该技能。

1——偶尔：儿童几乎没有（一周一至两次）表现出该技能；很少在其日常生活中看到该技能。

2——有时：儿童有时表现出该技能。

3——常常：儿童大多数时间表现出该技能。

4——总是：儿童在多种场合、多种环境中持续表现出该技能。

编号	题目	选项				
一、社会趋向						
1	能注意到他人的肢体动作或手势（如有人向他招手时，能看招手的动作）	0	1	2	3	4
2	能注意到他人的眼神（如有人在面前时，会自然抬头看他人的眼睛）	0	1	2	3	4
3	能注意到他人的面部表情（如有人在面前时，会自然抬头看他人的面部表情）	0	1	2	3	4
4	对他人的声音有反应（如有人在旁边说话或叫他的名字时，会扭头寻找声源）	0	1	2	3	4
5	当他人在说话时，能去倾听	0	1	2	3	4
6	能注意到周围人的活动	0	1	2	3	4
7	能注意到社交情境中的主要信息和次要信息（如看到两个小朋友在玩时，注意到的主要信息是两个小朋友玩的活动，而不是小朋友衣服的颜色）	0	1	2	3	4
8	能引导他人的注意（如看到有趣或好玩的东西时，会用手指给他人看）	0	1	2	3	4
9	能跟随他人注意（如当叫他看东西时，他能往手指的方向看去）	0	1	2	3	4
10	能同时注意到他人的口语和非口语信息（如在听他人说话的同时，眼睛也看着他）	0	1	2	3	4
二、社会认知						
11	能辨认常见的肢体动作或手势	0	1	2	3	4
12	能识别高兴、不高兴的面部表情	0	1	2	3	4
13	能识别生气、害怕的面部表情	0	1	2	3	4
14	能读懂他人肢体动作或手势所表达的含义（如点头表示"同意"；摇头表示"拒绝或不同意"；伸手表示"要"；他人站起来表示"离开"）	0	1	2	3	4
15	能读懂他人眼神所表达的含义（如能从他人眼神看出他人是高兴还是生气了）	0	1	2	3	4
16	能理解引起情绪的原因（如知道他人为什么高兴、生气等）	0	1	2	3	4
17	能读懂他人不同音量所表达的意义（如老师有时大声说话，表示老师生气了；老师强调某句话表示"提醒他注意"）	0	1	2	3	4
18	能理解他人的声调不同，其表达的情绪就不同	0	1	2	3	4
19	能理解简单的游戏规则或活动规则	0	1	2	3	4
20	能听懂日常生活中的大多数指令	0	1	2	3	4
三、社会性沟通						
21	当遇到困难时，能以恰当的方式寻求别人的帮助（如用祈求的眼神看着他人或指着某个东西要求帮忙，或用语言表达"帮帮我"，而不是哭闹等）	0	1	2	3	4

续表

编号	题目	选项				
22	能向他人提供帮助	0	1	2	3	4
23	能主动和他人打招呼（独立完成，不是由老师或家长协助或提示）	0	1	2	3	4
24	能介绍自己和他人（如"我叫……，这是王老师"）	0	1	2	3	4
25	能分享（如与同伴分享玩具、分享信息、分享自己的兴趣）	0	1	2	3	4
26	能提问以获取信息（为了解信息，会问他人是什么、在干什么、在哪里、为什么等问题）	0	1	2	3	4
27	能邀请他人加入自己的游戏或活动中	0	1	2	3	4
28	能以恰当的方式回应他人（如以手势、面部表情、眼神或口语等方式回应他人的招呼；回应他人的游戏邀请、他人的问题等，而不是以哭闹等行为回应）	0	1	2	3	4
29	能对自己或同伴的活动发表看法（如我搭的积木很高，你搭得矮）	0	1	2	3	4
30	当他人伤心或受伤害时，能安慰他人（如说别哭了或给予拥抱）	0	1	2	3	4
31	能表达情感（表达高兴、喜欢、不喜欢、害怕等，如：我今天很高兴、我很喜欢；我好害怕）	0	1	2	3	4
32	能赞美他人	0	1	2	3	4
四、社会参与						
33	愿意参与他人的游戏或活动	0	1	2	3	4
34	能参与1对1的互动	0	1	2	3	4
35	能参与1对2的互动	0	1	2	3	4
36	能参与小组互动（3人以上的活动）	0	1	2	3	4
37	能参与集体活动（指班级教学活动）	0	1	2	3	4
38	能参与游戏活动	0	1	2	3	4
39	能参与用餐时间的活动（如午餐时间的活动）	0	1	2	3	4
40	能参与结构性的教学活动(如音乐课、美术课、实用语文课等)	0	1	2	3	4
41	能参与自由活动（如在下课时间或自由活动中加入他人的活动中）	0	1	2	3	4
五、自我调控						
42	当要求没被满足时，能不发脾气	0	1	2	3	4
43	当与他人意见不一致时，能妥协（如当老师要求干别的事情，而他想干自己的事情，能妥协，听从老师的安排）	0	1	2	3	4
44	能约束自己的行为（如上课不讲话、不乱跑、听从老师安排、不随便拿别人的东西）	0	1	2	3	4
45	能够遵守简单的游戏或活动规则	0	1	2	3	4
46	当常规活动突然改变时，能接受	0	1	2	3	4
47	在游戏或对话中，能等待（如老师要求他等一会儿才给予玩具，能等待）	0	1	2	3	4
48	在游戏或对话中，能轮流	0	1	2	3	4
49	经过他人允许后，才行动（如上课时，经过老师允许才离开座位或教室；而不是自己突然站起来乱跑）	0	1	2	3	4
50	告诉他不能做某件事情时，能够接受，不会乱发脾气	0	1	2	3	4

（三）社交技能调查表（表6-4）

表6-4　社交技能调查表

姓名：　　年龄：　　学校：　　教师类型：　　语言发展水平：　　教师与儿童接触时间：		
一、互动行为	1. 对同伴感兴趣的程度（非常、一般、偶尔、几乎没有） 2. 跟同伴互动的时间（经常、一般、偶尔、几乎没有） 3. 与同伴互动的质量怎么样？（非常好、一般、有点好、不好） 4. 他会参与同伴的哪些活动？ 5. 与同伴有哪些互动行为？（打招呼、寻求帮助、玩游戏等） 6. 在学校时，自由活动时间是如何度过的？ 7. 在课堂上，有没有与同伴进行交流？	
二、互动方式	1. 非语言互动方式 ——目光对视 ——面部表情 ——手势 ——身体移动 ——图片	2. 语言互动方式 ——声音 ——单词 ——短句 ——句子

二、观察法

行为观察法是特殊儿童沟通能力评估的的常用方法。这种方法要求观察者客观界定所要观察的行为，并且保证观察信度。观察者需要较长时间重复的观察，以得到稳定的、代表性的行为样本，并对目标行为做详细记录。因为行为观察法的这一优点，我们可以观察到特殊儿童在具体沟通情境下的行为表现，从而判断其是否具备该沟通技能，同时可通过其表现观察其动机。在对特殊儿童沟通行为进行观察时，需要注意哪些时段特殊儿童容易表现沟通行为，以及是否为其提供了足够多的沟通机会。教师在日常教学中，可以自行设计各类表格，观察儿童的沟通行为，并做详细记录。

（一）社交技能观察表（表6-5）

社交技能观察表主要是根据特殊儿童的社交问题行为，具体观察其沟通问题行为、与同伴的相处问题行为、处理冲突的问题行为等，对特殊儿童在各个领域出现的问题行为的次数进行准确记录。

行为观察法是评估儿童沟通能力的常用方法。这种方法要求观察者要客观界定所要观察的行为，并且需保证观察者的观察信度。观察者需要持续较长时间重复的观察，以得到稳定、具有代表性的行为样本，并要求对目标行为做详细的记录。正是因为行为观察法的这一优点，我们可以观察到特殊儿童在具体沟通情境下的行为表现，从而判断其是否具备该沟通技能，同时可通过看到其沟通技能表现察觉其动机因素。在做特殊儿童沟通行为的观察时，需要注意哪些时段特殊儿童容易表现出沟通行为以及是否提供了足够的沟通机会。教师在日常教育中，可以自行设计各类表格，观察儿童的沟通行为，并做详细记录。

表 6-5　社交技能观察表

社交问题行为	行为具体描述	20 分钟内出现的次数
沟通问题行为	1. 听别人说话时不专注	
	2. 不听别人说话或东张西望	
	3. 不等别人说完就离开	
	4. 抢话说	
	5. 只顾说自己的，不管对方是否在听	
	6. 就一个话题与同伴讨论时，跑题或自说自话	
	7. 对于别人的提问不回应或给出不恰当回应	
相处问题行为	1. 不会分享；不愿意分享	
	2. 同伴寻求帮助时不理睬或给予过度帮助	
	3. 爆粗口或举止粗鲁	
	4. 对同伴有不友好的行为，如不恰当地触摸身体或故意拉扯、推搡	
	5. 不遵守团体规则，或以违反团体规则为乐趣	
	6. 违反与同伴约定的游戏规则	
	7. 答应同伴的事不愿意做	
处理冲突问题行为	1. 对于别人的无意碰撞进行强烈的回应，如发生肢体或语言冲突	
	2. 不愿意接受道歉，持续与他人争执	
	3. 起冲突时，过度激动且持续时间较长	
	4. 起冲突时，不愿意做出任何让步或妥协，持续争执	
	5. 事后报复	

学生姓名：＿＿＿＿＿＿＿＿＿　　　　　　第＿＿＿＿＿＿＿＿次观察

观察者：＿＿＿＿＿＿＿＿＿　　　　　　观察时间：＿＿＿＿＿＿＿＿

（二）正向社交行为观察表（表 6-6）

本表采用时距记录法，以 1 分钟为一间距，间距内任一分项行为有发生即记录一次，共观察 20 分钟。

表 6-6　正向社交行为观察表

学生姓名：＿＿＿＿＿＿＿＿＿　　　　　　第＿＿＿＿＿＿＿＿次观察

观察者：＿＿＿＿＿＿＿＿＿　　　　　　观察时间：＿＿＿＿＿＿＿＿

时距	时间	正向社交行为		
		沟通行为	相处行为	处理冲突行为
1	1′			
2	2′			
3	3′			
4	4′			
5	5′			
6	6′			
7	7′			
8	8′			

时距	时间	正向社交行为		
		沟通行为	相处行为	处理冲突行为
9	9'			
10	10'			
11	11'			
12	12'			
13	13'			
14	14'			
15	15'			
16	16'			
17	17'			
18	18'			
19	19'			
20	20'			
行为所占百分比				

（三）活动观察表（表 6-7）

近年来，随着生态评估的兴起，自然观察与生态评估相结合的方式在特殊教育中逐渐兴起，以下是一个关于沟通行为的生态观察表。

表 6-7　活动观察表

观察对象：_____　　观察者：_____　　观察日期：_____

主要活动	与谁互动	普通学生表现	特殊学生表现	教师处理	原因分析		特殊学生目标	环境调整	教师调整
					个人因素	环境因素			

三、访谈法

访谈法是用于随班就读学生沟通能力评估的重要方法。为了全面收集随班就读学生的沟通资料，教师可以设计一些访谈或调查表格以了解他们的沟通能力。调查的问题可以包括学生和谁沟通、在什么情境下和他人沟通？沟通的意图是什么？使用什么方式沟通等。以下分别是关于对学校教师、其他同学及家长进行社交方面相关访谈的访谈表。

（一）观察的行为（表 6-8）与教师访谈表（表 6-9）

表 6-8 观察的行为

沟通行为	相处行为	处理冲突行为
1.倾听行为：别人说话能认真听 3 秒以上	1.分享行为：能跟同伴分享玩具、食物或开心的事情	1.接受道歉行为：与别人发生冲突，别人道歉时能接受
2.眼神接触行为：听别人说或与人说话，有适当眼神接触且表情自然	2.帮助行为：能在别人需要帮助的时候给予适当帮助	2.表达不满行为：当与别人发生冲突时，能用恰当方式表达不满
3.轮流说话行为	3.礼貌行为：用礼貌用语跟别人交流且语气、行为举止友善	3.控制情绪行为：与别人发生冲突时，能控制自己的愤怒情绪
4.适当回应行为：能给对方适当的回应，包括肢体、口语等形式的回应	4.遵守规则行为：能遵守团体规则或跟同伴的约定	4.适当妥协行为：当发生冲突时，能接受调解并适当表示对对方理解，不再与对方计较和争执

表 6-9 教师访谈表

受访教师：_____ 所教学生：_____

访问者：_____ 访谈时间：_____

访谈问题	回答概要
1._____来您班级多长时间了，跟您的关系怎样？	
2.根据观察，您觉得现在他和同学们相处的怎么样？请举例说明。	
3.您觉得_____对同学有哪些好的或不好的地方？请举例说明。	
4.针对这些情况，您有什么建议？	
5.您希望在我们的帮助下他可以改善哪些问题？	

（二）普通学生访谈表（表 6-10）

表 6-10 普通学生访谈表

受访教师：_____ 孩子姓名：_____

访问者：_____ 访谈时间：_____

访谈问题	回答概要
1.你觉得你在班时比较喜欢谁和不喜欢谁？为什么？	
2.你觉得_____在班级里和同学相处的怎么样？	
3.你觉得_____在待人接物上有什么优点和缺点？	
4.你希望_____在哪些地方得到提升？	
5.你觉得应该怎样帮助其更好地与同学相处？	

（三）家长访谈表（表 6-11）

表 6-11 家长访谈表

受访教师：_____ 所教学生：_____

访问者：_____ 访谈时间：_____

访谈问题	回答概要
1.在家里或在外面，和家人及同龄人相处的如何？	
2.根据您的观察，您觉得现在和家人及同龄人相处的怎么样？请举例说明。	
3.您觉得_____对待家人和同龄人有哪些好的或不好的地方？请举例说明。	
4.针对这些情况，您有什么建议？	
5.您希望通过我们的帮助可以改善他哪些问题？	

第三节　社交技能训练课程评估案例分析

一、案例1

（一）研究对象

朱××，8岁半，目前在一所普通小学随班就读，障碍类型为阿斯伯格综合征，主要照顾者是父母，家庭条件良好。该学生在学校的问题为：缺乏与人沟通交流的能力，性格孤僻，不爱说话，没有朋友；缺乏主动参与社交活动的能力；眼神不能与人直视；情绪控制能力不好，发脾气时会在教室大吼大叫。

（二）研究流程

确定评估对象后，使用各项评估工具对该学生进行社交技能评估。首先，采用《社交技能观察表》在教室对该学生进行观察；其次，使用自编访谈提纲对学生进行访谈，访谈的对象为学生的任课教师、班主任、班上同学及学生家长；最后，使用《社交技能评定表》对该学生进行社交技能方面的评估，最终综合各种收集到的资料，形成评估报告。

（三）研究方法

研究运用了调查法、访谈法和观察法。调查法是采用《社交技能评定表》，了解关于特殊学生社交技能问题相关研究表现，为本研究的开展提供内容。访谈法主要是通过与教师的交流了解个案的特质、家庭状况、学校适应状况与社交问题，对学校教师、同伴及个案自身进行社交方面的相关访谈，并且访谈内容要经访谈对象同意，对其进行记录并整理备案，保证资料的原始和客观。观察法是研究者进入资源教室课堂现场，以非参与方式对学生上课的课堂行为进行一日活动观察，记录学生的表现。

（四）研究结果与建议

社交技能评估报告

学生：朱××　　　　性别：男　　　　年龄：8岁半

评量人员：刘××　　　　　　　评量日期：2018年3月18日

1. 评量工具及结果（表6-12）

表6-12　评量工具及结果

评量工具/方法	评量内容	评量结果概述
自闭症儿童社交技能评定表	社会趋向、社会认知、社会性沟通、社会参与、自我调控	该生目前的社交技能情况是：在社会趋向领域表现较好；然后是社会性沟通和自我调控能力；最好的是社会参与能力；最差的是社会认知。

2. 评量表各领域结果分析（表6-13）

表6-13　各领域结果分析

领域	优势	劣势	建议训练目标
社会认知	大多数时候能够辨认常见的肢体动作和手势；大多数时候能够识别高兴不高兴的表情；大多数时候能够识别生气、害怕的面部表情。	对于表情、眼神和声调的辨别能力较弱，缺乏读懂他人眼神所表达含义的能力，只是有时候能从他人眼神看出他人是生气或者高兴。	提高非语言沟通能力。
自我调控	当意见与他人不一致时，大多数时候能够妥协；基本能够约束自己的行为，如上课不乱跑，听从老师的安排，能够遵守简单的游戏和活动规则；当常规活动突然改变时能欣然接受。	不能很好地控制自己的脾气，有时候不能理解事情的变化，会乱发脾气。	加强课堂常规建设；提高其用适当行为进行自我调控的能力。
社会趋向	基本能注意到他人的活动；能在多种场合和环境中持续注意到他人的肢体动作和手势。	不能很好地注意到他人的眼神，只是有时表现出该技能，如有人在面前时，缺乏自然抬头注视他人的眼睛的能力。	提高对非语言（眼神、面部表情）的理解力；提高引导他人注意的能力。
社会性沟通	当遇到困难时不能以恰当的方式寻求别人的帮助；多数时候能够向他人提供帮助；大多数时候能够通过向他人提问获取信息；大多数时候能邀请他人加入自己的游戏或者活动。	能够主动地打招呼，但是不经常主动向他人打招呼；能够主动介绍自己和他人；当他人受伤时，缺乏安慰他人的能力；缺乏表达自己情感的能力；缺乏赞美他人的能力。	教育其学会分享；提高其移情理解的能力；提高合适表达情绪的能力。
社会参与	能够参与集体活动；能够参与游戏；能够参与结构性教学活动。	缺乏主动参加社交活动的能力。	提高用适当行为参与活动的能力。

3. 观察访谈结果

（1）观察结果（评估）：能够分清社会交往情境中的主要信息和次要信息，如看到两个小朋友在玩儿时，注意到的主要信息是两个小朋友玩的活动而不是两个小朋友衣服的颜色；大多数时候能够引导他人，如当看到有趣或者好玩的东西会用手指指给他人看；能够对自己或同伴的活动发表看法，如我搭的积木很高，你搭的很矮；能够自由自在的活动，如下课时间或自由游戏时能够参与他人的活动；在游戏或活动中，大多数时候能够排队；大多数时候会经过他人的允许后才行动；告诉他不能做某件事情时能够听话且不发脾气。

（2）访谈结果：学生不能完全理解引起情绪问题的原因，如只是有时候知道他人为什么高兴、生气等；缺乏理解他人音调不同所表达的不同情绪的能力；

读懂他人音量变化所表达含义的能力较差；不能很好地控制自己的脾气，有时候不能理解事情改变的原因且会发脾气。

4. 建议

（1）随班就读学生：主要是社会认知、自我调控技能训练；加强社会性沟通和社会趋向的学习训练；在社会参与方面，能与其他小孩共同玩耍和学习，掌握调节社交情绪和管理情绪的能力，不乱发脾气。

（2）普通学生：接纳理解随班就读学生，向其提供学习、生活上的帮助；邀请其一起做游戏，课堂上多提醒特殊学生；真心实意地与其交朋友，尊重与接纳其差异化。

（3）教师：教学内容不仅要照顾到普通学生，更要照顾到随班就读学生。教学形式丰富多样，可让特殊学生加入小组合作学习，应尽量制造随班就读学生和普通学生合作完成一件事情的机会；教学目标要有层次，对特殊学生的要求要合适，作业根据其完成情况适量布置，保证其合理的休息时间；正确的奖惩，多表扬特殊学生好的方面，多给予其关注，对待其问题行为要运用正确的方法及时应对；教师应该多与其交流沟通，熟悉特殊学生的基本情况，因材施教；在日常生活中给特殊学生更多展示自己的机会，增强其自信心；以身示范，控制与管理个人情绪，教会其基本的技巧，训练随班就读学生的自我管理能力，提升随班就读学生社交的信心和自我效能感，增加随班就读学生的积极行为，减少其在社交时的不良情绪的产生。

（4）父母：尽量少和孩子交换条件，懂得消退和强化的技巧，和孩子讲道理，不纵容孩子的哭闹行为；在沟通和社交方面，平时多使用非语言沟通技巧，创造更多的人际沟通机会，再进一步加强语言的表达和使用。给孩子创造更多与同龄人玩耍的机会；建立家庭常规，帮助孩子更好地约束自己的行为，管理自己的情绪，在社区锻炼孩子和其他孩子社交的能力，减少孩子乱发脾气的次数，正确采用奖惩结合的方式。

二、案例 2

（一）研究对象

李 ××，男，10 岁，目前就读于重庆市 × 小学四年级，障碍类别为轻度智能障碍伴随多动行为。家庭条件基本良好，主要照顾者为爷爷奶奶。该学生在校问题主要是：注意力不集中，问题行为较多，人际关系差，缺乏课堂主动互动能力，必要的社交技能不足。

（二）研究流程

确定特殊学生身份后，使用各项评估工具对李××进行社交技能评估。首先，采取一日活动观察表对其在教室的日常活动进行观察；其次，使用自编的访谈提纲，对学校任课教师和班主任、同伴及特殊学生自身进行社交方面的相关访谈，了解特殊学生的基本情况；最后，使用《社交技能评量表》对特殊学生进行社交技能方面的评估，最终综合各种收集到的资料，形成评估结果报告。

（三）研究方法

该研究采用了调查法、访谈法和观察法。

调查法是采用《社交技能评定表》了解特殊学生社交技能问题，为本研究的开展提供内容依据。

访谈法主要是通过与教师的交流了解特殊学生的特质、家庭状况、在学校的适应状况与社交问题，对学校的任课教师、普通学生、班主任及特殊学生自身进行社交方面的相关访谈，访谈内容应经访谈对象同意，并予以记录、整理备案，保证资料的客观性。

观察法是指教师进入资源教室课堂，以非参与方式对特殊学生的课堂行为进行一日活动观察，记录学生的课堂表现。

（四）研究结果与建议

社交技能领域评估结果报告

学生：李××　　　　　　性别：男　　　　　　年龄：10 岁

评量人员：罗××　　　　　　　　　　评量日期：2015 年 4 月 9 日

1. 评量结果（表6-14）

表6-14　评量结果

评量工具 / 方法	评量内容	评量者 评量日期	评量结果概述
社交技能评量表 / 观察、访谈	社交技能	罗×× 2015 年 4 月 6 日	该生在社会技能方面目前表现最好的是交互技能，其次是主动交往技能和个人能力，在社区和工作相关技能方面表现最差。经鉴定，该生为轻度智能障碍伴随多动，注意力容易分散，伴有问题行为，这主要影响其与同伴的关系。由于其年龄尚小，未涉及太多社区和工作相关技能。

2. 评量结果分析（6-15）

表6-15　评量结果分析

	优势	劣势	建议训练
学校相关常规行为	该生能灵活使用自动饮水机，能使用教室的设施工具，能使用清洁工具。	该生未曾乘坐过校车，未曾使用过休息室的设施。	1. 增加餐桌礼仪知识 2. 排队等候 3. 熟练使用学校的基本设施，如运动场的运动器材、教室的多媒体设备等
个人主动交往技能	该生非常喜欢被表扬，能分场合使用语言，保持穿着的干净。	较少使用礼貌用语；介绍自己和他人、向他人道歉、向他人发出邀请、向他人表示祝贺、获得他人赞美等。	1. 恰当使用礼貌用语 2. 保持仪容仪表的整洁 3. 与同伴协商 4. 排队 5. 恰当对待失败或挫折 6. 恰当地表达情绪
交互反应能力	该生有关系较好的同桌，他们能较好地相互招呼、相互帮助、玩耍、借用物品；能通过肢体动作或者语言获得他人的关注；能主动开启谈话，表达自己的情感；能赞美他人，分享与倾听他人的情绪表达。	较少礼貌地倾听，参与集体活动、给他人提供帮助，不能接受不同于自己的观点、应对他人的情绪、恰当问候他人。	1. 学会倾听他人讲话 2. 参与集体活动 3. 识别他人情绪 4. 恰当应对他人情绪 5. 向他人提供帮助
社区相关技能	该生能服从安排，在公共场合会尊重他人权利，能使用电话等通信工具。	该生参与游戏或者活动时没有团队精神，公共场合有时大喊大叫，公共场合有乱扔垃圾的行为。	1. 公共场合表现出礼貌行为和举止，如爱护公物、不乱扔垃圾等 2. 表现良好的倾听行为

3. 观察结果及分析

经过一系列的评估我们可以发现，该特殊学生为轻度智力障碍，注意力极易分散，伴有问题行为，反应较为迟钝，回答问题时语言表达能力较强，音量适中。该生在社会技能方面表现为交互技能最好，主动交往技能和个人能力次之，在社区和工作相关技能方面表现最差。这主要影响其与同伴的关系，与同学之间的友谊。特殊学生不能保持良好的倾听行为，很难自己面对挫折，也很难正确回应他人的情绪；而且在公共场合会乱丢垃圾，较少使用礼貌用语，没有很好地建立与同学的关系，而且与同学协商的能力较差；整理仪容仪表能力较差；对学校的建筑设施不够熟悉；由于年纪尚小，该生未涉及太多社区和工作相关技能。

4. 建议

（1）随班就读学生：主要学习餐桌礼仪知识、排队等候规则、相关设备使用规则等；需保持仪容整洁、情绪表达合理、遇事与同伴协商、游戏时遵守次序、提升自我控制能力、正确对待挫折、表现积极的态度；需要加强建立维系一段稳定友谊的能力，学会识别他人情绪，应对来自同学的压力，恰当回应他人的招呼等社交能力。

（2）普通学生：接纳理解随班就读学生，为他们提供学习、生活上的帮助；

帮助其提高、与同学分享学习材料、倾听他人讲话等方面的能力；邀请其一起活动，友好对待特殊学生，学会换位思考；不排斥、不嘲笑随班就读学生；帮助其学会遵守课堂纪律、教室规章，保持课桌椅整洁；帮助其建立积极的情绪。

（3）教师：教学内容不仅要照顾到普通学生，更要照顾到特殊学生；教学形式丰富多样，分层教学，帮助学生达成目标，设置更多有趣的课堂活动，激发学生参与课堂的积极性；使用正确的奖惩措施，以增强物的形式强化学生的正确行为，多关注随班就读学生，对其好的行为应该给予其充分的肯定与表扬，对待其问题行为要寻求方法及时处理；向其教授基本的学习、生活技巧；对其多一些耐心，因材施教地发展学生的潜能；教导其正确地表达社交情绪，提高特殊学生的社交技巧。提高学生熟练使用学校相关设施（如运动器材、休息室设施、教室多媒体设备等）、面对失败或挫折、表达情绪等方面的能力；帮助其改善不良行为，建立与同学的良好关系。

（4）父母：懂得消退和强化的技巧，平时在家培养孩子的餐桌礼仪习惯；在社区活动中帮助孩子创造更多与人沟通的机会；提高其轮流游戏、与同伴协商的能力，再进一步加强语言的表达和使用能力；建立基本的家庭规范，提高孩子使用礼貌用语、保持仪容仪表整洁、参与集体活动、正确识别他人情绪、倾听他人说话等方面的习惯；和学校合作沟通，促进家校合作，从而提高孩子各方面的能力。

第七章

社交技能训练课程实施

第一节 社交技能训练计划

一、学生个别化社交技能训练计划

（一）学生个别化社交技能训练计划内容及要素

个别化教育计划由以下内容构成。

1. 学生基本情况

基本资料：姓名、性别、年龄等，家庭状况及联系方式。

生理状况：听力情况、视力情况、肢体运动情况、有无特殊的生理体征或疾病等。

智力状况：智商情况、一般认知能力（记忆能力、注意能力、思维水平、想象能力等）。

主要的身心缺陷或异常行为：生活能力状况、交往能力状况、语言能力状况、其他异常行为状况。

目前的学习状况：各学科目前达到了基本水平。

以上是一份完整的个别化教学计划中的学生情况应该包含的内容，教师在实际操作过程中，可以根据需要选择性地进行描述。

2. 学生应达到的长期目标（学期目标）、短期目标（单元目标）

根据学生目前的学习水平，在相应时间内制订合理的长期目标，再将这些目标分解成若干个具体的、可操作的短期目标，短期目标要有一定的层级性，一般以 5~6 个为宜。

3. 针对性的教学策略

针对学生的特殊教育需要，应考虑提供合理的教学措施及辅助措施，实现个别化教育目标，主要包括以下几个方面。

（1）妥善的教育安置（何时随班学习，何时去资源教室接受补救教学或个别训练等）。

（2）课程及课程标准的调整（选择适合其能力水平的课程，有时可以适当降低难度）。

（3）教材教法（需要采取哪些特殊教学手段和工具，以便提前做好准备）。

4. 效果评价

教师必须对随班就读学生每一个单元目标（短期目标）的掌握情况进行评估，对目标达成情况进行反思，思考个别化教学计划在实施过程中特殊学生可能遇到的困难，并及时调整目标与教学措施，以使个别化教学计划的目标更贴近特殊学生的最近发展区，落实得更好。

（二）学生个别化社交技能训练计划制订案例分析

1. 学生基本情况

（1）障碍类型：轻度自闭症。

（2）障碍影响：注意范围较小的孩子交友圈子也会比较小，他们只对自己关注的事物感兴趣；同时，他们不会主动与人沟通交流，不会主动参加集体活动，这会造成他们没有朋友，融入不了集体；由于他们理解长句比较困难，他们很难及时理解别人的说话内容，这进而导致其社交困难；学习速度慢会导致他进步比较小，教育计划的战线会拖得比较长。

（3）学习优势：能使用口语和非口语的方式进行交流，能主动表达自己的需求，有良好的注意力，学习动机比较强，易接受指导，能积极主动听从各项指令，经引导可以和教师、学生互动，模仿能力强，生活自理能力较好等。

（4）学习劣势：兴趣范围狭窄，听觉注意范围也狭窄，学习速度慢，认知能力发展慢，不会主动与人互动，不主动参加活动，不喜欢用言语表达自己的想法。

2. 个别化教育计划（表7-1）

表7-1　个别化教育计划

领域	目标	负责教师	教学决定	测评结果	评测人员／日期	情境	策略
社会趋向	1. 能注意到他人的肢体动作或手势（如当有人向他招手时，能看到对方招手的动作）。 2. 能注意到他人的眼神（如有人在面前时，会自然抬头看对方的眼睛）。 3. 能在注意到周围人的活动时，同时注意到他人的口语和非口语信息（如在听他人说话的同时，眼睛也看着对方）。					团体课、日常生活、休闲时间。	环境支持、视觉或声音提示、同伴支持。
社会认知	1. 能识别高兴、不高兴的面部表情。 2. 能读懂他人肢体动作或手势所表达的含义（如点头表示"同意"；摇头表示"拒绝或不同意"；伸手表示"要"；他人站起来表示"离开"）。 3. 能理解他人的声调不同，传递出的情绪信息也不同。 4. 能听懂日常生活中的大多数指令。					日常生活、体能课堂。	坚持练习、素材的调整、动作协助示范教学、个别指导。
社会性沟通	1. 当遇到困难时，能以恰当的方式寻求别人的帮助（如用祈求的眼神看着他人或指着某个东西要求帮忙、用语言表达"帮帮我"，而不是哭闹等）。 2. 能向他人提问以获取信息（为了获取信息，会问他人这是什么、你在干什么、你在哪里、为什么等）。 3. 能赞美他人。					日常生活、休闲时间、小组课堂、团体课堂。	素材调整、活动的简化、特殊器材、环境调整、个别辅导。
社会参与	1. 愿意参与他人的游戏。 2. 能参与一对一的互动。 3. 能参与集体活动（指在班级教学活动）。 4. 能参与结构性的教学活动（如音乐课、美术课、实用语文课等）。 5. 能参与自由活动（如在下课时间或自由游戏中能参与到他人的活动）。					到校后、放学后、午休后、午餐后等。	环境支持、素材调整、动作协助、视觉提示等。
自我调控	1. 当要求没被满足时，能不发脾气。 2. 在游戏或对话中，能等待（如老师要求其等一会儿才给予其玩的东西）。 3. 告诉其不能做某件事情时，其能够接受、不会乱叫。					日常生活、休闲时间、小组课堂、团体课堂、个别指导。	动作、表情和图片、示范教学、环境支持、延迟满足。

3. 评量标准

（1）目标完成情况：0—未完成；1—完成25%；2—完成50%；3—完成75%；4—完成100%

（2）教学策略：P1—大量协助；P2—少量协助；M—示范提示；V—口头提示；G—身体协助

（3）教学决定：P—继续；S—更换

二、社交技能训练课程学习计划

（一）社交技能训练课程学习计划内容及要素

根据评估结果，了解随班就读学生的社交技能优势、劣势及社交需求后，形成个别化训练课程。

课程形式分为团体课和个训课。团体课的教育目标来自参与学生的共同目标；个训课的教育目标为学生差异目标。

教育安置为每周到融合教育指导中心参加社交课程。

（二）社交技能训练课程学习计划案例

以一个随班就读学生为例，根据观察、访谈结果及分析，针对该随班就读学生存在的问题，首先拟订一个学期的社交技巧课程长期目标，其次是拟订社交团课课程总目标，最后制订社交个训课课程目标，主要内容以《陈 × × 个别化社交技巧训练课程》为例。

1.《陈 × × 个别化社交技巧训练课程》观察、访谈结果及分析

陈 × ×，智力正常，反应敏捷，回答问题时语言表达清楚，音量适中。评估开始时特殊学生坐姿端正，10 分钟后特殊学生会不停地乱动，经老师提醒后会自觉停止，过一会又会乱动。完成任务态度认真。评估时会看老师和评估材料，不会被旁边的观察人员干扰。整个评估过程未表现出问题行为。当遇到不会的题时，先会随意选择回答，被询问理由时，可以适当给出解释，没有表示不耐烦。语言理解和接受能力良好。话题转换能力良好，交流沟通自然顺畅。课堂上注意力集中时间较短，需要他人不断提醒，而课堂内容有趣的话，注意力集中时间稍长；课堂上有行为问题或不适当的课堂行为（吐口水、私自离座、干扰同学、撕纸等）；课堂上学习兴趣不高，课堂参与度低，学习任务完成度较低；课堂常规问题多，纪律性差；有被关注的需求。

2.3 ～ 7 月社交技巧课程长期目标

（1）提高社区相关技能；

（2）提高学校相关技能；

（3）提高个人社交技能；

（4）提高主动交往技能；

（5）提高交互反应能力。

3.3 ～ 7 月社交团课课程总目标（表 7-2）

表 7-2　3 ～ 7 月社交团课的课程总目标

月份	第一周	第二周	第三周	第四周
3 月			1.1 课堂规则	1.2 学会分享
4 月	4.4 邀请他人	4.1 赞美他人	4.3 向他人寻求帮助	3.1 与他人协商
5 月	1.3 课堂讨论中发表观点	3.2 恰当使用语言	3.3 处理失败情况	5.1 正视别人的嘲笑或愤怒
6 月	4.2 祝贺同伴或长辈	3.4 处理尴尬情况	2.1/5.2 处理受到的指责、责骂	5.3 处理来自同伴的压力
7 月	5.5 尊重他人，不戏弄或嘲笑他人	6.1 维护自我权益，获得需要的服务或帮助	7.1 关心朋友	7.2 制订个人工作目标

注：目标来自两位个案的共同目标，差异目标在个训课程中进行

4.3 ～ 7 月社交个训课课程目标（表 7-3）

表 7-3　3 ～ 7 月社交个训课的课程目标

月份	第一周	第二周	第三周	第四周
3 月			1.6 保持课桌椅整洁	5.10 回应他人
4 月	3.8 轮流游戏	2.2 学会餐桌礼仪	6.4 学会公共场合礼仪	月主题活动
5 月	3.7 恰当表达愤怒	5.11 依据场合调整语言和声调	4.6 能主动赞美他人	月主题活动
6 月	2.4 排队等候	5.9 识别他人情绪	1.5 提高课堂注意力的时间长度	月主题活动
7 月	2.3 遵守餐厅规则	5.8 能够维系一段友谊关系	课程总结与总结性评量	月主题活动

第二节　社交技能训练模式

　　社会交往是人与人之间的交往，社会交往过程是人们在社会生活中运用语言符号系统或非语言符号系统相互之间交流信息、沟通情感的过程。现代心理学研究证明，社会交往对于促进人的个性、情感、认知等方面的发展都具有十分重要的作用（汪秋萍、杨永芳，2001）。而社交技能则是影响学生社交质量的重要因素，以教育学、心理学为基本理论依据，资源教室社交技能训练可归纳为以下三种模式（见图 7-1）。

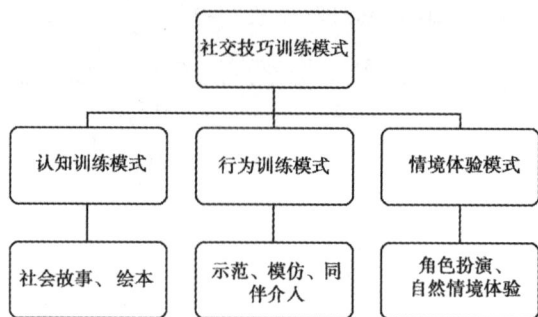

图 7-1　社交技能训练模式图

一、认知导向的训练模式

（一）社会故事

社会故事（social stories），是指由专业治疗师、教师或父母为特殊学生编写的小故事，下面这篇社会故事——《跑》，是为一名 9 岁轻度自闭症学生编写的，智力功能基本正常，有一定阅读能力，但存在不能自制、不分场合的跑动行为，多次因跑动而受伤。故事中包含了几种不同的句型，其构成符合 Gray 建议的标准。

我叫小林。（前导句）

我喜欢跑，快跑很有趣。（描述句）

可以在操场上跑。（肯定句）

在房间里不可以跑，特别是在教室里。（肯定句）

在人群里跑，老师会担心有人受伤。（观点句）

跑步时摔伤，我可以告诉老师，老师会带我去看医生。（合作句）

在走廊上我会走，只在操场上跑。（引导句）

上楼梯时，我会……（部分句）

社会故事之课堂规则案例如图 7-2 所示。

上课时间，老师在讲课

大家都很安静的学习

图 7-2　社会故事之课堂规则案例

（二）绘本

绘本用英文表述为 Picture Book，即俗称的图画书。绘本阅读活动是以绘本为载体开展的多种方式的阅读活动，教师通过游戏互动、角色扮演、复述阅读、对话式阅读等方式与儿童进行绘本阅读，使儿童将绘本内容与自身生活实际相联系，激发儿童阅读兴趣，促进儿童的良好行为表现。班杜拉社会学习理论对儿童社会化发展具有指导意义，通过儿童社会行为和消极行为等研究发现，儿童可以根据需要选取某一书籍、生活中人物及事物为榜样学习互助行为和同理心观点，从而减少消极行为。在绘本选择过程中，教师选择绘本内容中的人物和故事情节都会以儿童同理心与互助行为作为儿童行为表现的榜样，他们通过观察绘本中人物行为变化进行学习与自我调节，从而改变自身消极行为，并以此形成自己正确的认知、积极观念及行为模式等。

绘本的教育价值主要有：①促进认知的发展。绘本图画丰富精美，文字简单明了，绘本内容贴近儿童生活经验和认知水平，因此绘本能第一时间抓住儿童眼球，激发儿童探索绘本故事的兴趣。绘本将复杂的事物和复杂的形象加以整理，通过阅读加深儿童对故事主角及情境的认同感，并将绘本与生活经验或生活环境相结合，促进其对自己、同伴、社会的认知，丰富儿童自我经验。②促进语言能力的发展。绘本是图画与文字相融合表达故事情节的书籍，绘本文字简单、朗朗上口，无形中可以丰富儿童的词汇量，提高儿童的语言表达能力。康长运（2002）研究发现，不喜欢绘本阅读的儿童，语言表达的流畅性和积极性低于喜欢绘本阅读的儿童。经常阅读绘本的儿童通常词汇量比较丰富，乐于表达自己对绘本内容的想法。与他人交流时，词汇量匮乏的儿童在表达过程中存在困难。③促进情绪、情感的表达。Brewer（2004）建议教师依据儿童情绪发展的阶段，设计适合儿童情绪能力的课程，例如可以和儿童一起讨论绘本中人物的情绪、情感和行为表现；Henniger（2009）认为绘本是引导儿童认识情绪的工具，大多数绘本中的人物有不同的、鲜明的形象特征，并且绘本内容贴近儿童生活经验，往往容易吸引儿童的兴趣。

下面以一些绘本进行示范，绘本及绘本内容如图 7-3 所示。

图 7-3　绘本图书及绘本内容示例

二、行为技能训练导向的训练模式

（一）示范

示范教学是特殊儿童教学中常用的方法之一，实际教学情境中，示范教学可归纳为两种形式：一是课堂中的直接示范，即教师根据教学需求或儿童的学习需求现场演示，包括一些动作或者语言示范等；二是目前常用的录像示范法，录像示范法的理论根源是班杜拉的社会学习理论，该理论认为人的思想、感情和行为不仅受直接经验影响，而且更多地受观察影响，其称观察别人的行为及其结果而发生的替代学习为观察学习（容中逵，2002）

录像示范法（图7-4）的主要教学模式便是学习者通过观看并模仿录像内容以习得目标行为。班杜拉发现示范或者榜样对于儿童的学习和发展有重大意义，儿童并不只是通过个人的经历来学习，其也通过观察他人的行为来获得技能。班杜拉提出观察学习的四个过程（Bandura，1986）。

（1）注意过程，即学习者会注意和知觉榜样的各个方面；

（2）保持过程，即学习者记住榜样在情境中展现的行为，并在记忆中以符号的形式对行为进行表征；

（3）动作再现，即学习者再现他们所观察到的行为；

（4）动机过程，即学习者因表现出所观察到的行为而受到激励。

综上可以看出观察学习的过程与录像示范学习的过程是一致的。观察者观看示范内容，并依靠认知加以保持，遇到类似情境进行模仿。正如班杜拉所说，情境再现不是立刻就可以成功，它需要不断练习、强化，这同时是动态监控的过程，是对实际动作纠正、再练习的过程，个体此后能凭借动机在各种情境下练习，进而达到泛化效果（张悦，2010）。

图7-4　行为训练之录像示范案例

录像示范法一般包括基本录像示范（Basic Video Modeling）、自我录像示范（Video Self-Modeling）、观点录像示范（Point-of-View Video Models）、混合录像示范（Mixed Models）四种类型，其实施步骤如表7-4所示。

表 7-4　录像示范法的实施步骤

实施步骤	基本录像示范	观点录像示范	自我录像示范
1. 识别和选择目标行为	选择的目标行为要符合儿童的年龄水平和现有能力水平		儿童有能力直接或间接展现的目标行为
2. 选择和准备所需设备	通用设备类型一般包括以下几个方面： 录制设备：手机、三脚架、玩具等 播放设备：电视、电脑、智能手机交互白板等 存储设备：U盘、移动硬盘等 工作分析：将一串连续性的行为分解成数个步骤		除通用设备外，根据儿童的能力水平，可能需要准备一些视觉提示材料，如图卡。同时可能需要另外一名研究支持者进行协助拍摄
3. 对技能工作进行分析并收集基线数据	基线数据：在干预前，研究者对要干预的目标行为进行观察、记录，并整理相关数据资料，分析儿童现有能力和所需的支持		
4. 制订拍摄录像计划	（1）决定采用何种录像示范类型 （2）编写一份录像示范提纲 （3）让所有参与研究的人员理解拍摄计划和目的 （4）负责协助的研究人员要清楚拍摄过程中需给予儿童什么样的提示（口语、视觉、身体等）和提示的程度 （5）摄像者需要抓住拍摄的重点		
5. 录制视频	如果录像示范者是成人，最好是一次性录制一段完整的无差错的视频；如是儿童，可以先对其进行培训再让其录制视频	不管是支持者亲自录制还是借助三脚架录制，录制设备需从儿童操作视角进行拍摄，如对于系鞋带这一目标技能拍摄者应从儿童系鞋带时所展现的视角进行拍摄；每段视频时长最好不超过 3 分钟	要在自然环境或能引发目标行为的环境下录制视频；录制过程中要根据情况给予儿童适当提示
6. 编辑录像	一般性编辑步骤包括以下几个方面： （1）输入拍摄的原始录像材料到编辑软件 （2）剪切并拼接所需部分的录像材料 （3）决定是否使用固定镜头以重点呈现目标行为，固定镜头可以使用照片或录像中独立画面 （4）降低或消除多余的声音 （5）添加旁白或字幕 （6）添加背景音乐 （7）保存编辑好的录像材料		除一般性编辑步骤外，在录像结尾，可以添加对成功完成目标行为的鼓励性或表扬性话语，如"做得好""你真棒"等
7. 播放录像	（1）让儿童利用其之前选择的播放设备，完整地、不被打扰地观看编辑的录像 （2）在安静的环境中播放录像 （3）探寻适合不同儿童的录像播放时间和频率 （4）播放完录像立即对儿童进行实践教学		
8. 看完录像后，促进儿童技能发展	不要只使用录像示范进行教学，可以搭配其他的教学策略促进儿童的技能发展		
9. 观察儿童进步情况，决定是否需要对录像进行调整	通过对儿童表现出的目标行为进行观察，记录分析儿童的进步情况，如果结果不理想，则需对录像做出相应调整		
10. 如果进步缓慢，则解决问题	如果儿童进步情况不理想，可以从以下问题进行反思： （1）录像播放的频率是否合适。 （2）录像播放的环境是否合适。 （3）录像材料的时长是否合适。 （4）录像呈现的目标行为的步骤是否过多。 （5）录像呈现的目标行为与儿童现有能力发展水平是否符合。 （6）示范者的性别、年龄或与儿童的关系是否影响了其学习的效果（针对基本录像示范）		

表格来源：翁盛,魏寿洪.录像示范法在自闭症儿童社交技能训练中的应用［J］.中国特殊教育,2015.

（二）模仿（如图 7-5）

图 7-5　行为训练之模仿案例

在资源教室辅导过程中，教师讲解社交技能步骤时，可配合动作或语言，讲解完后以视频的形式直接呈现或同伴示范，让特殊儿童直观感受并且能够自己模仿学习。在同伴进行示范时，要求其能够准确、恰当地进行示范，通过有趣的表达方式让特殊儿童保持注意力集中；同时，示范者还需根据特殊儿童的能力及时调整示范的方式、速度、节奏等，让特殊儿童主动且有效地进行模仿学习。

针对模仿训练，可以采取以下几点建议：①遵循从易到难的原则；②培养特殊儿童模仿的动机；③提高特殊儿童的注意力，让其学会观察；④模仿训练重要的不是其动作的精确性，而其模仿意识的清晰化。例如，在进行"倾听"技能教学时，教师先呈现该技能相关步骤：面向并看着对方；边讲边找一位同学搭档做示范，让学生看；讲完让学生观看视频，寻找正确与错误的倾听做法；最后再让学生两两练习。

（三）同伴介入

同伴介入是指在专业人员的监督、系统化地计划下，运用年龄相近或跨年龄、角色相似或不同的同伴作为资源，有结构性的相互帮助，达到促进其学习的目的。同伴在这一过程中不是取代教师的位置，而是在教师正常教学以外的补充设计，教师仍处于主要教学位置。同伴介入要得到良好的辅助效果，首先需要对同伴以及特殊儿童有充分的了解，在详细规划实施程序的基础上，对同伴和特殊学生适当配对，以使其得到适当的辅助，同时对其同伴的发展和教育起到良好的推动作用。一般来讲，同伴介入包括下面几种类型：①异质同伴介入，指同年龄、高成就学生教低成就学生；②同年龄同伴介入，指同年龄水准相当的同伴相互教导；③跨年龄同伴介入，指由高年级学生教低年级学生；④反向角色同伴介入，指障碍学生教导普通学生。

在融合教育环境中，同伴介入是通过同伴影响的自然过程促进特殊儿童的学习与行为进步，是一种值得推广的介入方式。同伴介入后，特殊儿童的学习成绩、社会技巧都可以得到提升，同伴的及时反馈也可以增加特殊儿童在课堂上的专注行为，这些同伴间的互动类化效果在很大程度上优于成人或教师的指导效果（Greenwood、Carta & Kamps，1990；Davenport，Arnold & Lassman，2004）。更重要的是，反向角色同伴介入策略，一方面能够提高特殊儿童的学习技能、沟通技巧和社会互动能力；另一方面还会在很大程度上增强特殊儿童的自信心（Bond & Castagnera，2006）。同伴介入策略以一种互相帮助的教学方式，有效促进了融合教育。

三、情境体验模式

（一）自然情境体验

情境体验是指，以现实生活经验或场景为蓝本，设计或模拟一些类似的故事情境，通过观察或实际操作的方式理解和感知某种行为反应的方式。在资源教室里，教师可设计多种社交情境，如与他人见面时的问候、寻求帮助、拒绝他人邀请等，让学生可以体验各种社交情境，进而明白如何处理社交问题，以及在社交情境下如何表现。下面是为资源教室教师设计的"拿东西要经过他人同意"的情境体验活动。

情境描述：特殊儿童和同伴需要分别完成一幅画，特殊儿童需要画一道彩虹，为了画出自己喜欢的彩虹，特殊儿童需要更多颜色的画笔。当特殊儿童未经同伴允许就直接伸手去拿同伴的笔时，教师要及时制止，特殊儿童有借用同伴彩笔的需求，但是不知道如何正确表达时，教师可引导特殊儿童用正确的方式向同伴表达需求，如：××，我可以用下你×色的画笔吗？同时，教师要鼓励和引导其同伴分享自己的画笔给特殊儿童。这样，在同一情境中，就不仅让特殊学生知道拿他人的东西要经过他人的同意，也帮助其同伴体会了分享的乐趣。

（二）角色扮演

角色扮演主要指的是，在实际教学过程中，教师通过引导的方式来让特殊儿童扮演教材中的人物角色，通过角色扮演来帮助特殊儿童掌握教材中的内容，以此来提高学生学习的积极性。角色扮演主要有以下流程：问题聚焦、角色设计、场景构建、角色表演、分析和总结，相较于传统的教学方式，角色扮演这一教学方式能够最大限度激发学生的学习自主性，让学生主体地位有效地发挥出来。目前，角色扮演已广泛运用于教学中，它能帮助学生更好地感知和体验某种情感、行为或态度。因此在教学活动中，教师可根据教育目标设置模拟情境，有人物有环境，进行相关角色扮演，让特殊儿童体验学习。

1. 结合教学目标创设情境

结合教学目标，教师在资源教室对特殊儿童进行情境辅导时应用角色扮演法。教师首先要明确教学目标，然后结合教学目标创设情境，确保角色扮演法应用的有效性。为此，教师在教学前，一定要针对教学内容进行角色扮演设计，让学生在课前背诵或者掌握需要扮演角色的内容；在表演过程中，教师可以适当地进行指导和帮助，但主要还是让学生自主、自由地发挥。

2. 做好组织指导工作

要想真正发挥资源教室的价值，教师在角色扮演过程中的作用是十分重要的，尤其是面对年龄较小的特殊儿童时。为此，教师一定要先对特殊儿童的情况进行相应了解，按照特殊儿童的兴趣爱好进行角色分配，以此让特殊学生进行组合练习，这样学生在情感上更加容易产生共鸣，进而最大限度激发特殊儿童学习的积极性。

3. 做好评价与总结工作

除了上述两点，教师还需要做好评价与总结工作，这也是较为关键的一步，在这一过程中教师不要急于纠正特殊儿童在角色扮演中存在的问题，更不能在特殊儿童表演的时候打断他们，其间出现的问题可以在完成表演后进行评价和总结。而在对学生进行评价和总结时，教师不要过分打击学生的积极性，可以采用小组互评的方式进行评价，对特殊儿童在角色扮演过程中的动作、语言、发音以及表情等进行多方面的评价，而且在这一过程中最好多对其进行鼓励和表扬，这对于保持特殊儿童学习兴趣有着非常显著的作用。例如，根据"分享"教育目标，设计一个《地狱与天堂》的角色扮演活动，具体步骤为：明确角色（使者、天堂之人和地狱之人）→特殊儿童自由选择角色，教师进行适当调整→讲解各角色的任务→情境布置→角色扮演→分享体会、感受。

第三节　社交技能训练课程的教学设计

一、教学设计内容及要素

不同类型、程度的特殊儿童，在社交技能学习上有不同的需求。社交技能的教学是否有效，与教学的内容密切相关。为了设计出满足学生需求的课程，我们首先需要整理不同类型特殊儿童社交技能教学的内容。一般看来，智力障碍儿童一般注重对其社交基本能力的培养；学习障碍儿童、情绪障碍儿童等则侧重对其注意力、情绪控制能力、冲突处理能力的培养；自闭症儿童需要培养的社交技能应该更具体细致。具体归纳见表7-5。

表 7-5 各障碍儿童社交技能教学内容

障碍类型	教学内容
智力障碍儿童	专心听老师说话、服从教师指令、眼神交流、交谈音量、正确复述的能力、使用礼貌用语、打招呼、表达自我感受、合作、加入活动、解决问题等。
学习障碍儿童或情绪障碍儿童	基本交往技能、情感表达和控制、社会关系技能、课堂交往技能、决策与问题解决技能以及冲突管理技能等。
自闭症儿童、亚斯伯格症及高功能自闭症	了解感情、眼神交流、求助、听指令、专注工作、打招呼、会说礼貌用语、合作、分享、赞美等。

从障碍程度来看，由于轻度障碍儿童认知能力相对较好，能掌握一些技巧，其社交技巧知识丰富而全面。早期适合轻度障碍儿童的社交技巧课程有《小学轻度障碍儿童 ACCPTS 》，其包括以下几个方面的内容。①教室技巧：倾听教师讲话、听从教师指示、完成工作、遵守班规；②互动技巧：眼神交流、说话语气适当、主动与他人交谈、倾听他人讲话、给予他人回应、谈论同样的话题、轮流作报告；③与人相处技巧：言谈有礼貌、会分享、遵守规则、帮助他人；④交友技巧：注意仪容、保持微笑、对他人进行赞美；⑤应对技巧：被他人拒绝时、生气时、被他人伤害及戏弄时、被他人强迫时、事情进展不顺利时的应对技巧。王欣宜等设计的《轻度智能障碍学生社交技巧教学活动课程》包括四个方面的内容：教师学习、与人沟通、主动技巧、与他人的互动技巧，共 33 个教学活动单元。

特殊儿童在上课过程中，很难长时间集中注意力或维持良好的状态，因此，在整个教学流程中需要设计多种教学活动，从认知、行为等方面辅助学生学习。

关于社会交往障碍儿童的教学流程图如图 7-6 所示。

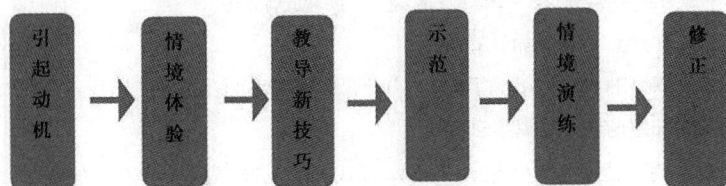

图 7-6 教学流程

二、教学设计案例分析

根据以上教学流程，结合特殊儿童自身能力与需求，对其进行恰当的课程与教学设计。以下为针对特殊儿童需求进行的团课教学设计（表7-6），课程主题为"邀请"，主要围绕热身前测认知学习练习后测的教学框架设计教学。

表 7-6　社交技能课程教学设计案例

课题	社交技能课程教学设计			
执教者	徐××	所属领域	主动交往技能	单元技巧	邀请
学生基本情况	李××、陈××、尹××分别存在自闭症伴轻度智力障碍、注意力缺陷多动障碍、轻度智力障碍			
教学目标	1. 尝试邀请他人 2. 树立邀请的意识，学会如何邀请他人 3. 学会如何应对他人的邀请			
教学准备	白纸若干、水彩笔、纸条若干、图片教学、教案、PPT（含课堂练习）、教具（视频、音频）等。			
课前规则	1. 不擅自离开座位 2. 放轻松 3. 举手回答问题			
教学环节	1. 热身活动 "大风吹"游戏规则：现场学生手牵手围成一个圈，老师站在圈内喊口令，"大风吹，大风吹，吹到穿白色衣服的"，其他同学围着老师转，听到口令后，穿白色衣服的学生在3秒内与老师互换位置，不得站错。 2. 情境导入 教师：同学们好，今天我们班又来了一位新同学哟！大家看看是谁呢？（助教引导新生自我介绍） 教师：好，那我们知道了这位同学叫××，那班里的同学也介绍一自己，让新同学认识一下。（李××和陈××做自我介绍） 3. 前测：尝试邀请 教师：那我们开始今天的课程，上节课我们学了一段舞蹈，有谁愿意向大家展示一下吗？（学生配乐展示） 教师：跳得真不错，但是如果两个人跳的时候还会那么棒吗？现在请同学们两两组合试一试，大家要自己找一个搭档一起跳。（助教放音乐） 4. 认知学习——学会如何邀请 教师：刚刚同学们都找到了自己的舞伴，那老师想知道你们是怎么找到小伙伴的？你有对搭档说什么吗？（学生回答） 教师：我们想要别人和我们一起跳舞，所以我们是去"邀请"别人。（板书：邀请）。 教师：那"邀请"是什么意思？邀请就是请求别人和自己一起做某件事或者去某个地方。你们刚刚找另一位同学和你们一起跳舞，就是在"邀请"。那我们在邀请对方的时候该怎么说呢？（拿出字卡）。			

教师：现在老师想找个人一起玩，但不知道怎么跟他（她）说。你们能帮帮老师，把这几个词拼成一句说呢？（拿出带词的字卡）话吗？（呈现图片，请同学帮助拼）

教师：嗯，很棒，谢谢。请大家自己读一读（重复三次）。

5. 练习——学会如何回应邀请

教师：（问被邀请跳舞的同学）刚才××找你做他（她）跳舞的搭档，你答应了他（她），所以你和他（她）一起跳舞了。那如果你不愿意和他（她）一起跳舞你该怎么说呢？（板书加"回应"）（学生回答）

教师：嗯，我们可以摇头拒绝，但是我们要委婉地拒绝。有一个人想找老师去看电影，但是老师没空，你们来帮老师想想怎么回答他？（呈现"对不起、我、明天、没空、谢谢"等图卡，由学生拼，呈现3组左右）

6. 后测——示范与演练

教师播放视频，学生观看学习"邀请与回应"。

学生进行情境演练，两两一组再次练习，抽情境卡，进行不同的邀请练习。

邀请同伴一起画画

邀请同伴一起看书

7. 作业：做生日邀请卡

8. 教学反思

第四节　社交技能训练案例分析

资源教室社交技能训练需遵守一定的辅导程序，一般来说，资源教室社交技能训练包括接案—社交技能评估—个别化课程与教学设计—社交技巧成效检验四个步骤。以下将以陈××的资源教室社交训练流程为依据，进行资源教室社交技能训练的详细描述。

一、研究对象

陈××，男，9岁，目前就读于重庆市渝中区×小学二年级，其母孕期身体正常，无家族疾病遗传史，障碍类别为注意力缺陷多动障碍，家庭经济状况基本良好，父母对他较为溺爱，主要照顾者为母亲。特殊儿童在校问题主要是：行为问题，课堂上行为扰乱教师的授课进度，社交技能缺乏，与同伴的关系较差。

二、研究方法

该研究运用了调查法、访谈法和观察法。

调查法：通过采用《社交技能评量表》，了解特殊儿童社交技能相关问题，从而为本研究的开展提供研究内容。

访谈法：通过与教师的交流了解特殊儿童的个人特质、家庭状况、学校适应状况与社交状况，对学校教师、同伴及特殊儿童本人进行社交方面的访谈，由访谈对象同意，记录访谈内容并整理备案，保证访谈资料的原始和客观。

观察法：研究者进入资源教室课堂，以非参与方式对学生的课堂行为进行一日活动观察，记录学生的社交课堂问题表现。

三、研究过程

确定研究对象为陈××后，使用各项评估工具对其进行社交技能的评估。首先，采取一日活动观察表记录陈××在教室的日常人际关系；其次，使用自编的访谈提纲，对任课教师、班主任、同伴及陈××进行社交方面的相关访谈，了解陈××的基本情况；然后，使用《社交技能评量表》对陈××进行社交技能方面的评估；最后，综合各种收集的资料，形成评估结果报告。

根据评估结果，针对性地设计个别化教育计划，设计社交技能课程、设计教学计划，并开展教学，记录学生的变化情况，再适时地调整教学内容。

四、研究结果与建议

（一）评估结果

社会技能领域评估结果报告

学生：陈××　　　　　　性别：男　　　　　　年龄：9 岁

评量人员：任××　　　　评量日期：2016 年 3 月 8 日

1. 评量结果（表 7-7）

表 7-7　评量结果

评量工具／方法	评量者	评量日期	评量结果概要
《社交技能评量表》观察、访谈	任××	2016 年 3 月 8 日	该生目前的社交技能情况是能较好地主动交往，交互技能和个人能力相对较好，在社区和工作相关技能方面表现较差。经鉴定该生患有多动症，注意力不集中伴有行为问题。这影响其与同伴的关系，由于年龄尚小，未涉及太多社区和工作相关技能。

2. 评量表各领域结果分析（表 7-8）

表 7-8　各领域结果分析

领域	优势	劣势	建议训练目标
学校相关规行为	该生能灵活使用自动饮水机	1. 缺乏餐桌礼仪知识、不能服从学校教师及相关人员的指令、不能排队等候等 2. 不能处理在学校中受到的指责 3. 该生未曾使用校车、休息室设备等	1. 提升餐桌礼仪知识 2. 能处理在学校中受到的指责 3. 排队等候 4. 熟练使用学校基本的设施（如运动场设施、休息室、教室等基础设施）
个人技能	该生非常喜欢接受扬，能表达热情；有分场合穿着、使用语言的能力	1. 不会使用礼貌用语，不能诚实待人接物等 2. 不能保持仪容整洁、与同伴在游戏中轮流、自我控制能力差等	1. 恰当使用礼貌用语 2. 保持仪容仪表的整洁 3. 与同伴协商 4. 轮流 5. 恰当对待失败或挫折 6. 恰当表达情绪
主动交往技能	该生有关系较好的伙伴，同伴之间打招呼、帮助、玩耍、借物品等行为表现良好，能通过肢体或动作获得他人关注，能主动与他人交谈，能表达高兴等情感，能赞美他人、表达同情心等	不能介绍自己和他人，不会道歉、邀请、向他人表示祝贺、获取赞美等	1. 自我介绍 2. 介绍他人 3. 犯错后主动道歉 4. 邀请同伴游戏 5. 祝贺他人
交互反应技能力	该生能尊重他人隐私，和长辈和谐交流相处，遇到熟人会表示微笑、维系谈话，会拒绝他人、不戏弄他人	1. 不能礼貌的倾听，不能参与集体活动，不能给他人提供帮助，不能接受不同于自己的观点、应对别人的情绪、恰当地问候他人 2. 加强建立：维系一段稳定的友谊。识别他人情绪，应对来自同伴压力，恰当回应他人的招呼等	1. 学会倾听他人讲话 2. 参与集体活动 3. 识别他人情绪 4. 恰当应对他人情绪 5. 提供帮助

续表

领域	优势	劣势	建议训练目标
社区相关技能	该生会服从社会相关人员的命令，在公共场合会尊重他人，能使用电话等通信工具	该生没有良好的倾听行为，参与活动/游戏时无游戏精神，公共场合乱扔垃圾	1. 公共场合行为礼貌和举止端正（如爱护公物、不乱扔垃圾等） 2. 表现良好的倾听行为

从评估结果可以看出，目前特殊儿童在社交技能方面的情况是：主动交往技能最好，交互技能和个人能力次之，在社区和工作相关技能方面表现较差。经鉴定，该生患有多动症，注意力不集中，且伴有行为问题。这主要影响其与同伴关系。由于年龄尚小，未涉及太多社区和工作相关技能。

3. 观察结果及分析

（1）观察结果（评估）。通过对特殊儿童一日观察，可以发现：特殊儿童智力正常，反应敏捷，回答问题时语言表达能力良好，音量适中；评估开始时特殊儿童坐姿端正，10分钟后会不停乱动，经老师提醒后会改正，但一会儿后会再次乱动；完成任务态度很认真；评估时会看老师和评估材料，不会被旁边的观察人员干扰。特殊儿童在上课期间基本能够遵守课堂规则，但教师需要事先给特殊儿童讲清楚上课流程，若上课流程中途发生改变或特殊儿童不知晓要做的事情，其会有较大的情绪。不愿意分享，被动沟通。特殊儿童能够认识一些简单的文字，并在教师的指导下读出来。课堂上，特殊儿童的注意力只能保持一小段时间，需要他人不断提醒，课堂内容有趣的话其注意力保持时间稍长；课堂上会有行为问题或不适当的课堂行为（吐口水、多动离开座位、干扰同学、撕纸等）。

（2）访谈结果。由于特殊儿童已经在普通小学就读，妈妈希望特殊儿童能够在社交和其他行为上有较大改变和进步。在学校，如果有同学给该特殊儿童打招呼，他起初会推开别人，现在会自己走开。如果特殊儿童的社交技能太差，会很难融入班级。老师和同学认为该特殊儿童的社交能力不足，不懂得如何与人交往。

（3）评量结果：当遇到不会的习题时，先会随意选择答案，被询问理由时，可以做出适当解释，没有表示不耐烦。语言理解和接受能力良好。话题转换能力良好，交流沟通自然顺畅。

4. 建议

随班就读学生：主要是提升餐桌礼仪知识水平，了解排队等候、建筑设施使用等规则；需加强保持仪容整洁、情绪表达、与同伴协商、维系一段稳定的友谊关系的能力；学会辨别他人情绪，合理应对来自同伴的压力，恰当回应他人的招呼等社交能力。

普通学生：平等友好，尊重与接纳同学，帮助其实现遵守课堂纪律、教室规章，保持课桌椅整洁的目标，建立积极的情绪。

教师：帮助随班就读学生正确地表达社交情绪，提升社交技巧；提高特随班就读学生熟练使用学校基本设施的能力（如运动场、休息室、教室等地的基础设施）；帮助特殊儿童恰当对待失败或挫折、表达情绪等基本能力，改善不佳行为，发展与同学的友谊关系；增强随班就读学生自信心；提高随班就读学生学习水平，激发主动学习兴趣。

父母：学习基本的教学方法；建立基本的家庭常规；提高随班就读学生使用礼貌用语的素养、保持仪容仪表的整洁；应对他人的愤怒情绪；在公共场合表现礼貌行为和举止（如爱护公物、不乱扔垃圾等）；养成良好的倾听行为；在生活中习得交往技能，和学校积极合作沟通，促进家校合作，发挥家庭教育的重要作用。

（二）设计个别化社交技巧训练课程

根据评估结果，了解随班就读学生社交技能优势、劣势及社交需求之后，形成个别化训练课程：《陈××个别化社交技巧训练课程》课程形式分为团体课和个训课。团体课的教育目标来自参与学生的共同目标，个训课的教学目标为学生差异目标；教育安置为每周到融合教育指导中心进行两次社交课程，一次为团体课，一次为个训课。以下为陈××个别化社交技巧训练课程的范例。

1.3～7月社交技巧课程长期目标

（1）提高学校相关常规技能

（2）提高个人社交技能

（3）提高主动交往技能

（4）提高交互反应能力

（5）提高社区相关技能

2.3～7月社交团课课程总目标

3～7月社交团课课程见表7-9。

表7-9　3～7月社交团课课程

	第一周	第二周	第三周	第四周
三月			1.1 遵守教室、课堂常规	1.2 愿意分享规则
四月	4.6 能称赞他人	3.1 使用礼貌用语	3.2 交谈音量	1.3 主动寻求帮助
五月	6.1 倾听	3.4 保持仪容整洁	4.2 道歉	5.3 处理来自伙伴同伴的压力
六月	3.3 面对失败	3.6 与同伴协商	4.4 介绍他人	5.1 接受不同的观点
七月	6.3 公共场合表现礼貌和举止端正	3.5 应对被冷落的状况	4.5 祝贺长辈或同伴	5.2 回应他人的抱怨
	6.1 倾听	3.4 保持仪容整洁	4.2 道歉	

3.3 ~ 7月个训课课程目标（表7-10）

表7-10　3 ~ 7月个训课课程目标

	第一周	第二周	第三周	第四周
三月			1.5 提高课堂中对老师、教学内容的注意力	1.6 保持课桌椅整洁
四月	2.4 排队等候	2.2 提高餐桌礼仪知识水平	2.3 遵守餐厅规则	月主题活动
五月	3.7 恰当表达愤怒情绪	3.8 在游戏中会轮流	4.3 邀请	月主题活动
六月	5.8 能够维系一段稳定的友谊关系	5.9 识别他人情绪	5.10 跟他人打招呼	月主题活动
七月	6.4 公共场合礼仪知识	5.11 依据场合调整语言和声调	课程总结及总结性评量	月主题活动

五、研究教案示例

上课教学设计示例见以下内容。

（一）"赞美他人"教学设计（表 7-11）

表7-11　"赞美他人"教学设计

课题	赞美他人				
执教者	李 ×	学科	团课	时间	2016 年 5 月 6 日
学生基本情况	3 名学生分别存在自闭症伴轻度智力障碍（以下简称"a"）、注意力缺陷多动障碍（以下简称"b"）、轻度智力障碍（以下简称"c"）。 学习态度：a 学习态度较好，b 与 c 学习态度一般。 学习风格：3 名儿童都属于场依存型（场独立型 VS 场依存型）；c 属于沉思型，a 与 b 属于冲动型。 学习动机：a、b 的学习动机强，c 的学习动机一般。				
教学目标	具体教学目标： 1. 知道赞美他人很重要 2. 学会发现他人身上的闪光点，赞美他人 3. 学会接受他人的赞美 自我管理目标： 1. 不擅自离开座位 2. 深呼吸，放轻松举手回答问题	个体目标： a:1. 知道赞美他人很重要 2. 学会发现他人身上的闪光点，赞美他人 3. 学会接受他人的赞美 b:1. 知道赞美他人很重要 2. 能在老师提示下，发现他人身上的闪光点，赞美他人 3. 会以口头方式接受他人的赞美 c:1. 知道赞美他人很重要。 2. 会以口头方式接受他人的赞美			设计理由： a: 存在自闭症伴轻度智力障碍，喜欢口头表达，冲动且易受环境影响，对听觉刺激较为敏感，安排其参与角色扮演旨在提升其社会交往能力 b: 存在注意力缺陷多动障碍，好动、喜欢口头表达及模仿，冲动且易受环境影响 c: 存在轻度智力障碍，不善言辞，沉稳且易受环境影响，对视觉刺激较为敏感
教学重难点	重点： 1. 知道赞美他人很重要 2. 学会发现别人的闪光点，赞美别人 3. 学会接受他人的赞美 难点： 1. 学会发现他人身上的闪光点，赞美他人。 2. 学会接受他人的赞美。				
教学准备	材料： 1. 教案 2.PPT（含课堂练习） 3. 课后作业单 4. 教具等注意事项：提前强调课堂规则				

	教师活动	学生活动
热身活动：游戏"你说我猜"	每位同学描述班上某位同学，可以从衣着外观、兴趣爱好 特长等方面进行描述，其他同学猜猜该同学描述的是谁？	观察与描述同学。其他同学观察班上的同学，猜出正确答案
情境导入：赞美很重要	一、现场体验——催促作业的两种方式 1. 教师用严厉话语描述学生不按时完成作业的情况。询问学生感受。 ①这些话谁对你说过？ ②听到这些话你的心情？ ③我怎么说会令你开心？ 2. 教师用好言好语描述学生不按时完成作业的情况。询问学生感受。 二、观看视频《令人嘴甜的口红》，回答问题 1. 大雄没涂口红之前，对爸爸妈妈说了什么？ 他们听了大雄说的话之后做了什么？ 他说妈妈像凸眼金鱼，爸爸画的画看起来很难看；爸爸妈妈都很生气，妈妈不给大雄发零花钱，爸爸要收回给大雄的苹果。 2. 大雄涂上口红之后对其他人说了什么？ 他得到了什么？ 他说妈妈像明星一样漂亮，很崇拜爸爸，说坏脾气的老爷爷像武士一样神气，小偷跑得很快，像世界冠军，恶犬非常威风；大家听了都很高兴，妈妈给大雄零花钱和蛋糕，朋友们给他好吃的，怪脾气的老爷爷给他柿子，小偷把偷来的东西送给他，恶犬也想把它的吃的送给他。 ） 3. 为什么会有这样的变化？ 大雄使用令人嘴甜的口红后开始赞美他人。 三、说一说 回忆之前被他人夸赞的经历，当时他人怎么夸我们的？我们的心情怎么样？	在教师两种催促方式下自己的不同心情，被夸奖时的愉快体验 回答问题，知道大雄"嘴甜"后能带来好处，认识到赞美他人很重要 回忆被赞美的愉快体验，切实体会到赞美他人，他人也会愉快
前测：如何赞美	发现闪光点： 教师向特殊儿童展示熟悉的卡通人物，如喜羊羊、美羊羊、沸羊羊和懒羊羊，让特殊儿童依次寻找他们身上的优点。然后教师进行总结，这些卡通人物身上有很多优点，我们每个人也是。想要赞美他人，我们首先要找到他人身上的闪光点 "甜言蜜语"游戏（1.0）游戏规则：涂上口红的A，赞美B。B感到很开心，给予A"报答"	思考与回答问题 理解规则，进行思考与表达

续表

	教师活动	学生活动
认知学习——学会如何赞美	教师总结可以赞美的内容： 1. 外观穿着：长得可爱／漂亮／帅气、眼睛好看、衣服好看、鞋子好看…… 我们可以说： ——你长得真可爱！ ——你今天的衣服很帅气！ ——你的新鞋子真漂亮！ 2. 言行举止：懂礼貌、乐于助人、上课不讲话、能保持安静、不打架、爱劳动…… 我们可以说： ——你真懂礼貌！ ——你总是帮助别人，很值得我学习！ ——你今天扫地扫得真干净！ 3. 学业表现：语文／数学／英语……成绩好 我们可以说： ——你的语文真厉害！ ——你的数学学得真好，我很佩服！ ——你的英语真不错，我要多向你学习！ 4. 兴趣特长：画画好、唱歌好、跳舞好、会乐器、体育好、打游戏打得好…… 我们可以说： ——你画画得真好！ ——你唱歌太好听啦！ ——你跳舞的样子真有魅力！ 四、情境——不高兴的赞美 在一次班级联欢会上，丁丁唱了一首《东风破》，结果由于太紧张，丁丁唱跑了调，而且有的歌词也唱错了。丁丁垂头丧气地走下讲台，小红迎上去，拍手赞美丁丁："你唱得太棒了，简直比周杰伦唱得还要好呢！"丁丁"哼"了一声，头也不抬地走开了。（歌手和歌曲结合学生实际认识的歌星可做变化） 交流感受： 1. 你认为小红的赞美合适吗？为什么？ 2. 如果你是小红，你会怎样做？请用赞美的力量来帮助丁丁！ 教师总结：看来不恰当的言语不仅起不到赞美的作用，而且会让人感到不愉快。所以，赞美他人一定要态度诚恳、内容真实、场地适合、用词准确。只有发自内心深处的真诚赞美才能以真挚的情感感染他人，给人以温暖。 教师总结，赞美就是对别人的优点、长处、优秀品德发出真心的赞美。赞美是发自内心的真诚表达，而不是无中生有或卑躬屈膝、嘲讽、拍马屁。 开始赞美小测试，了解学生是否会恰当赞美别人。	思考与回答问题 倾听与理解

	教师活动	学生活动
练习——学会如何赞美与回应赞美	一、学生讨论：假如你遇到以下的情况，你会怎样赞美别人呢？ 1. 班上有一位同学唱歌好听，我会对他说："……" 2. 妈妈穿了一件新衣服，我可以对她说："……" 3. 同学在竞赛中得奖，我想对他说："……" 二、教师提醒 我们在赞美的时候要善于抓住别人的优点，假如一位同学的优点不明显，我们可以看到他的进步。假如看不出一位同学的优点，那就更我们就更需要了解他，发现他的美好品质与特长。这就需要大家平时做一个有心人，善于观察，发现同学的优点和进步。 三、回忆《令人最甜的口红》视频（必要时可再放一遍） 教师：当大雄赞美他人时，他们给了大雄什么？（蛋糕、零花钱 好吃的……） 四、接受他人赞美 教师：如果别人夸了你，你会怎么做？或者你曾经在别人夸你的时候做了什么？ 五、教师总结： 当我们获得赞美时，要予以"报答"（口头的"谢谢"、回夸食物、礼物……）	讨论与理解 观看视频，思考回答问题 、 回答问题 倾听与思考
后测——示范与演练	"甜言蜜语"游戏（2.0） 游戏规则： 涂上口红的 A，赞美 B。 B 感到很开心，给予 A "报答"。 要求：学生从 4 个角度对同学进行赞美。（教师注意引导学生从内在的角度进行赞美）	参与情境
小结	我们要学会发现他人身上的闪光点，并赞美他人。赞美能让他人开心与高兴。但是赞美是发自内心的，不是无中生有或者拍马屁。当他人真心夸我们时，我们也要表示感谢	
作业	课后练习（夸一夸我们周围的人：同学、教师或者家人；要求：从 4 个维度进行赞美）	

（二）"学会聊天"教学设计（表7-12）

表7-12　"学会聊天"教学设计

课题	学会聊天			
执教者	余× 　学科　 团课		时间	2016年6月8日
学生基本情况	3名学生分别存在自闭症伴轻度智力障碍（以下简称"a"）、注意力缺陷多动障碍（以下简称"b"）、轻度智力障碍（以下简称"c"）。 学习态度：a学习态度较好，b与c学习态度一般。 学习风格：3名儿童都属于场依存型（场独立型VS场依存型）；c属于沉思型，a与b属于冲动型。 学习动机：a、b的学习动机强，c的学习动机一般。学习动机：a、b的学习动机高，c的学习动机一般。			
教学目标	具体教学目标： 1. 掌握开启对话的时机 2. 懂得与他人对话要有礼貌 3. 了解与他人对话的合适话题 自我管理目标： 1. 不擅自离开座位深呼吸，放轻松 2. 举手回答问题	个体目标： a:1. 知道开启对话的时机 2. 懂得与他人对话要有礼貌 3. 了解与他人对话的合适话题 b:1. 能在老师提示下，知道什么时候不可以开启对话 2. 懂得与他人对话要有礼貌 3. 能在老师提示下，知道与他人对话的合适话题 c:1. 能在老师提示下，知道什么时候可以开启对话。 2. 懂得与他人对话要有礼貌 3. 知道与他人对话的合适话题。		设计理由： a: 存在自闭症伴轻度智力障碍，喜欢口头表达，冲动且易受环境影响，对听觉刺激较为敏感安排其参与角色扮演，旨在提升其社会交往能力。 b: 存在注意力缺陷多动障碍，好动、喜欢口头表达及模仿，冲动且易受环境影响。 c: 存在轻度智力障碍，不善言辞，沉稳且易受环境影响，对视觉刺激较为敏感。	
教学重难点	重点： 1. 掌握开启对话的时机 2. 知道与他人对话要有礼貌 3. 了解与他人对话的合适话题 难点： 1. 掌握开启对话的时机 2. 了解与他人对话的合适话题			
教学准备	材料： 1. 教案 2.PPT（含课堂练习） 3. 课后作业单 4. 教具等注意事项：提前强调课堂规则			
教学环节	教师活动		学生活动	
热身活动："大风吹"游戏	教师让学生们围成一个圈，然后大风吹"吹……的人"，有相同特点的学生切换位置。		倾听指令，思考	
情境导入：开启对话	1. 了解说话的重要性 情境设置，提问学生：你愿意和这些人聊天吗？为什么？（用词不礼貌、自说自话、打断别人等） 2. 教师总结 说话是很重要的 3. 怎样开启话题 （1）主动和他人打招呼。 （2）观看相关对话视频，回答问题。 （3）视频中的大毛在干什么？（学英语） （4）布丁在和大毛聊什么？（关于奥特曼的事情） （5）大毛感觉怎么样？（很烦，不想听）			

课题	学会聊天	
前测：如何聊天	 4. 情境呈现，进一步了解不宜对话的情境 （1）上课时 （2）别人生病时 （3）别人已经在聊天 同学们讨论还有哪些不能对话的时候，教师总结。	
认知学习——学会如何维持话题	测一测 1. 老师现在正在忙，你想跟老师说话，你应该怎么说 2. 明明和红红正在聊一部动画片，正好你也很喜欢，你想和他们一起聊动画片，你应该怎么说 一、对话要有礼貌 1. 观看视频，回答问题 （1）视频中的小女孩做错了什么（打断了姐姐的讲话） （2）姐姐告诉我们和他人交谈时应该怎么做？（不要打断他人，慢慢讲，讲清楚） 2. 了解礼貌用语 （1）观看视频，回答视频中说了哪些礼貌用语？（谢谢、您好、请问可不可以、对不起、没关系） （2）想一想还有哪些话是很礼貌的 二、适合的话题 （1）观看视频，回答问题 （2）教师总结：当我们和他人聊天时，可以聊一聊大家都喜欢的，或者他人喜欢的 三、其他话题 （1）想一想除了聊共同话题，还可以聊什么呢 （2）教师总结：节日、假期经历等	观看视频，回答问题 倾听与思考
练习——学会聊天	四、不适合的话题 1. 他人的短处、痛处（和批评／赞扬他人的课程联系，想一想怎么表达更恰当）。观看视频，回答问题。 （1）布丁和大毛说了些什么（英语考得很差，才55分） （2）大毛的感受怎么样（很生气） 2. 让同学们想一想还有哪些不合时宜的聊天话题。 （1）他人的隐私。 （2）他人不感兴趣的话题 五、想一想，在对话的时候我们还应该注意哪些 （1）积极回应他人 （2）适当的提问、追问 （3）学会等待（要等他人说完之后自己再说） （4）换一个话 六、让同学们想一想还有哪些不合时宜的聊天话题 （1）他人的隐私 （2）他人不感兴趣的话题 七、想一想，在对话的时候我们还应该注意哪些 （1）积极回应他人 （2）适当地提问、追问 （3）学会等待（要等他人说完之后自己再说） （4）换一个话题	

课题	学会聊天	
后测——示范与演练：结束话题	当我不想聊天了，或者我感受到对方不想聊天的时候怎么办 1. 告诉对方我们还有别的事情 2. 建议我们去做些别的事情 3. 礼貌地结束（再见、下次再聊……）	倾听与思考
小结	通过今天的学习，我们知道了要在合适的时候开启对话，也要注意对话时要讲礼貌，注意哪些话题可以聊，哪些话题不可以聊	
作业单	回去和小伙伴主动聊天	

（三）"缓解压力"教学设计（表 7-13）

表 7-13 "缓解压力"教学设计

课题	缓解压力				
执教者	刘×	学科	个训课	时间	2016 年 6 月 10 日
学生基本情况	学生的学习态度和学习动机一般 学习风格：学生属于场依存型、沉思型；对视觉刺激敏感且不善表达				
教学目标	具体教学目标： 1. 能够正确评估自己的压力，压力过大时，有积极缓解压力的意识 2. 能够使用正确合理的心理疏导方法舒缓各类压力 自我管理目标： 1. 不擅自离开座位 2. 深呼吸，放轻松 3. 举手回答问题				
教学重难点	重点：能够使用正确合理的心理疏导方法舒缓各类压力 难点：能够使用正确合理的心理疏导方法舒缓各类压力				
教学准备	材料： 1. 教案 2. PPT（含课堂练习） 3. 教具（视频、音频）等 注意事项：提前强调课堂规则				
教学环节	教师活动				学生活动
热身活动："举水杯"	一杯水，你能举多久？ 计时器				参与课堂
情境导入：小学生压力	短视频：《现代小学生的压力》 教师：进入学校后，我们会面对越来越多的压力，我们应该如何与"压力"相处并成为好朋友呢？今天我们就来讲一讲缓解压力的办法				学生认真观看视频，思考并回答教师问题
前测：如何缓解压力	教学环节： 1. 缓解压力——精简生活 （根据情境导入进行提问） 教师：刚刚我们看了关于小学生进入学校后的压力，很多压力同时存在我们的生活中，请同学们说一说你们现在同时存在哪些压力呢？（学生回答） 教师总结：当生活中很多压力同时存在时，我们要学会让自己的生活简单一些，有些不必要的事情可以不做，学会选择				环节 1：学生通过在教师引导下认真观看视频，思考与讨论教师提出的问题

课题	缓解压力	
前测：如何缓解压力	2. 缓解压力——学会放下 游戏"挑战自我"：一本书，你能举多久？ 要求：手托书本，手臂平举，与肩同高，不得随意抬高、降低或者手臂弯曲。在此期间不得换手，不得手放下，也不能让任何物品支撑手臂。 教师：从这个游戏中你领悟到了什么 总结：当产生压力时，我们要学会放下压力，更好的面对学习和生活。 3. 缓解压力——换个角度想一想 （1）播放视频：《美国前总统罗斯福的故事》——罗斯福家中被偷，他写给朋友的回信 教师提问：从这个故事中，你体会到了什么？当压力过大时，我们可以换个角度来想一想 （2）教师列举几个案例，同学回答，当发生这些事情时，换个角度想想 案例1——竞选班长压力太大时，我会这样想…… 案例2——考试题目不会做，感受到压力时，我会这样想…… 4. 缓解压力——合理宣泄 教师配图讲解 原则：不伤害自己，不伤害他人	
认知学习——学会如何缓解压力	教学环节：缓解压力——学会放下 游戏"挑战自我"：一本书，你能举多久？ 要求：手托书本，手臂平举，与肩同高，期间要始终保持，不得随意抬高降低或者手臂弯曲。其间不得换手，不得放下，也不能让任何物品支撑手臂。 教师：从这个游戏中你领悟到了什么？ 总结：当产生压力时，我们要学会放下压力，更好地面对学习和生活。	环节2：看视频，回答教师问题
练习——学会如何缓解压力	教学环节： 1. 缓解压力——换个角度想一想 （1）播放视频：美国前总统罗斯福的故事 （罗斯福家中被偷，他写给朋友的回信） 教师提问：从这个故事中，你体会到了什么？当压力大时，我们可以换个角度来想一想 （2）教师列举几个案例，同学回答，当发生这些事情时，换个角度怎么想。案例1——竞选班长压力太大时，我会这样想…… 案例2——考试题目不会做，感受到压力时，我会这样想…… 教学环节：缓解压力——合理宣泄 教师配图讲解。原则：不伤害自己，不伤害他人。 2. 问一问——解压公式 （1）问一问自己是什么事情让我们苦恼？可以把它写下来。 （2）这件事最坏的结果是什么，问一问自己能不能接受？ （3）问一问自己有没有办法改变最坏的结果？ 制订计划，付诸行动	环节3：学生说一说
后测——示范与演练	教学环节：解压视频 播放解压视频，教师和学生一起欣赏，缓解压力。	
小结	1. 当产生压力时，我们要学会放下压力。 2. 当压力大时，我们可以换个角度想一想。 3. 当产生压力时，要学会用合理方式宣泄压力。	
作业	收集正确缓解压力的方法，与家人分享并讨论	

（四）"懂得规则"教学设计（表 7-14）

表 7-14 "懂得规则"教学设计

课题	懂得规则			
执教者	周×	学科	个训课	时间	2016 年 7 月 5 日
学生基本情况	学生的学习态度和学习动机一般 学习风格：学生属于场依存型、沉思型；对视觉刺激敏感且不善表达			
教学目标	具体教学目标： 1. 通过课堂活动使学生理解什么是生活常规，以及我们需要规则的约束 2. 通过指认、描述、讨论，让学生明白生活中处处有规则，生活需要常规 3. 通过观看视频、情境表演，让学生明白遵守规则很重要，生活常规必须要遵守 自我管理目标： 1. 不擅自离开座位 2. 深呼吸，放轻松 3. 举手回答问题			
教学重难点	重点：生活中处处有规则，生活需要常规 难点：理解遵守常规的重要性			
教学准备	材料： 1. 教案 2.PPT（含课堂练习） 3. 教具（视频、音频）等 注意事项：提前强调课堂规则			
教学环节	教师活动			学生活动
热身活动："萝卜蹲"	第一次玩游戏时，不讲明游戏规则，进而提问："你觉得这个游戏怎么样？明白游戏规则吗？"			在教师指令下完成"萝卜蹲"游戏
游戏导入："画圆比赛"	同学用圆规画圆，教师直接用粉笔或者铅笔画圆。但教师事先不告诉同学们会提供圆规，在游戏过程中悄悄向同学们提供圆规。 教师：哪位同学画得更圆？通过这个比赛，学生们有什么感受？画圆我们需要一个定点，才能画的更圆。生活中也是一样，我们需要规则的圈定，并且规则需要公平，它只有建立在公平的基础上才能展现它的价值 教师：画圆我们需要一个定点，才能画的更圆。生活中也是一样，我们需要规则的圈定，并且规则需要公平，它只有建立在公平的基础上才能展现它的价值			用圆规和铅笔画圆，通过画圆比赛和教师讲解，初步了解生活常规。游戏过程中学生对游戏结果产生疑问，会引发关于规则与公平的思考
前测：生活常规	教学环节：为什么生活需要常规 教师：请同学说一说生活中有哪些常见规则呢？教师展示一系列常规标识作为说明和补充			环节：学生回答教师问题；在教师引导下认真观看标识图片，明白生活常规，生活中处处有规则
认知学习——懂得生活常规	教师：如果没有这些规则，我们的生活会变成什么样？使学生明白，生活处处有规则，生活需要常规。并且这些规则孩子和大人都要遵守。但父母、教师、学生要遵守的规则会有不同（教师举例说明，可让学生进行补充） 教学环节：《11 只猫做苦工》片段一 观看《11 只猫做苦工》片段一：小猫在旅途中各种不遵守规则，面对"禁止采摘、禁止过桥、禁止攀爬树木、禁止进入口袋"的标识，它们都没有按照标识牌去做，最后被怪兽装进口袋扛走了。 观看小猫们被抓走后做苦工的图片，以及大怪兽被猫猫们推下山的图片。 教师：小猫们为什么会被大怪兽抓走做苦工呢？ （因为它们不遵守规则等，能讲出整个过程最好）为什么大怪兽会被猫猫们推下山呢？ 教师总结：由于不遵守规则，小猫和怪兽都付出了代价，生活中你经历过或者遇到过哪些类似的事情呢？ 对比不遵守规则的危害，遵守规则会有好处，进一步总结归纳。遵守生活常规才能美好生活。			环节：学生观看视频和图片，思考并回答教师的问题

课题	懂得规则	
练习——学习常规知识	教学环节：《11只猫做苦工》片段二 观看《11只猫做苦工》片段二：小猫们回程途中认真遵守了规则，描述整个绘本的故事情节。 教师引导：遵守规则很重要。	环节：学生观看视频二，通过教师引导懂得遵守规则的重要性
后测——示范与演练	这一次教师讲明萝卜蹲的游戏规则，请学生按照游戏要求再一次进行游戏。	
小结	教师活动总结： 1. 生活中处处有规则，生活需要常规 2. 规则是建立在公平的基础上才能显示它的价值 3. 不同角色要遵守的规则会有不同 4. 遵守规则非常重要，否则会产生不良后果	
作业	作业单内容：辨别图片中人物的做法是否正确，若不正确，请说出你认为正确的做法。	学生按照规则完成游戏，更好地体验了游戏的规则。

六、社交技巧成效检验

表 7-15　个案训练前后变化

社交领域	训练前	训练后
学校相关常规行为	有待增加其餐桌礼仪知识；不会听从教师指令、排队等候、遵守学校相关设施食用规则等；不会应对在学校中受到的批评；不曾乘坐校车等。	能遵守餐桌礼仪；能应对在学校中受到的批评；能自己排队等候；能熟练使用学校相关间基础设施，如运动设施、教室的基础设施等。
个人技能	需要加强：保持仪容整洁、情绪表达、与同伴协商、游戏中轮流、自我控制能力、对待挫折、呈现积极状态。	能遵守餐桌礼仪；能应对在学校中受到的批评；能自己排队等候；能熟练使用学校相关间基础设施，如运动设施、教室的基础设施等。
主动交往技能	学会保持仪容整洁；学会情绪表达；学会与同伴协商；学会游戏中遵守次序；学会提高自我控制能力；学会积极面对挫折。	能恰当使用礼貌用语；能保持仪容仪表的整洁；可以在同伴的邀请下与同伴协商；能恰当对待失败或挫折；能恰当地表达情绪。
社交反应能力	不会维系一段稳定的友谊关系；不会察觉他人情绪；不会应对来自同伴的压力；不会恰当回应他人的招呼等。	会倾听他人讲话；能参与集体活动；在老师的引导下识别他人情绪等。
社区相关技能	不会倾听他人讲话；参与活动、游戏时无规则意识；公共场合会乱扔垃圾。	公共场合表现礼貌，如爱护公物、不乱扔垃圾等；表现出良好的倾听行为。

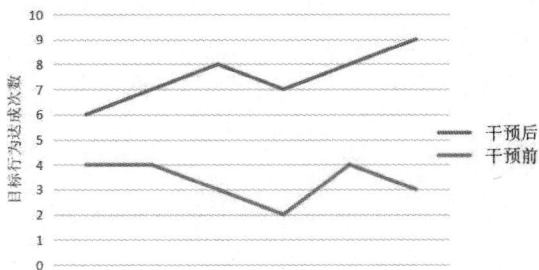

图 7-7　陈 × × 教学目标达成情况对比图

以个别化社交技巧训练课程为依据，对学生进行一定训练后，教师可以根据教学目标记录表对学生的某一项社交技巧成效进行检验，若完成度良好，则进行下一项教学目标，若完成度不高，教师则需修改教学方法或教学内容等进行再教学。以下为陈××在团体课教学中达成"邀请"目标的记录。

表 7-16　教学目标记录表

学生：陈××　　教师：徐××　　　　上课时间：2016 年 4 月 2 日

课程	目标	评量结果	教学策略	支持程度	教学决定
邀请	1. 尝试邀请他人	4	1	☆	Ⅲ
	2. 学会邀请他人的方法	4	1	☆	Ⅲ
	3. 能应对他人邀请	4	2	△	Ⅱ

备注：评估结果：1 分：0～25 达成目标；2 分：26～50 达成目标；3 分：51～75 达成目标；4 分：76～100 达成目标。
　　　教学策略：1——口语提示；2——示范；3——"示范＋口语"；4——角色扮演；5——眼神；6——"眼神＋口语"；7——手势提示；8——部分肢体协助；9——全肢体协助。
　　　支持程度：☆——独立完成；△——需要部分帮助；□——需大量帮助；○——完全协助教学决定：Ⅰ——扩充；Ⅱ——类化；Ⅲ——通过；Ⅳ——抽离；Ⅴ——继续。
　　　支持程度：☆独立完成；△需要部分帮助；□需大量帮助；○完全帮助
　　　教学决定：Ⅰ扩充；Ⅱ类化；Ⅲ通过；Ⅳ抽离；Ⅴ继续

教学后在现实情境中对特殊学生进行教学目标检核，结果显示：陈××已学会邀请他人，并掌握了一定的邀请方法，但在不愿意接受他人的邀请时还是不知道怎么办，需要教师或同伴的帮助。就此检核情况决定在日常生活中对目标 3 进行再教学。最后，把所有收集到的资料进行总结与分析，便形成陈××的社交技能课程相关档案资料。

第四部分　资源教室基本学习能力课程建设与实施

第八章

资源教室基本学习能力课程建设概述

第一节　随班就读学生的学习问题

一、注意力问题

人类在获取外界信息时，通常有三种"通道"。心理学上按照感知觉信息的"通道"来划分人的学习类型，分别是视觉学习型，听觉学习型和触觉学习型。

随班就读学生的注意力问题通常指的是学生在接受听觉、视觉刺激的警觉性或注意力的持续上有困难；即一般人能够花精力完成一些一般任务，而他们却存在困难（如阅读等），但他们对其感兴趣的东西却仍会持续注意（如游戏）。整体上来说，注意力问题包括警觉度低和持续注意力不足两个方面。

（一）警觉度低

警觉度是指人们在执行任务时长时间保持注意力或警惕性的水平。日常生活中，有很多工作岗位需要工作人员保持较高的警觉度，如长途客车司机、飞行员和机场调度人员等。警觉度低表现为对周围事物关注度不高、常常忽视或遗漏重要信息、粗心大意等。具体表现有：①不能持续关注细节，在写作业、做工作或其他活动上经常粗心犯错，比如作业做错、漏做、计算符号看错，生活中经常拿错东西等。②经常看起来不专心倾听他人对自己讲的话，比如在与人交谈时常常会走神，需对方提高音量或多次重复才会听到。③经常丢失活动中需要的物品，比如学习资料、铅笔、文具、雨伞、水壶、电话手表等。④经常在日常活动中忘记事情，比如上学经常忘记带东西（如书、文具等），被他人打断正在做的事情后，就忘记原来要做的事情。⑤容易受外界影响而分心，比如容易分心，时常走神，一旦分心，很难再次集中注意力。

（二）持续注意力不足

持续注意力是指对重要信息的专注持久度（如上课、听课）。持续注意力不足是难以对一个活动保持长久的注意力，会频繁、不自觉地走神，注意断断续续，需要不断提醒等（如提醒其听课），难以决定集中注意力的时间和场合。具体表现有：①在工作或游戏时经常难以保持注意力，比如长时间听课困难、长时间对话困难、长时间阅读有困难。②经常不能按规定把事情做完，比如不能明白包含多个步骤的要求，事情做到一半就停止或放弃。③经常难以规划工作及活动，比如缺乏时间观念，很难规划时间、很难守时；不能规划私人空间，空间规划困难；优柔寡断，难以对多件事件做决定。④常逃避、不喜欢或不愿从事持久注意力的工作，比如逃避写作业、逃避听课。

二、识字能力不足

《义务教育语文课程标准》提到，语言文字是人类最重要的交际工具和信息载体，是人类文化的重要组成部分。语言文字的运用，包括生活、工作和学习中的听说读写活动以及文学活动，存在于人类生活的各个领域。识字能力是学生进行学习的必要条件，进行阅读的基础。对于随班就读的学生来说，其识字困难对阅读能力、书写能力等其他学习能力以及其社会性的发展都会产生重要影响，识字能力不足的学生不仅不能享受阅读的乐趣，还会对其学习水平以及将来的发展造成不利影响。

有研究者将识字困难的标准定义为：有着正常教育机会以及智力水平，同时没有表现出十分明显的器质性或者神经缺陷，然而在识字量上，是正常儿童中能力较差的一类儿童。作为汉语发展性阅读障碍问题里面的一种亚类型问题，汉语识字困难属于阅读困难当中最主要的一种特征。具体来讲，识字困难儿童主要存在如下几个困难：①由于字形表征不精确，常将形状相似的字混写，如"愉快"写成"偷快"，"弧度"写"孤度"。②由于字义表征不准确，识字困难的学生往往出现只知其字不知其义的情况，比如组词时，将天气组成"天氧"。③同意替代时易出现同音替代的情况，无法区分语音相同而意义不同的字，如容易将"功课"和"攻克"混淆。

三、阅读困难

阅读是学习的基础，学生在学习和生活中取得的成就，很大程度上都与阅读有关。而阅读是一个复杂的学习过程，阅读能力不足的学生会出现阅读困难，不能理解文中含义；也常常出现漏读、错读、跳行、添字、漏字、重复等现象。阅读困难儿童在阅读时主要存在以下几个困难：

（一）字义理解能力差

阅读困难的学生对字义的理解能力较差，表现为学过的字或词在文章中出现时却不懂其在文章中表达的意思，比如诗句中出现"天似穹庐"，学生就不明白穹庐表达的意思，由于对字义的不理解，他们难以进行语法分析。字义理解是阅读理解的前提，阅读能力不足，将会影响学生其他方面的学习。

（二）推理能力不足

小学生的思维能力正在从具体形象思维向抽象思维过度，推理能力随着思维的发展会逐渐提高。而阅读能力不足的学生的推论能力也不足，表现为阅读完一篇文章却不知文章的主旨大意，不会统整文章大意；重点罗列不清；推理文章的逻辑能力较差，做题时常常感到挫败感。

（三）理解监控能力差

学生理解监控能力差表现为，阅读困难的学生无法理解文章的内容，无法采用适合的策略进行阅读。理解监控能力差主要是由于学生无法设定目标，在阅读文章时无法采用适合的策略阅读或解答问题；阅读结束后无法准确地进行目标检核；对回答错误的阅读理解题目修正不及时，比如做完题目后应该及时检查，发现错误并及时修改，阅读困难的学生却没有此行为，只能在教师指出后进行修改，并且不知道为什么出现错误和如何进行修正。

四、书写困难

书写困难也称不良书写（poor handwriting），书写障碍或失写症（dysgraphic），学龄儿童中有10%～30%的孩子存在书写困难，在发展性协调障碍和学习困难的学生中有许多表现出明显的书写困难。许多学者认为，早期的书写困难可以作为学习困难的预测指标。

随着年级的升高，学生的书写要求也会提高，书写困难的学生很可能会抗拒或回避学习，不能完成课堂作业或测验，不能按时交作业，撒谎或找借口逃避写作业。他们可能会变得焦虑、抑郁、易怒或出现其他不良行为等。一项针对13～14岁学生的调查研究发现，其书写困难的发生率在9.7%。

Wann等人的研究表明，书写困难的学生在书写过程中停顿次数多、时间长，速度变化性大；Van Galen和Smits Engelsman等人研究发现，书写困难的学生存在的主要问题是缺乏空间的精确性控制；Beauvois 提出书写有两个过程，即语音性书写过程和词汇性书写过程，而语音性失写症的特点是对意义相关词的替代；词汇性失写症的特点是对语音相似词的替代。按照这种分类逻辑 Gubby 和 de Klerk 对失写症进行了分类，对测试评估手段、标准进行了总结，如表 8-1。

表 8-1　书写困难的分类、定义与测试评估手段、标准

类型	亚类型	定义	听写与书写命名	是否能抄写	是否能镜像写作	是否能画图示	镜像书写到听写
失语性失写症	语音	无法将语素转换成字形	语音不正确的误写	是	是	是	是
	词汇	无法认知整个词汇	语音证券的误写	是	是	是	否
	阅读障碍	无法将字形转换成变形的符号并且出现字形和词汇错误	颠倒，缺失，替代。非词或段落错误的误写	不确定	差	是	否
	语义	迟钝或失语	在正常书写能力之下	不确定	差	是	否
	动觉失用	笔迹潦草笨拙	颠倒不整齐，不分段	不确定	不整齐	不整齐	不整齐
实用性失写症	观念性失用症	能抄写，听写有困难，无法书写物品名称，无法自发书写	差	是	是	是	是
	构造性失用症	视觉空间困难，无法抄写	颠倒不整齐，不分段		差	差	否
机械性失写症		没有认知功能障碍，机械性手部运动困难	不整齐	不整齐	不整齐	不整齐	不整齐

五、写作能力问题

写作能力不足的学生在构思、编辑以及修改三个步骤上均有缺陷，大多数写作能力不足的学生既无法把握写作的正确步骤，又难以理解每一个步骤的意义所在。①构思能力差。写作前审慎的思考与成文后反复的修改，是形成文章必不可少的环节，但是对写作能力不足的学生来说，他们不能意识到构思与修改的重要性。②编辑能力有限。在编辑方面，写作能力不足的学生通常提笔就写，不仅在拼写、语法上出错，而且由于缺乏整体布局，其写作的文章的流畅度和可读性不高，难以形成合格的文本。在叙事写作中，写作能力不足的学生难以把握故事的文本结构和逻辑，更不知道如何设定他们的故事，以使得故事的基本要素包含在文本中。在他们的文章中，只有大约一半的语句是完整的，而这些完整的语句往往是简单句，他们不知道如何写各种各样的语句、如何组织文章内容、文章通常由几个段落构成等。与普通学生相比，其文章内容包含更少的想法，缺乏基本的结构元素，词汇量较少且表达不够清晰，在拼写、语法以及整体质量上都表现较差。③缺乏修改技巧。在修改文章方面，写作能力不足的学生修改的仅仅是使纸张整齐、纠正拼写错误等表面内容，大多数不知道文章修改的目的是什么，他们会花费大量的时间和精力去纠正拼写、标点符号等细微错误，而对文章的思路、逻辑、表达等重要内容却很少改动。

第二节　资源教室基本学习能力课程指导纲要

一、课程性质

资源教室基本学习能力课程是资源教室课程的重要组成部分，是一门综合性、实践性较强的课程。资源教室基本学习能力课程能培养学生基本的识字、书写、阅读、写作能力，并使其具有一定水平的注意力。

二、课程目标

资源教室基本学习能力课程是资源教室课程中的重要组成部分，是一门综合性、实践性较强的课程。基本学习能力课程使随班就读学生具有基本的识字、书写、阅读、写作能力，并具有一定水平的注意力。资源教室基本学习能力课程旨在提高学生的基本学习能力，培养其具有爱国主义情怀、健康的审美情趣，发展其个性，培养其合作精神，使其逐步形成积极的人生态度和正确的价值观；帮助学生掌握基本的听、说、读、写能力，具备基本的具有日常口语交际的能力，学会倾听、表达与交流，学会文明地进行人际沟通和社会交往；培养其良好的学习习惯，使其能够在生活中运用基本的知识技能主动进行探究性学习，更好地适应生活。

1. 注意力

一次能够保持至少 60 秒的专注力，能够完整、连续地完成简单的事情，在日常活动中能够保持一定的专注力，如能听清楚老师的指令等。

2. 识字

热爱汉语，有主动识字的欲望。能够认识生活中常用的汉字，如个人姓名、家庭住址、小区名、医院名称、车站站牌、超市名称、商场名称等常用文字。

3. 阅读

喜爱阅读，具备阅读能力。能够流畅、清晰的阅读，能够理解文本的含义，同时根据阅读内容回答问题；能认识文中的标点符号，理解不同的标点符号表达的含义。

4. 书写

能够掌握正确的书写姿势，能够书写常用的汉字；掌握汉字的笔画，认识常用的偏旁部首；能按笔顺用硬笔书写汉字，注意间架结构；初步感受汉字的形体美。

5. 写作

能够根据表达要求写出相应的话语，句子结构完整、正确，标点符号使用规范，能书写简单的应用文，初步养成用文字记录生活的习惯。

三、课程内容

（一）注意力

（1）能关注外部事物，主动注意到外界事物

（2）不被外部事物所干扰

（3）能够分辨不同的事物

（4）能够将眼神从一个事物转移到另外一个事物上

（5）能够长时间将听觉注意集中到事物上

（6）能够有效提取听到的信息

（二）识字

（1）能关注汉字，激发其识字兴趣

（2）认识汉字的笔画

（3）认识汉字的偏旁部首

（4）具备与同年级其他学生相符的识字量水平

（三）书写

（1）喜欢书写汉字，有主动书写汉字的愿望

（2）能掌握正确的书写习惯和书写姿势

（3）能在日常生活中自主识字

（4）能按照笔顺书写汉字

（四）阅读

（1）对书本感兴趣，愿意阅读

（2）能够以正确的阅读姿势阅读

（3）能够阅读情节简单的图画故事，了解其大意

（4）能结合图片内容理解词句的意思

（五）写作

（1）愿意写作，对写作感兴趣

（2）能使用图文卡或者词语组成一句话

（3）能够仿写一句话

（4）能够使用标点符合

四、课程实施建议

（一）教学建议

1.尊重学生差异，实施个别化教学

在资源教室接受学习的学生的障碍类型复杂，障碍程度各不相同，其学习风格和需求、学习的起点、学习的方式与能力存在着显著差异。教师应公平对待每位学生，通过教育评估，了解学生的学习特点，找到每位学生的学习起点和最近发展区，通过对特殊学生的综合分析，确定教学目标、教学内容和教学重点，选择合适的教学策略与方式，并据此实施个别化教育。教师应注重集体教学、小组教学与个别教学相结合；在教学组织实施中，选择适合的教学内容、教学手段、教学方法，适应学生的个性化学习需求，促进每一位学生的发展。

2.明确课程目标，体现课程的实际性、实践性、综合性

教师要明确学习能力课程是为了提高学生的基本学习能力，是让他们能够充分利用自身优势更好地学习，获取知识和技能，从而融入社会，适应社会生活。要充分调动学生的学习兴趣，注重培养学生自主学习的意识和习惯，为学生创设良好的自主学习环境。坚持自主合作探究的学习方式与有意义的接受性学习相辅相成。应尊重学生的个体差异，鼓励学生选择适合自己的学习方式。充分发挥教师主导学生主体的地位，让学生不断提高自身素养、转变观念、更新知识、钻研教材，不断提高自身的综合素养。努力改进课堂教学，整体考虑知识与能力、过程与方法、情感态度与价值观的综合，提倡启发式、讨论式教学。沟通课堂内外，充分利用学校、家庭和社区等教育资源，开展综合性学习活动，拓宽学生的学习空间，增加学生实践的机会。

3.尊重学生的身心发展差异，提供合适的策略支持

学生生理、心理以及语言能力的发展具有阶段性特征，不同的教学内容也有各自的教学规律，教师要依据学生身心发展特点，遵循学生身心发展规律，根据不同学段学生的特点和不同的教学内容，采取合适的教学策略，在教学内容的呈

现、教学方法的选择、教学评价的实施中，根据学生特质和能力，提供恰当的支持。注意不同学段之间的联系和衔接，促进学生学习能力的整体提高。

4. 积极主动创设良好的学习环境

资源教室是学生提升学习能力的重要场所，教师要联合多方面力量为学生创设良好的学习环境。根据学生不同的课程安排选择合适的学习场所，配备相应的设备，提高学生的学习效果。

5. 重视情感、态度、价值观的正确导向

培养学生具有高尚的道德情操和健康的审美情趣，让其形成正确的价值观和积极的人生态度，其与学习能力的提高是融为一体的，教师应根据基本学习能力的特点，注重熏陶感染，潜移默化地把这些内容融入日常的教学过程中。

（二）评价建议

1. 充分发挥学习能力评价的多种功能

学习能力评价具有检查、诊断、反馈、激励、甄别和选拔等多种功能，其目的不仅是考查学生实现课程目标的程度，更是检验和改进学生的学习和教师的教学，改善课程设计，完善教学过程，从而有效地促进学生的发展。因此，应发挥评价的多种功能，尤其应注意发挥其诊断、反馈和激励功能。

2. 运用多种评价方式，全面反映学生的学习能力

形成性评价和终结性评价都是必要的，但应着重进行形成性评价，教师应采用成长记录的方式，注意收集、积累能够反映学生学习发展状况的资料，记录学生的成长过程。对学生在学校的日常表现，应以表扬、鼓励等积极的评价为主，采用激励性的评语，从正面加以引导。要坚持定性评价和定量评价相结合。学校和教师要对学生的学习档案资料和考试结果进行分析，评价结果的呈现方式除了分数或等级外，还应用最有代表性的事实客观描述学生在学习上的进步和不足，并提出建议。评价设计要注重可行性和有效性，力戒繁琐、零碎，防止片面追求形式。

3. 促进评价主体的多元化

应注意将教师的评价、学生的自我评价及学生之间的相互评价相结合，加强学生的自我评价和相互评价；还应让学生家长、社区机构等积极参与评价活动。实施评价时要尊重学生的主体地位，尊重学生的个体差异，促进每位学生健康发展。

4. 突出对学生基本学习能力评价的整体性和综合性

教师要注意识字、书写、阅读、写作、注意力的有机联系，注意知识与能力、

过程与方法、情感态度与价值观的整合，避免只从知识、技能方面进行评价。要根据不同年龄段学生的学习特点，以不同学段的目标为参照，抓住关键，突出重点。

第九章
资源教室基本学习能力课程的评估

第一节　注意力评估

一、注意力评估的方法

（一）访谈和观察

1. 访谈疑似个案，观察学生一日活动

1）目的

排除因适应性问题而好动或不专注的学生。

2）访谈提纲可以包含以下问题

（1）你上课走神次数多吗？

（2）你走神时会做些什么？

（3）在什么课堂上你的注意力更容易分散？为什么？

3）反馈

（1）积极关注

（2）明确班规

（3）使用增强物

2. 访谈任课教师，了解学生课堂情况

1）目的

排除因教师组织教学松散而好动或者不专注的学生。

2）访谈提纲可以包含以下问题

（1）个案在课堂上会出现走神、发呆或好动的情况吗？您认为课堂中引发个案这些情况的原因是什么？

（2）个案在什么情境下以上问题比较突出？

（3）当个案在课堂上出现上述情况时，您是如何处理的？效果如何？

3）反馈

（1）精心设计教学活动

（2）加强课堂常规管理

（3）充分准备教具学具

3. 访谈学生家长，了解学生在家中的情况

1）访谈提纲

（1）孩子是否有冲动（或不专心）的问题？什么时候发现的？持续多久了？对他的学习、生活有什么影响？

（2）他在什么情境下以上问题会比较突出？

（3）当他不专心或好动时，你们是怎么处理的？效果怎么样？

2）观察

家庭的居住环境、家庭关系、教育态度、文化经济。

（二）量表评估

1.Conners 简明症状问卷（ASQ）

1）施测方式

父母与老师结合特殊学生在校、在家情况进行填写。

2）结果分析

总分≥15，95%符合诊断标准，为异常；总分在 11～14 时，需进一步诊断；总分≤10 时，91.7%不符合诊断标准，基本可排除注意力缺陷多动障碍，为正常。以图 9-1 为例。

姓名 _____ 性别 __男__ 年龄 __7岁_____

1. ADHD-1 筛查结果　　　　　　　　病史提供者 ____父亲____

（ 16 ）分

结论：□（≤15）阴性　　　*多动小孩*
　　　☑（>15）阳性

2. ADHD-2（父母问卷 SNAP-IV）　　病史提供者 ____父亲____

　　□注意缺陷（ 2 ）/9　　总分（ 11 ）
　　□多动冲动（ 4 ）/9　　总分（ 13 ）
　　☑功能损害（ 2 ）/8　　总分（ 23 ）

结论：☑阴性　　　*轻*
　　　□阳性

3. ADHD-3（父母问卷 SNAP-IV）　　病史提供者 ____父亲____

　　□对立违抗（ 0 ）/8　　总分（ 6 ）
　　□品行障碍（ 1 ）/14　　总分（ 3 ）
　　□焦虑/抑郁（ 0 ）/7　　总分（ 2 ）

4. ADHD-4（教师问卷）　　　　　　教师任教科目 ____语文____

　　☑注意缺陷（ 7 ）/9　　总分（ 18 ）
　　☑多动冲动（ 8 ）/9　　总分（ 22 ）
　　□功能损害（ 1 ）/8　　总分（ 23 ）

结论：□阴性　　　*中度*
　　　☑阳性

测试者签名 _____
测试日期 __2016-12-14__

说明：本结论为一次测试结果，具体诊断请结合临床

图 9-1　结果分析

3) 量表内容见表 9-1

表 9-1　Conners 简明症状问卷（ASQ）

	无	少有	相当多	很多
1. 活动过多，一刻不停	0	1	2	3
2. 兴奋激动，容易冲动	0	1	2	3
3. 惹恼其他儿童	0	1	2	3
4. 做事不能有始有终	0	1	2	3
5. 坐立不安	0	1	2	3
6. 注意不集中，容易分心	0	1	2	3
7. 必须立即满足其要求，否则容易灰心丧气	0	1	2	3
8. 容易哭泣，喊叫	0	1	2	3
9. 情绪变化迅速剧烈	0	1	2	3
10. 勃然大怒，或出现意料不到的行为	0	1	2	3

2. SNAP 量表

（1）SNAP 量表是由 Swanson 等人在 20 世纪八十年代根据 DSM–IV 中的症状描述编制而来的，主要作为筛选、辅助诊断以及治疗疗效与症状改善程度的评估工具，覆盖了 DMS–IV 所有症状诊断条目；自评式量表分为父母版和教师版。该量表有 SNAP–IV–18、SNAP–IV–26、SNAP–IV–90、SNAP–IV–18，包括注意力缺陷和多动冲动两个部分，SNAP–IV–90 有各种常见精神疾病的症状描述，包括注意力缺陷、多动—冲动、对立违抗三个方面。下面以 SNAP–IV–26 项为例进行说明。SNAP–IV–26 的 1~18 项是关于注意力缺陷、多动—冲动的，19~26 项是关于对立违抗的，SNAP–IV–26 问卷包括了于注意力缺陷、多动—冲动、对立违抗三个方面。以 SNAP–IV–26 项为例进行说明（见表 9–2）。SNAP–IV–26 的 1~18 项是关于注意力缺陷、多动—冲动的，19~26 项是关于对立违抗的。

表 9–2　SNAP–IV 父母问卷和教师问卷

本量表适用于对 6 ~ 18 岁注意力缺陷学生的筛选，辅助诊断以及治疗疗效与症状改善程度的评估，为父母、教师共用，完成约需 10 分钟。请在您认为符合的选项上打"√"。

注意力不集中	0	1	2	3
1. 在学校做作业或者其他活动时，无法专注于细节部分或因为粗心犯错误	0	1	2	3
2. 很难持续专注于工作或游戏	0	1	2	3
3. 好像没有听到别人对他（她）说话的内容	0	1	2	3
4. 没有办法遵循指示，也无法完成作业或家事（并不是由于对立性行为或无法了解指示内容）	0	1	2	3
5. 很难组织规划工作及活动	0	1	2	3
6. 逃避或表达不愿意，或很难从事需要持续性动脑的工作（如学校作业或是家庭作业）	0	1	2	3
7. 会弄丢作业或活动必需的东西（如学校作业、铅笔、书、工具或玩具）	0	1	2	3
8. 很容易受外界影响而分心	0	1	2	3
9. 日常生活中忘东忘西	0	1	2	3
多动—冲动				
1. 在座位上玩弄手脚或不好好坐着	0	1	2	3
2. 在教室或其他必须持续坐着的场合，会任意离开座位	0	1	2	3
3. 在不适当的场合，乱跑或爬高爬低	0	1	2	3
4. 很难安静地玩或参与休闲活动	0	1	2	3
5. 总是在动	0	1	2	3
6. 话很多	0	1	2	3
7. 在问题还没问完前就急着回答	0	1	2	3
8. 在游戏中或团体活动中，无法排队或轮流	0	1	2	3
9. 打断或干扰别人（如插嘴或打断别人的游戏）	0	1	2	3

续表

对立违抗				
1. 发脾气	0	1	2	3
2. 与大人争论	0	1	2	3
3. 主动地反抗或拒绝大人的要求与规定	0	1	2	3
4. 故意地做一些事去干扰别人	0	1	2	3
5. 因自己的不当行为犯错而怪罪他人	0	1	2	3
6. 易怒或很容易被他人激怒	0	1	2	3
7. 生气的或怨恨的	0	1	2	3
8. 恶意的或有报复心的	0	1	2	3

（2）该问卷的参考标准如下：

①注意力缺陷、多动—冲动中任何一项评估条目的分值≥ 2，便可判定学生出现该条目症状。

②子量表中若达到相应分值且超过 6 项，则可诊断注意力缺陷相应亚型。

③注意力缺陷学生的注意力缺陷子量表和多动—冲动子量表的总分的理论范围在 12 ~ 27 分，而均分在 1.33 ~ 3 分。

（3）如何对结果进行具体的解释呢？举个例子，如图 9–2 个案诊断结果：

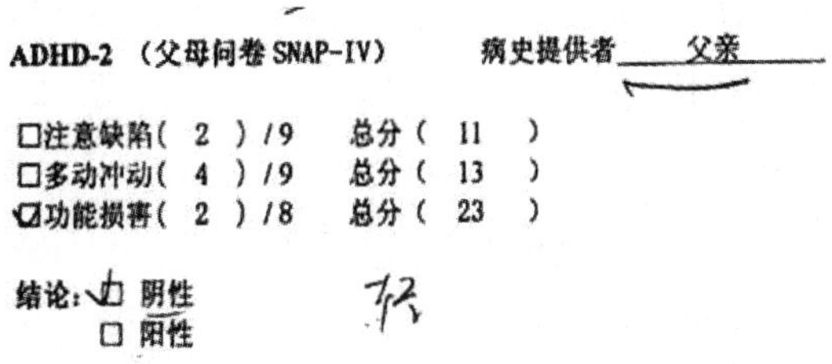
ADHD-2 （父母问卷 SNAP-IV）　病史提供者 父亲

□注意缺陷（ 2 ）/9　总分（ 11 ）
□多动冲动（ 4 ）/9　总分（ 13 ）
☑功能损害（ 2 ）/8　总分（ 23 ）

结论：☑ 阴性
□ 阳性

图 9–2　学生评估结果 1

①注意力缺陷（2）/9 表示该维度总共有 9 条项目，其中 2 条项目分数超过 2 分，且未达到 6 项，不能诊断为亚型，总分为 11 分。

②多动冲动（4）/9 表示该维度总共有 9 条项目，其中 4 条项目分数超过 2 分，且未达到 6 项，不能诊断为亚型，总分为 13 分。

③当问卷中教师问卷和父母问卷的结果显示有差距时（图 9–3），则应进行进一步诊断。

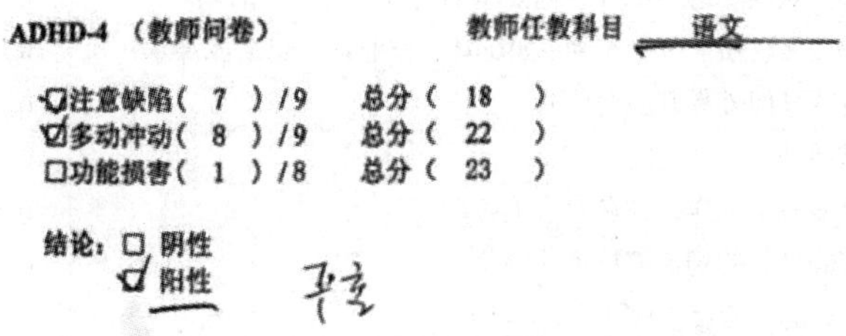
ADHD-4 （教师问卷）　教师任教科目 语文

☑注意缺陷（ 7 ）/9　总分（ 18 ）
☑多动冲动（ 8 ）/9　总分（ 22 ）
□功能损害（ 1 ）/8　总分（ 23 ）

结论：□ 阴性
☑ 阳性

图 9–3　学生评估结果 2

④注意力缺陷（7）/9 表示该维度总共有 9 条项目，其中 7 条项目分数超过 2 分，且达到 6 项，诊断为亚型，总分为 18 分。

⑤多动冲动（8）/9 表示该维度总共有 9 条项目，其中 8 条项目分数超过 2 分，且达到 6 项，诊断为亚型，总分为 22 分。

3.Vanderbilt ADHD 父母评定量表

（1）该量表共有 55 道题，量表的题目维度构成如下图 9-4。

以下为工作人员所填

问题 1—9 中得分为 2 或 3 共几项	注意力（共 9 道题）
问题 10—18 中得分为 2 或 3 共几项	多动冲动（共 9 道题）
问题 1—18 中共有几项阳性症状共几项	
问题 19—26 中得分为 2 或 3 共几项	对立违抗（共 8 题）
问题 27—40 中得分为 2 或 3 共几项	品行障碍（共 14 题）
问题 41—47 中得分为 2 或 3 共几项	焦虑/抑郁（共 7 题）
问题 48—55 中得分为 4 或 5 共几项	学习或社会职能表现（共 8 题）
学习成绩平均得分	

图 9-4　父母评定量表题目维度

（2）量表的不同部分包含了不同条目，各条目来源和评分方式都不相同。量表中的行为部分条目如图 9-5 所示，行为部分条目来源及评分方式直接来源于 DSM-IV 症状学标准的 18 条项目，筛查对立违抗障碍、品行障碍和筛查焦虑、抑郁的 29 条项目，每个项目均按无（0）、偶尔（1）、经常（2）、总是（3）进行四级评分。

表 9-3　父母评定量表

NICHQ Vanderbilt- 评估量表——父母问卷

提示：在评估时要审慎，应鉴别其是否与年龄相符的正常现象。在填写此表格时，请仔细回顾你的孩子过去 6 个月的行为举止。请您在认为符合的选项上画"√"。

此评估基于当你的孩子　　口用药期间　　口非用药期间　　口不肯定

题号	题目	从不	偶尔	经常	频繁
1	不能仔细注意细节或常发生粗心大意所致的错误	0	1	2	3
2	在学习工作或活动时，注意力难以持久	0	1	2	3
3	与之对话时，心不在焉，似听非听	0	1	2	3
4	不听从指令而难以完成各项工作和任务（并非因为不理解教导）	0	1	2	3
5	难以完成或组织各项工作和活动	0	1	2	3
6	逃避、不喜欢或不愿参加那些需要精力持久的工作或活动	0	1	2	3
7	遗失作业或活动所需要的东西，如玩具、作业本、铅笔或课本	0	1	2	3
8	易因声音或其他外界刺激而分心	0	1	2	3
9	遗忘日常活动	0	1	2	3
10	手或脚有很多小动作，或在座位上扭动	0	1	2	3
11	在要求安静坐好的场合擅自离开座位	0	1	2	3
12	在要求坐好的场合爬上爬下	0	1	2	3

题号	题目	从不	偶尔	经常	频繁
13	不能安静地参加游戏或活动	0	1	2	3
14	似被发动机驱动一刻不停地活动	0	1	2	3
15	讲话过多	0	1	2	3

（3）量表中的表现部分条目如图9-6所示，表现部分条目来源及评分方式包括8条项目，用于评估儿童的学习功能、人际交往及家庭功能，每个项目均按（1）优秀，（2）中上，（3）中等，（4）有点差，（5）很差进行五级评分。

表9-4　父母评定量表部分条目

学习成绩与社会职能

题号	题目	优秀	优良	一般	差	很差
48	总体成绩	1	2	3	4	5
49	阅读	1	2	3	4	5
50	写作	1	2	3	4	5
51	数学	1	2	3	4	5
52	与父母关系	1	2	3	4	5
53	与兄弟姐妹关系	1	2	3	4	5
54	与同学关系	1	2	3	4	5
55	参加集体活动（如团队）	1	2	3	4	5

（4）量表的参考标准

①当对立违抗障碍的项目有4条评分在2以上，同时表现部分至少有1条评分在4以上时应被判断为对立违抗障碍。

②当品行障碍有3条评分在2以上，同时表现部分至少有1条评分在4以上时应被判断为品行障碍。

③当焦虑、抑郁有3条评分在2以上，同时表现部分至少有1条评分在4以上时应被判断为焦虑、抑郁。

如图9-5每个维度均没有超过2个条目且分数在2以上，说明不能诊断该生有对立违抗障碍，品行障碍，焦虑、抑郁问题。

ADHD-3（父母问卷SNAP-IV）　　病史提供者　父亲

□ 对立违抗　（ 0 ）/8　　总分（ 6 ）
□ 品行障碍　（ 1 ）/14　总分（ 3 ）
□ 焦虑/抑郁　（ 0 ）/7　　总分（ 2 ）

图9-5　学生评估结果3

4. 视听整合连续测试

该测试专用于多动症、注意力缺陷、神经衰弱、睡眠障碍、神经症的辅助诊断及疗效评价的评估系统。该系统提供 6 种诊断尺度及 28 种商数，为多动症的诊断提供大量客观的数据，临床诊断率达 92.3%。在计算机上直接进行测试，测试结束即可得出结果。该测试包括很多商数，这些商数可以看到学生在注意力、多动冲动、理解力等方面的问题，低分意味着学生的注意力功能是不可信、不可靠、不确定的。

5. 学生需要评估——学生问卷（表9-5）

该问卷由学生自行填写，问卷内容包含行为管理、情绪管理、工作计划、工作组织、时间管理、专注工作、坚持完成任务、存取资料、自我检视 9 个部分，每个部分包含不同描述该部分的句子，学生需要仔细阅读每个句子，根据自己的观察，从"经常""间中""从不"3 个选项中选出一个适当的答案并画"√"。完成问卷后可以将自己较多出现或较严重的问题行为，作为与家长、教师及学生进行面谈时的依据，在使用该问卷时需要综合各个方面的资料，从而制订需要优先处理的目标。

表 9-5　学生需要评估—学生问卷／教师问卷

学生姓名		填写日期	
学校名称		班别	

以下是一些描述有关学习、情绪和行为表现的句子。请你细心阅读每个句子，并根据你对自己的观察，从"经常""间中""从不"3 个选择中，选出一个适当的答案并画"√"。完成问卷后，你可以根据自己较多出现或较严重的问题行为，作为进行家长、教师及学生面谈与的依据。在综合各方面的数据并了解共同关注的地方后，便可确定需要优先处理的目标。以"★"标示的题目为反向叙述。
（资料来源：香港协康会）
注：以"★"标示的题目为反向叙述

维度		问题	程度		
			经常	间中	从不
行为管理		1. 能在说话或做事前先仔细想清楚（如能避免说话伤人）			
		2. 能控制冲动行为（如不会冲口而出，不会被激怒时还口、还手、把事情闹大）			
		3. 能远离朋辈的冲突或挑衅			
		4. 如已有学习或工作安排，能拒绝玩乐			
		5. 能遵守一般常规（例如不抢答问题和不插队等）			
		6. 能在成人的提示下停止不适当的行为			
		7. 能调节自己的表现以适应群体的生活			

维度		问题	程度		
			经常	间中	从不
维度	情绪管理	1.能控制脾气			
		*2.被朋辈戏弄时，会感到过分／持续愤怒			
		*3.功课无法完成时，会感到过分／持续沮丧			
		*4.计划有变时，会感到过分／持续焦虑			
		5.在无法成功时能保持冷静			
		6.能坦然接受生活的常规／环境／计划的改变			
		7.当感到生气／沮丧／焦虑不安时，能适当地处理自己的情绪 请列举令你感到生气／沮丧／焦虑不安的事情： 请列出你曾运用的方法：			
		*8.轮流等候时，会感到烦躁			
		9.当感到生气／沮丧／焦虑不安时　（1）会伤害自己（如咬手指、扯自己头发、退缩或大哭大叫）			
		（2）会破坏物品（如推跌桌椅、推倒桌上的物品或大力拍打桌面）			
		（3）会伤害别人（如打人、作势打人、骂人、瞪着别人或无礼地拒绝参与活动）			
	工作计划	1.能为功课及开放式题目制订工作计划和编排时间（如测考的温习时间）			
		2.能分清事情的主次，首先处理较重要的工作			
		3.能将工作拆分成不同的部分，并合理安排各部分工作的开始时间			
		4.能运用恰当的方法提示自己要完成的工作 请列举你曾运用的策略：			
		5.在遇到阻碍时能调整工作安排，完成紧要的工作			
		6.能提出／展示／选择不同的方法解决问题			
	组织	1.能制订文章／报告／功课的大纲 请列举你曾用以帮助构思的方法：			
		2.能整理放在书桌、抽屉、书包的对象及文件			
		3.能运用恰当的方法（如按科目、功能或缴交日期等）把物品分类			
		4.能运用适当的工具（如活页夹、抽屉或箱子等）去放置已分类的物品			
		5.能有条理地抄写笔记			
		6.能组织文章或功课的内容			
		7.能妥善收拾个人物品以避免丢失 请列举你曾遗失的物品：			
	时间管理	1.能按照时间安排开始工作			
		2.能在指定期限内完成工作			
		3.能大概估计完成工作所需的时间			
		4.能按规划去工作			
		5.能运用恰当的方法提示自己要开始及完成工作的时间 请列举你曾运用的工具／方法：			
		6.能着手处理杂事／整理书桌／开始练习			
		7.能提前准备上课用品（如于每一课堂前准备好有关的书本和文具）			
		8.能着手做专题研习／功课／开放式的题目／文章写作／考试温习／其他艰辛的工作			
		9.能准时上学／赴约			

续表

	问题	程度		
		经常	间中	从不
维度	**专注工作** 1. 能专注工作，不会浪费时间在不相关的事情上			
	2. 在工作被打断后，能尽快恢复工作			
	3. 能克服外界引诱，完成自己的工作			
	4. 能注意到细节，避免造成错误			
	5. 能专注地与人交谈，不会随便转换话题			
	6. 能保持专注，持续工作一段时间			
	坚持完成任务 1. 能制订目标，完成沉闷或艰辛的工作			
	2. 在看似无法成功时仍努力不懈			
	3. 能自发地加倍努力，改善自己的行为（如改变学习策略以求取佳绩）			
	4. 能完成长期计划			
	5. 能执行艰辛的工作计划以达成目标（如存钱买心爱的物品）			
	6. 能应付长时间的工作，或完成比较难的功课（如写文章）			
	存取资料 1. 能记住刚阅读过或解释过的资料			
	2. 能记住不同老师交代的功课及课堂规则			
	3. 能记得与平日不同的活动或责任（如实地考察、课外活动的特别指示）			
	4. 当要做多于一件事时，做完第一件事后仍能记得其余要做的事			
	5. 能依照多重步骤的指示完成工作（尤其是口头指示的工作）			
	6. 能记住自己的责任及日常事务			
	自我检视 1. 能找出作业上的错误并改正			
	2. 能察觉自己离题			
	3. 能运用适当的方法来提升自己的表现能力（如运用工作清单或自我提问的方式），并在有需要时进行调整 请列举你用过的方法：			
	4. 能准确地评估自己的表现			
	5. 在工作过程中，能调节步伐和注意进度			
	6. 能按环境的转变而调整目标／策略			
	7. 能按自己的进度，确定具体可行的目标			

资料来源：中国香港教育局

二、注意力评估案例分析

（一）评估对象基本情况

基本资料：王×，7岁，××小学一年级学生，智力正常。

课堂表现：①上课注意力不集中；②干扰同学；③不听从指令，和老师顶嘴。

课间表现：喜欢疯闹、经常和同学发生矛盾、破坏物品。

作业表现：一边做作业一边玩；常常忘记做作业。

空间布置：课桌一片狼藉，抽屉乱七八糟，座位下面文具、垃圾到处都是。

根据王 × 的情况，我们来看看如何给其评分。

（二）评估方法

为了解王 × 的注意力情况，本研究采用问卷调查法和访谈法对其进行评估。问卷调查法时借助的工具是 SNAP-IV26 项教师问卷，并对王 × 的家长、任课教师进行半结构化访谈。

（三）评估结果与建议

1. 评估结果报告

测验对象为 × × 小学一年级的学生，智力正常，障碍类型未知，本项测验是由王 × 的班主任 × 老师进行的。× 教师在测验的整个过程中能很好地与王 × 进行沟通，该教师详细描述了王 × 在学校的表现，然后对其进行打分，其中"注意力不集中"项最终测验成绩为 24 分。具体结果见表 9-6。

表 9-6　SNAP-Ⅳ父母及教师评定量表（26 项）评估结果报告

注意力不集中	完全没有	有一点	相对较多	非常多
1. 在学校做作业或进行其他活动时，无法专注于细节部分或出现粗心导致的错误		√		
2. 很难专注于学习或活动			√	
3. 看起来像没有听到别人对他（她）讲话的内容		√		
4. 没有办法遵循指示，也无法完成学校的学习（并不是因为对立性行为等无法完成）			√	
5. 很难组织规划工作及生活			√	
6. 逃避、不情愿或很难从事需要持续动脑的工作（如课后作业等）			√	
7. 会弄丢作业或活动必需的东西（如作业本、铅笔、书、玩具等）			√	
8. 很容易受外界影响而分心			√	
9. 日常生活中忘东忘西		√		
总体评价：王 × 智力正常，学习成绩中等偏下，"注意力不集中"分量表的总得分为 24 分，属于 23 ~ 27 分数，结合教师评价以及学生实际表现，结果显示该学生为注意力"重度异常"。				

2. 研究建议

针对王 × 的注意力表现情况，教师应结合其在学校、家庭的更多表现，了解引起王 × 注意力不足的干扰因素，了解王 × 具体是在视觉注意力还是听觉注意力方面存在不足，进而制订个别化教育计划，对王 × 进行更有针对性的注意力训练。

第二节　识字能力的评估

一、识字能力评估方法

（一）访谈

为了了解学生的识字情况，评估者可与相关教师、家长进行访谈。访谈提纲示例如小学生识字能力情况访谈提纲（教师版）

（1）问题出现：您认为学生在识字过程中最主要的问题是什么？您认为引起学生识字过程中的问题行为的原因是什么？

（2）问题情境：学生在什么情境下识字会出现较多困难？学生在什么情境下识字问题比较突出？在识字教学过程中，您认为什么样的教学方法可以激起学生的兴趣呢？

（3）问题后果：当学生在写错字的时候，您是如何处理的？效果如何？您会让学生做哪些事情？您是从哪些方面拓展学生识字途径的？

（二）量表或测验

1. 识字量表

依据我国课程标准，重庆师范大学融合教育研究中心编制了小学 1~6 年级语文和数学的"小学语文课程目标评估表"和"小学数学课程目标评估表"，评估表中包含了基本资料和评估内容两部分，基本资料包括填表人和受评学生基本资料，评估内容包括包括识字写字、阅读、写话与习作、口语交际、综合性学习五个部分。评分等级为五个，从 1~5 分别代表"完全不符合""较少符合""一般符合""较多符合""完全符合"。以一年级为例，小学语文课程中的"识字与写字"评估内容表 9-7、表 9-8。

填写说明：

下表是关于义务教育小学语文课程的目标题项，包括识字与写字、阅读、写话与习作、口语交际、综合性学习，请您仔细阅读每题，再从右边的五个选项（不

符合 / 少数符合 / 一半 符合 / 多数符合 / 完全符合）中，圈选一个最符合的选项。每个题项中 1-1 的前面的 1 表示第一学期，即 1 年级第一学期；2-1 的 2 表示一年级第二学期，以此类推，6-1 的 6 表示三年级第二学期。

表 9-7　小学语文课程目标评估表（人教版 1~3 年级）（魏寿洪编）

识字与写字（得分： ）	不符合	少数符合	一般符合	多数符合	完全符合
1-1　能正确拼读 23 个声母	1	2	3	4	5
1-2　能正确拼读 24 个韵母（6 个单韵母，9 个前鼻韵母，前鼻韵母 5 个，后鼻韵母 4 个）	1	2	3	4	5
1-3　能将声母、韵母正确且工整地抄写在四线格上	1	2	3	4	5
1-4　能在四线格上正确且工整地默写声母、韵母	1	2	3	4	5
1-5　能借助汉语拼音识字、正音、学说普通话	1	2	3	4	5
1-6　喜欢学习汉字，有主动识字的意愿	1	2	3	4	5
1-7　能认识常用汉字 400 个，会写其中的 100 个	1	2	3	4	5
1-8　能保持正确的写字姿势，字写得规范、端正、整洁，保持良好的写字习惯	1	2	3	4	5
1-9　能掌握汉字的基本笔画	1	2	3	4	5
1-10　能按笔顺写字	1	2	3	4	5
1-11　能初步养成正确的写字姿势和良好的写字习惯	1	2	3	4	5
2-1　能正确地认识常用汉字 400 个，会写其中的 200 个	1	2	3	4	5
2-2　能掌握汉字的基本笔画、基本的偏旁部首	1	2	3	4	5
2-3　能按照笔顺用硬笔写字	1	2	3	4	5
2-4　能掌握大写字母	1	2	3	4	5
2-5　能熟记《汉语拼音字母表》	1	2	3	4	5
2-6　能用音序法查字典	1	2	3	4	5
3-1　能准确认读常用汉字 450 个，会写其中的 350 个	1	2	3	4	5
3-2　能按照笔顺正确书写汉字，无倒笔画现象	1	2	3	4	5
3-3　能按照笔顺正确地默写生字	1	2	3	4	5
3-4　能按照字的结果把字写端正、匀称	1	2	3	4	5
4-1　能正确地借助汉语拼音认读汉字	1	2	3	4	5
4-2　能准确地用部首检字法查字典	1	2	3	4	5
4-3　能准确地认读 400 个汉字，累计认识 1600 个字左右	1	2	3	4	5
4-4　能按照汉字笔顺、偏旁等正确地书写 400 个汉字中的 300 字，累计会写 800 个字	1	2	3	4	5
5-1　能认识 200 个字，累计认识 2000 个字	1	2	3	4	5
5-2　会写 300 个汉字，累计会写 1300 个字	1	2	3	4	5
5-3　会使用字典	1	2	3	4	5
5-4　有初步的独立识字的能力	1	2	3	4	5
5-5　能用钢笔书写正楷字，用毛笔描红	1	2	3	4	5
6-1　能掌握独立识字的基本方法	1	2	3	4	5
6-2　能认读 253 字，累计认识 2397 个字	1	2	3	4	5
6-3　会写 384 字，累计会写 1771 个字	1	2	3	4	5
6-4　继续使用字典，并掌握独立识字的方法	1	2	3	4	5

表 9-8　小学语文课程目标评估表（人教版 4~6 年级）

	识字与写字（得分：　）	不符合	少数符合	一般符合	多数符合	完全符合
7-1	对学习汉字有浓厚兴趣，养成主动识字的习惯	1	2	3	4	5
7-2	累计认识常用汉字 2500 个，其中 2000 个左右会写	1	2	3	4	5
7-3	常使用字典、词典或网络查找汉字，独立识字能力进一步提升	1	2	3	4	5
7-4	能比较熟练地用钢笔写字，写得正确、端正、整洁，行款符合要求。学习用毛笔临帖，写得端正，纸面干净。养成良好的写字习惯	1	2	3	4	5
8-1	对学习汉字有浓厚的兴趣，养成主动识字的习惯	1	2	3	4	5
8-2	累计认识常用汉字 2500 个，其中 2000 个左右会写	1	2	3	4	5
8-3	会使用字典、词典，有初步的独立识字能力	1	2	3	4	5
8-4	能熟练地书写楷体，做到规范、端正、整洁。用毛笔临摹正楷字帖	1	2	3	4	5
9-1	有较强的独立识字能力，累计认识常用汉字 2070 个，其中 2000 个左右会写	1	2	3	4	5
9-2	能书写楷体硬笔书法	1	2	3	4	5
9-3	能用毛笔准确书写简单的偏旁部首和笔画	1	2	3	4	5
10-1	有较强的独立识字能力，会独立运用音序、部首检字法查字典、词典	1	2	3	4	5
10-2	会写 350 个汉字，累计会写 2250 个字	1	2	3	4	5
10-3	会认读 350 个汉字，累计认读 2900 个汉字	1	2	3	4	5
10-4	能整齐美观地进行硬笔书法写作，熟练书写楷体字	1	2	3	4	5
10-5	能熟练使用毛笔，并书写简单结构的汉字	1	2	3	4	5
11-1	有较强的独立识字能力	1	2	3	4	5
11-2	累计认识常用汉字 3000 个，其中 2500 个左右会写	1	2	3	4	5
11-3	能用毛笔书写楷书，在书写中体会汉字的优美	1	2	3	4	5

2. 自编检核表

为便于检测小学生的识字能力，重庆师范大学融合教育研究中心依据不同年级自编检核表，检核表的内容可根据需要灵活调整。下面以小学三年级为例进行详细说明。

1）检核表内容

检核表的内容为从听说读写四个方面检测学生对字词的掌握情况，我们把掌握情况分为五个等级，第一个等级是字的指认（第一题），第二个等级是字的读（第二题），第三个等级是字形的掌握（第三题至第五题），第四个等级是字的理解（第六题至第八题），第五个等级是字的运用（第九题至第十题）。第三至第五题、第七题至第九题中不能书写的得分项只适用于因为特殊情况无法自行书写的学生，若该生有书写能力，但因为不会写那个字或者不想写则不得分。

2）检核表的注意事项

整套题应连续进行测试，中途不得中断；在学生答题过程中，不得以眼神、手势、口语等形式向学生提示答案对错，不得给予学生除答题规则外的任何提醒；注意学生答题时间，根据实际情况询问其原因，若不会，则进行下一题；若停顿时间过长但得出正确答案，教师应在旁记录下来。

3）检核表的参考标准

（1）有书写能力的学生得分标准：

166.175 ～ 195.5（含）优秀，不需要再给予辅导

146.625 ～ 166.175（含）良好，可让学生自行多练习提升

117.3 ～ 146.625（含）合格，需要些许辅导

117.3 及以下为不合格，需要着重辅导

（2）因为特殊情况无法书写的学生得分标准

102.425 ～ 120.5（含）优秀，不需要再给予辅导

90.375 ～ 102.425（含）良好，可让学生自行多练习提升

72.3 ～ 90.375（含）合格，需要些许辅导

72.3 及以下为不合格，需要着重辅导

（3）字音部分得分参考标准（第一、二题）

20.4 ～ 24（含）优秀，不需要再给予辅导

18 ～ 20.4（含）良好，可让学生自行多练习提升

14.4 ～ 18（含）合格，需要些许辅导

14.4 及以下为不合格，需要着重辅导

（4）字形部分得分参考标准（第三、四、五题）

30.6 ～ 36（含）优秀，不需要再给予辅导

27 ～ 30.6（含）良好，可让学生自行多练习提升

21.6 ～ 27（含）合格，需要少许辅导

21.6 及以下为不合格，需要着重辅导

（5）字义部分得分参考标准（第六、七、八题）

52.7 ～ 62（含）优秀，不需要再给予辅导

46.5 ～ 52.7（含）良好，可让学生自行多练习提升

37.2 ～ 46.5（含）合格，需要些许辅导

37.2 及以下 不合格，需要着重辅导

（6）综合运用部分得分参考标准（第九、十题）

65.88 ～ 77.5（含）优秀，不需要再给予辅导

58.13 ～ 65.88（含）良好，可让学生自行多练习提升

46.5 ～ 58.13（含）合格，需要些许辅导

46.5 及以下为不合格，需要着重辅导

小学三年级学生词汇掌握情况检测（重庆师范大学融合教育研究中心编）

学生姓名：_____　　班级：_____　　年龄：_____

性别：_____　　测试教师：_____

一、请根据教师的口述，指出相应的字词（答对一个得 0.5 分，答错不得分）。

坝	假	辫	敢
辆	藏	倍	奔
坪坝	花瓣	力量	肯定
胶卷	躲闪	继续	菠萝

二、请正确快速地说出教师指认的字词（答对一个得 1 分，答错不得分）。

跤	钓	攀	禁
婉	摄	震	插
娇嫩	试验	浪费	纳闷
奔流不息	双龙戏珠	成群结队	

三、请给下列字加偏旁变新字（答对一个得 1.5 分，若不会书写但口述正确一个得 1 分，答错不得分）。

我 +（　　）=（　　）　　　支 +（　　）=（　　）

齐 +（　　）=（　　）　　　高 +（　　）=（　　）

方 +（　　）=（　　）　　　介 +（　　）=（　　）

真 +（　　）=（　　）　　　唐 +（　　）=（　　）

四、请照样子将下面的字连起来组成一个新的字。（若连接正确一个得 1.5 分，若不会书写但口述正确一个得 1 分，答错不得分）。

林　　　　止——（　　　）

立　　　　犬——（　默　）

禾　　　　可——（　　　）

口　　　　示——（　　　）

黑　　　　早——（　　　）

耳　　　　必——（　　　）

五、请根据拼音写出词语。（若能书写正确一个得 2 分，若不能书写口述正

确一个得 1 分，答错不得分）

  jū gōng   yào shi   shèng dàn

  （   ）   （   ） （   ）

  cháng wèi   zhì huì   pǔ sù

  （   ）   （   ） （   ）

六、请根据教师指认字词，做出相应的行为。（答对一个得 2 分，答错不得分）

扇 醒 腿 举

紧张 挡住 抢走 惊讶

掌声 激动 拥抱 敬礼

七、请说出下列词语的意思（答对一个得 2 分，答错不得分）。

1. 好奇

2. 自言自语

3. 拼命

4. 清闲

5. 成群结队

八、请写出下面这些词语的近义词（若能书写正确一个得 2 分，若不会书写但口述正确一个得 1 分，答错不得分）。

  热闹——

  使劲——

  忽然——

  仰望——

  立刻——

  震惊——

  寻找——

九、请写出下面这些词语的反义词（若能书写正确一个得 2 分，若不会书写但口述正确一个得 1 分，答错不得分）。

  炎热——

  艳丽——

  飞散——

  随意——

  长进——

  辽阔——

坚固——

十、请用下列汉字组词（若能书写正确一个得 2.5 分，若不会书写但口述正确一个得 1.5 分，答错不得分）。

固——

佩——

缓——

智——

编——

威——

素——

十一、请用下列词语造句（若能书写正确一个得 2.5 分，若不会书写但口述正确一个得 1.5 分，答错不得分）。

打扮——

终于——

转告——

粮食——

遥远——

请教——

颜色——

十二、请将合适的字词填入相应的空格中，每个字词只可能被选中一次（若能书写正确一个得 2.5 分，若不会书写但口述正确一个得 1.5 分，答错不得分）。

辨　　辩　　变　　便　　遍

1. 在这次（　　）论赛上, 他表现很出色。

2. 肉眼很难分（　　）清的。

3. 学校的（　　）化真大呀！

4. 呼伦湖畔（　　）地都是野花。

5. 纸用起来比竹片方（　　）　　　　。

象　　像　　向

1. 大（　　）的腿（　　）四根柱子。

2. 我们要（　　）于连学习。

渴望　　愿望　　期望

1. 我的（　　）是长大了当一名科学家。

2. 我们多么（　　）每人都能有一本教科书呢？

3. 他们没有辜负老师的（　　），在比赛中取得第一名。

清凉　　　　　凉爽

1. 它带着（　　）和温柔，轻轻地，轻轻地，趁你没留意，把秋天的大门打开了。

2. 红红的枫叶像一枚枚邮票，飘哇飘哇，邮来了秋天的（　　）。

依然　　　　果然　　　　忽然

1. 我们（　　）快活，把它叫作"幸福鸟"，还把我们的名字写在上面。

2. 第二天，列宁来到白桦树下，（　　）又看到那只灰雀欢蹦乱跳地在枝头歌唱。

3. （　　）听到背后有人叫我："小朋友，你也来爬天都峰？"

等候　　　　迎候

1. 老子说："你就是仲尼啊，听说你要来，我就在这儿（　　）。"

2. 孔子听了再次行礼，说："多谢老师（　　）。"

3. 识字测验

识字能力测验是朱琳根据赖富美和涂秋薇编写的识字能力测试改编的，目的是了解学生的识字学习表现，由"认读""听写"和"组词"三种分测验组成。前两个是字音与字形的测试，组词测试是形义连结（每个测试的性质如表8.5所示）。为了避免测试过程中的相互干扰，评量最先进行听写测试，然后再进行认读测试和组词测试。

（1）听写测验

测试内容为教学目标汉字，一次 5 个。研究人员念题（如黄瓜的"黄"），每个题念两遍，请学生在纸上作答。随后，研究人员记录了受试者的得分。此分测试考察的是被试者字形与字音的连结，评估受试者音形结合的再生能力。

（2）认读测验

采取单独施测方式，处理期是在每节课学习完 5 个新字后进行立即施策。研究者将教学目标词的卡片放入教学箱（不透明的圆柱形盒子）中，由被试者按顺序抽出一张生字卡片，并读出卡片上生字的正确读音。研究人员在允许延迟 5 秒的情况下，记录受试者的得分，并分析发音错误。此分测试主要评估被试的字音与字形的连结，考量被试者见形知音的能力。

（3）看字组词测验

该测验指的是研究者采取单独施测方式，从全部目标字中抽取 5 个生字进行测试。抽取方式是由研究者将教学目标词的卡片放入教学箱（不透明的圆柱形盒子）中，由被试者按顺序抽出一张卡片，由被试者为该字卡上的字组一个词，允许延迟 5 秒。如果受试者不能清晰地表达相关内容，那么研究人员应进一步追问，请被试者再清楚的描述。学生作答完毕后，研究人员不立即给予反馈或提示，只需记录学生的得分。此分测试主要评估被试学生对字义与字形的连结，考量学生见形知义的能力。

表9-9　识字能力测验各个分测验的性质

题型 ＼ 性质	音→形 （字形）	形→音 （字音）	形→义 （字义）
听写	√		
认读		√	
组词			√

识字能力测验

一、听写测试

1	2	3	4	5

二、认读测试

染　　　虐　　　奔　　　鲜　　　尘

三、组词测试

染　　　虐　　　奔　　　鲜　　　尘

听写得分：（　　）/15 分

认读得分：（　　）/15 分

组词得分：（　　）/15 分

总分：（　　）/15 分

四、注音符号能力诊断测验（修订版）

（1）测验内容

李凤对《注音符号能力诊断测验》进行修订，经测量显示该测验信效度良好，包括听写分测验和认读分测验两个部分，具体结构如图 9-6 所示，测验包括听写分测验和认读分测验两个分测验，听写分测验共 89 题，其中听写声母 23 题、听写韵母 24 题、听写音节 10 题、听写音节词 20 题、听写声调 12 题；认读分测验共 67 题，其中认读声母 23 题、认读韵母 24 题、拼读音节 20 题。测验共七个项目，总题数为 156 题。筛选标准为：以百分等级 5 所对照的原始测验分数，即测验总分在 92 分以下的标准筛选汉语拼音读写困难儿童。

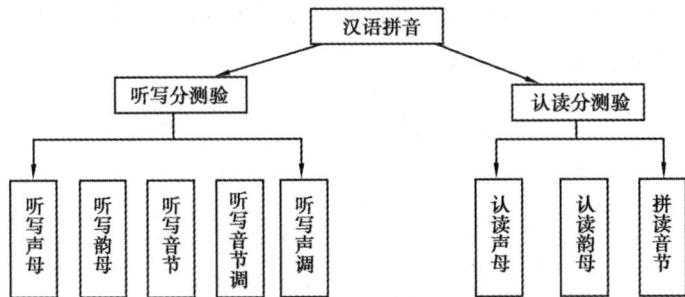

图 9-6 注音符号能力诊断测验（修订版）

（2）施测流程

在实施该测验时，为避免练习效应，测验应该先进行团体施测的听写分测验，再进行个别施测的认读分测验。在听写分测验开始实施之前，主试者需提醒学生提前准备好铅笔、橡皮擦等文具，并就本次测验的目的对学生做简要说明，以防止学生不答或乱答。在认读分测验开始前，主试者需提前准备一间安静明亮的教室，且告知学生测验时需等上一个学生出来，才能进入。具体施测步骤如下。

听写分测验。此分测验实行小组团测（以班级为单位）的方式，测试开始前，引导学生填写测验基本资料，之后主试者根据题目顺序依次读出每一个音，学生则将所听到的音写在答案纸对应的位置上，每一个音读三次，每一次读音可停顿 2~3 秒。听写音节时，主试者不可以拼读音节。听写声调时，主试者不可以做眼神或肢体的提示。测验时间约需 35 分钟（但要严格记录实际测试所用到的时间）。

一、汉语拼音能力测验节选

1. 听写声母

由主试者逐个念出，每题念 3 遍，每一遍中间停顿 2~3 秒，儿童听声母，并将听到的声母写在格子中，题目如下。

1	2	3	4	5	6	7	8
b	d	f	j	p	n	m	k
9	10	11	12	13	14	15	16
q	l	g	ch	z	t	h	s
17	18	19	20	21	22	23	
zh	c	x	y	sh	w	r	

2. 听写韵母

由主试者逐个念出，每题念3遍，每一遍中间停顿2~3秒，儿童听韵母，并将听到的韵母写在格子中，题目如下。

1	2	3	4	5	6	7	8
a	i	ü	u	ao	e	in	ei
9	10	11	12	13	14	15	16
o	en	ün	ou	ie	ang	iu	un
17	18	19	20	21	22	23	24
eng	ai	üe	er	ong	an	ui	ing

3. 听写音节

由主试者逐个念出，念题时不要拼读，直接念文字即可，如方法的"方"。请儿童仔细听题目并写出由主试者所念字的拼音，题目如下。

1	2	3	4	5
shuí 是 谁	zhe 站 着	sǎo 扫 地	làn 烂 掉	bāng 帮 忙
6	7	8	9	10
jiǎ 假 如	diū 丢 掉	jué 觉 得	kuài 快 乐	zhōng 中 间

4. 听写音节词

由主试者逐个念出，念题时不要拼读，直接念文字即可，如"方法"，请儿童仔细听题目并写出由主试者所念词语的拼音，题目如下。

1	2	3	4	5
chàng gē	xiě zì	tiào yuǎn	yīng jùn	nián tǔ
6	7	8	9	10
fēng zhēng	xǐ huān	pǎo bù	guó qí	zhé zhǐ

5. 听声调

指导语：小朋友，下面的题目是要给拼音标上正确的声调。请你仔细听并将正确的声调写在拼音上。请你听到一声时，在拼音的正确位置标上"ˉ"，听到二声时在拼音的正确位置标上"ˊ"，听到三声时在拼音的正确位置标上"ˇ"，听到四声时在拼音的正确位置标上"ˋ"。现在请你先和老师一起写三个例题。

★请主试者不要用动作或眼神做任何提示。

例题一	例题二	例题三			
bá	ba	bǎ			
1	2	3	4	5	6
huā	jiǔ	diào	cáng	xuǎn	duō
7	8	9	10	11	12
hán	liào	jiān	quán	jiǒng	kuò

二、认读分测验

本部分为"认读分测验"，包含认读声母、认读韵母、拼读音节。

1. 认读声母

由被试者从左至右依次认读。

q	l	g	ch	z	t	h	s

b	d	f	j	p	n	m	k

zh	c	x	y	sh	w	r

2. 认读韵母

由被试者从左至右依次认读。

a	i	ü	u	ao	e	in	ei

o	en	ün	ou	ie	ang	in	un

eng	ai	üe	er	ong	an	ui	ing

3. 拼读音节

由被试从左至右依次拼读（注意整体认读音节的认读方式）。

yùn	huì	sài	yǒu	què	gāo	dé

lā	dòng	niǎo	fēi	zhēn	kāi	māo

qú	mi	qín	gǒu	chē	yuǎn

（3）计分方式

施测计分按照标准答案采取 0、1 计分。听写音节部分，需声母、韵母、声调完全正确才得 1 分，只要有一项错误即为 0 分。听写分测验四个项目共 89 分。认读分测验以听清学生发音为主，待施测完毕再对分数进行计算和整理，测验过程中只标注错误读音。项目为客观题，每题 1 分，由研究者严格按照统一的标准答案采取 0、1 记分。认读音节部分，声母、韵母、声调完全正确才得 1 分，只要有一项错误即为 0 分。认读分测验三个项目共 67 分。

二、识字能力评估案例分析

（一）研究对象

小雨，女，小学二年级学生，基本信息如下。

（1）生理方面：患有遗传性甲亢。

（2）智力方面：智力正常，比奈智商测试为 88 分。而小雨在平时的语文考试中经常是班上的倒数第一。她的智力水平与其成绩不匹配。

（3）其他：①学习动机不强，课堂上要老师监督才能认真听讲，小组讨论中表现不积极，很少主动参与讨论，不喜欢独自看书。学习依赖性强，常需要老师和家长监督才能完成作业。②人际交往方面，社会适应方面的问题突出，与同伴相处以及在团体中的表现不积极、不主动，有时还很粗暴。

（二）研究方法

整个评估过程是在专业人员的引导下，借助工具《识字能力测验》改编版对学生的识字能力进行评估。除此之外，研究人员采用半结构化访谈——与学生的教师、家长进行交流。

（三）研究结果（表 9-10、表 9-11）

表 9-10　识字能力评估结果报告

学生：小雨	性别：女	障碍类型：未知
评量人员：陶老师	年龄：7 岁	评量日期：2019 年 10 月 8 日
测验用时：40 分钟	测验分数：	

表 9-11　具体现况

领域	现况摘要
听写	研究人员依次念出 5 个教学目标汉字，学生能够正确写出的生字只有 2 个，计 2 分
认读	在教师的引导下，学生读出随机抽出的卡片上生字的读音，能够读出来的生字只有 2 个，计 2 分
看字组词	在教师的引导下，学生为该字卡上的字组一个词，能够组出来的生词有 1 个，计 1 分
总体评价：学生最后得分为 5 分，远远低于该年级学生的平均水平，因此认定其存在识字方面的困难	

（四）研究建议

针对该学生的评估结果，教师应结合学生的实际识字情况，在未来教学过程中注重该学生识字能力发展，针对性地帮助学生反复练习，制订针对性的个别化教育计划，根据学生的表现情况及时采用和调整练习策略，逐步提高学生的识字能力。

第三节　书写能力的评估

一、书写能力的评估方法

（一）小学生书写错误类型调查表

为了解小学生书写错误类型，重庆师范大学融合教育研究中心编制的《小学生书写错误类型调查表》，包括书写错误类型、书写相关行为、书写技巧、书写表达技巧四个部分，其中书写错误类型包括汉字错别字类型、拼音错误类型两个部分。该调查表由熟悉学生情况的家长或教师填写，若学生不存在前面描述的情况，则在"否"的选项上画"√"，若学生存在前面描述的情况，请在"有"的选项上画"√"，并可举例，这有利于对学生详细情况的分析。小学生书写错误类型调查表见9-12。

表9-12　小学生书写错误类型调查表（重庆师范大学融合教育研究中心编）

学生姓名：_____　　　学生姓名：_____
调查时间：_____　　　调查员：_____
评定人与学生关系：母亲、父亲、老师、其他（请注明）
这是一份用以了解小学生书写错误类型的调查表，由熟悉学生情况的家长或教师填写。若学生不存在前面描述的情况，则在"否"的选项上画"√"，若学生存在前面描述的情况，请在"有"的选项上画"√"，并可举例，这样有利于对学生详细情况的分析。
1.书写错误类型
（1）汉字错别字类型
①基本单位添加，如反→饭、巴→吧、本→苯　　　（有）（无） 有的话请举例，如：_____

续表

②基本单位省略，如妈→马、逗→豆、玩→元 有的话请举例，如：_____	（有）（无）
③基本单位替代，如次→吹、的→芍、跟→跟 有的话请举例，如：_____	（有）（无）
④基本单位错置，如多→ 、或→ 有的话请举例，如：_____	（有）（无）
⑤基本单位颠倒，如那→ 、知→ 、叫→ 有的话请举例，如：_____	（有）（无）
⑥基本单位配置不当，如妈→ 、爸→ 有的话请举例，如：_____	（有）（无）
⑦笔画添加，如门→ 、左→ 、道→ 有的话请举例，如：_____	（有）（无）
⑧笔画省略，如春→ 、具→ 、狗→ 有的话请举例，如：_____	（有）（无）
⑨笔画错置，如小→ 、今→ 、看→ 有的话请举例，如：_____	（有）（无）
⑩笔画颠倒，如拼 → 有的话请举例，如：_____	（有）（无）
⑪同音字，如事→ 、已→ 、木→ 有的话请举例，如：_____	（有）（无）
⑫近似音字，如以→ 、得→ 、制→ 有的话请举例，如：_____	（有）（无）
⑬以他字替代，如机 → 、名→ 、朋→ 有的话请举例，如：_____	（有）（无）
⑭完全镜写，如房→ 、手→ 有的话请举例，如：_____	（有）（无）
⑮部分镜写，如狗→ 、牙→ 有的话请举例，如：_____	（有）（无）
（2）拼音错误类型	
①拼音添加，如 ka → kai 、pen → peng 有的话请举例，如：_____	（有）（无）
②拼音省略，如 qin → qi 、lang → lan 有的话请举例，如：_____	（有）（无）

③拼音替代，如 ming → meng 、kao → kai　　　　（有）（无）

有的话请举例，如：＿＿＿＿＿＿＿

④基本单位颠倒，如 q → p 、a →　　　　　　　（有）（无）

有的话请举例，如：＿＿＿＿＿＿＿

⑤异符替代，如 t → 、y →　　　　　　　　　（有）（无）

有的话请举例，如：＿＿＿＿＿＿＿

⑥声调添加，如了（le）→了（lè）　　　　　　（有）（无）

有的话请举例，如：＿＿＿＿＿＿＿

⑦声调省略，如大（dà）→大（da）、爸（bà）→爸（ba）（有）（无）

有的话请举例，如：＿＿＿＿＿＿＿

⑧声调替代，如窝（wō）→窝（wó）、姑（gū）→姑（gǔ）（有）（无）

有的话请举例，如：＿＿＿＿＿＿＿

2. 书写相关行为

（1）书写时注意力不集中，容易受外界影响　　　（有）（无）

（2）书写时注意力无法持续，在安静环境中仍无法持续写字（有）（无）

（3）写字速度过慢　　　　　　　　　　　　　　（有）（无）

（4）粗心草率，易犯低级错误　　　　　　　　　（有）（无）

3. 书写技巧

（1）握笔方式笨拙　　　　　　　　　　　　　　（有）（无）

（2）写字过于用力　　　　　　　　　　　　　　（有）（无）

（3）书写姿势不正确　　　　　　　　　　　　　（有）（无）

（4）擦拭、涂抹频率过高，卷面脏乱　　　　　　（有）（无）

（5）仿写时回看次数过多，过目即忘　　　　　　（有）（无）

4. 书写表达技巧

（1）考试作文字数过少　　　　　　　　　　　　（有）（无）

（2）考试作文字数一般保持一定的字数

（3）作文与题目要求的内容不相关　　　　　　　（有）（无）

（4）语言逻辑混乱、条理不清晰　　　　　　　　（有）（无）

（5）句型死板、没有变化　　　　　　　　　　　（有）（无）

（6）标点符号使用错误　　　　　　　　　　　　（有）（无）

5. 感想及建议

（二）测验

为了解学生的书写状况，教师可以根据字体的结构不同编制试题，以二年级下半学期为例，字体结构可以分为独立结构（女、百、再、有）、上下结构（冬、全、声、爷）、左右结构（放、凉、唱、脸）、上下三结构（量、高、最、葱）、左右三结构（谢、街、做、例）、全包围结构（园、图、团、四）、半包围结构（底、店、医、画）；教师也可以依据教学实际进度编制测试题，测试题示例如下。

书写测试题（二年级下半学期）

1.请正确抄写下面的字

乔	丘	亦	永	矛	予	卡
坝	误	忆	防	脯	致	剧
禁	异	胃	粪	芽	弄	究
砌	辨	辫	懒	喇	链	激
暮	裳	葱	掌	察	量	萝
固	回	四	图	困	田	困
阅	匣	辽	同	闲	匠	逐

2.请将听到的字写下来

（三） 作品分析

作品分析法是对学生的各种作品，如笔记、作业、日记、文章等进行分析研究，了解学生的书写情况，发现学生的书写问题，清楚学生书写困难的类型。通过对以下两幅作品进行分析（图9-7），我们不难看出具有书写困难问题的学生在作业中往往表现出形近字混淆、字型颠倒、左右不分、遗漏或增添笔画、字画间距或大小不一、擦拭涂抹频率过高的问题。

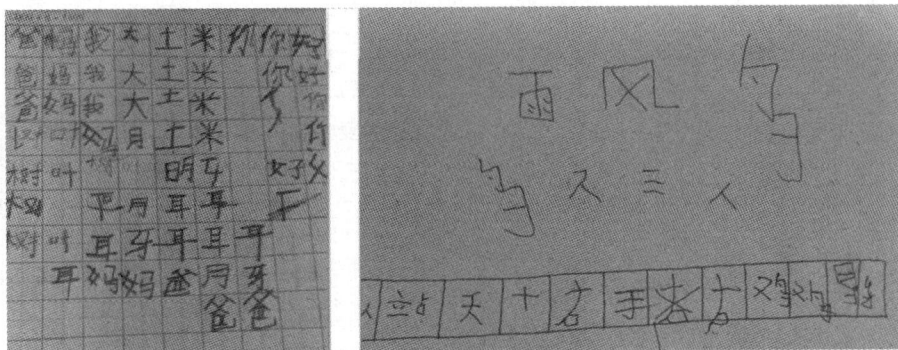

图9-7 学生作品

二、书写能力评估案例分析

（一）评估对象

评估对象为××小学一年级的学生，惯用手为右利手，呈扭转型握笔姿势，腕部力量较弱。在测验的整个过程中情绪状况良好，能很好地进行沟通，具备基本的表达能力。该学生在测验的过程中能够在提示下配合施测者完成测验，但是注意力集中时间较短，出现身体左右晃动及趴在桌子上的行为；且存在畏难情绪，缺乏自信心，测验过程中若对自己的答案不确定，不敢尝试去说出答案，直接摇头表示不会。

（二）评估方法

为测验学生阅读及理解文本的能力，研究采用访谈法和问卷调查法。在问卷调查法中，评估选用的测验是《小学生书写错误类型调查表》，并与该学生的教师、家长进行访谈。

（三）评估结果（表9-13、表9-14）

评估工具：测验。评估结果：该生识字量十分有限，仅能认识文中的常用字，如我、小、天、太、阳、大、长等，对于字形稍微复杂的字词无法辨认，更无法阅读，如春、雨、夜、树等，无法通顺地朗读全文，更无法理解文中的意思，对于老师的提问无法做出回答，在理解上存在较大的困难。

表9-13　识字能力评估结果报告

学生：小雨	性别：女	障碍类型：未知
评量人员：陶老师	年龄：7岁	评量日期：2019年10月8日
测验用时：40分钟	测验分数：	

表9-14　具体现况

领域	现况摘要
书写错误类型	在汉字错别字类型中，发生错误的概率为86%
书写相关行为	四种相关问题行为均存在
书写技巧	在五种书写技巧中，均存在握笔方式笨拙、书写姿势不良、擦拭涂抹频率过高、卷面脏乱的问题
总体评价	学生的书写水平远远低于该年级的平均水平，因此认定其存在书写方面的困难

（四）研究建议

针对该学生的评估结果，教师应结合学生的实际书写学习情况，在未来教学过程中注重培养该学生的书写能力，对学生的书写作品、书写特点等进行分析，关注细节，有针对性地帮助学生进行反复练习，制订有针对性的个别化教育计划，根据学生的表现情况及时采用和调整训练策略，逐步改善学生的书写情况。

第四节 阅读能力的评估

一、阅读能力评估的方法

1.检核表（魏寿洪编）

小学语文课程评量相关表格见 9-15 至表 9-18（自编），教师根据学生具体情况填写。

表 9-15 受评学生基本资料

姓名：			年	月	日
性别：□男 □女		填表日期			
年龄：_____		出生日期			
		实足年龄			
学校：_____ 班级：_____年_____班 残疾证明：□无 □有，注明_____程度 残疾类别：_____ 医疗诊断：_____ 服药情形：_____ 备注：					

表 9-16 填表人基本资料

填表人姓名		填表日期	年 月 日
与受评学生关系		职业	
特殊学生辅导经验	□从未 □曾经 □持续	服务年限	
与受评学生接触年数		再测日期	年 月 日

表 9-17 受评学生表现等级

评分等级		受评学生表现
1	完全不符合	➤ 受评学生不符合该学习与行为表现的描述；符合度 0%
2	少数符合	➤ 受评学生少部分符合该学习与行为的描述；符合度 1%~25%
3	一半符合	➤ 受评学生约一半符合该学习与行为的描述；符合度 26%~50%
4	多数符合	➤ 受评学生大部分符合该学习与行为的描述；符合度 51%~75%
5	完全符合	➤ 受评学生完全符合该学习与行为的描述；符合度 76%~100%

填写说明：下表列出关于义务教育小学语文课程的目标题项，包括识字与写字、阅读、写作、口语交际、综合性学习，请您仔细阅读每个句子，再在右边的

五个选项（不符合 / 少数符合 / 一般符合 / 多数符合 / 完全符合）中最符合的选项上打"√"。每道题中 1-1 中前面的 1 表示第一学段，即 1~2 年级；2-1 的 2 表示第二学段，即 3~4 年级；3-1 的 3 表示第三学段，即 5~6 年级。以下以阅读部分为例：

表 9-18　小学语文课程评估量表（魏寿洪编）

	阅读（得分：　）	不符合	少数符合	一般符合	多数符合	完全符合
7-1	能正确、流利、有感情地朗读课文。能初步表达课文的思想感情。能背诵指定的课文	1	2	3	4	5
7-2	能按要求默读课文，理解主要内容，有一定的速度	1	2	3	4	5
7-3	能联系上下文，理解词句的意思，体会课文中关键词句在表情达意方面的作用。能借助字典、词典和生活 积累，理解生词的意义	1	2	3	4	5
7-4	能初步把握文章的主要内容，能初步了解段与段、段与篇的关系，学习给课文分段，说说段落大意，体会文章表达的思想感情	1	2	3	4	5
7-5	能准确复述叙事性作品的大意，能进一步感受作品中生动的形象和优美的语言，能主动与他人交流自己的阅读感受	1	2	3	4	5
7-6	积累课文中的优美词语、精彩句段，以及在课外阅读和生活中获得的语言材料。诵读优秀诗文，注意在诵读过程中体验情感，背诵优秀诗文 10 篇（段）	1	2	3	4	5
7-7	在理解语句的过程中，体会标点符号的不同用法，了解句号、逗号、顿号、分号、冒号、问号的一般用法	1	2	3	4	5
8-1	用普通话正确、流利、有感情地朗读课文	1	2	3	4	5
8-2	初步学会默读，能对课文中不理解的地方提出疑问	1	2	3	4	5
8-3	能联系上下文，理解词句的意思，体会课文关键词句的作用。能借助字典、词典和生活经验，理解生词的意义	1	2	3	4	5
8-4	能初步把握文章的主要内容，体会文章表达的思想感情	1	2	3	4	5
8-5	能复述叙事性作品的大意，初步感受作品中生动的形象和优美的语言，与他人交流自己的阅读感受					
8-6	在理解语句的过程中，体会句号与逗号的不同用法，了解冒号、引号的一般用法	1	2	3	4	5
8-7	学会略读，了解文章大意	1	2	3	4	5
8-8	积累课文中的优美词语、精彩句段，以及在课外阅读和生活中获得的语言材料	1	2	3	4	5
8-9	诵读优秀诗文，注意在诵读过程中体验情感，背诵优秀诗文 50 篇（段）	1	2	3	4	5
8-10	养成读书、看报的习惯，收藏并与同学交流图书资料	1	2	3	4	5
9-1	用普通话正确、有感情地朗读课文	1	2	3	4	5
9-2	会默读课文，默读 200 字 / 分钟，学习浏览，扩大知识面，根据需要快速搜索信息	1	2	3	4	5
9-3	能联系上下文，想词句的意思，体会课文关键词句的作用。能借助字典、词典和生活积累，理解生词的意义	1	2	3	4	5
9-4	在阅读中了解文章的表达顺序，体会作者的思想感情，初步领悟文章基本的表达方法	1	2	3	4	5
9-5	阅读叙事性作品，了解事件概况，能简单描述自己印象深刻的场景、人物，说出自己喜欢和讨厌的部分。阅读诗歌，可以大体把握诗意。阅读说明性文章，能够抓住要点	1	2	3	4	5

阅读（得分：　）		不符合	少数符合	一般符合	多数符合	完全符合
9-6	在理解课文的过程中，体会顿号、逗号、分号和句号的不同用法	1	2	3	4	5
9-7	至少背 50 首古诗	1	2	3	4	5
9-8	扩展阅读面，课外阅读量不少于 60 万字（6 本书）	1	2	3	4	5
10-1	能用普通话流利、有感情地朗读整篇文章	1	2	3	4	5
10-2	熟练默读文章，默读速度不少于 250 字 / 分钟	1	2	3	4	5
10-3	能联系上下文，体会课文关词句的意思和段落表达的情感	1	2	3	4	5
10-4	能在阅读中了解文章的表达顺序和基本表达方法	1	2	3	4	5
10-5	能在阅读中体会作者的情感，并与同学讨论，提出自己的看法	1	2	3	4	5
10-6	阅读叙事性作品后能简单描述故事梗概（场景、人物）	1	2	3	4	5
10-7	在阅读诗歌时能大致理解诗意，想象诗歌情境，体会诗歌中隐含的情感（喜物、思乡、爱国）	1	2	3	4	5
10-8	能在诵读优秀诗歌时注意节奏、韵律、情感	1	2	3	4	5
10-9	能背诵优秀诗歌 55 篇	1	2	3	4	5
10-10	课外阅读总量不少于 80 万字	1	2	3	4	5
11-1	能用普通话正确、流利、有感情地朗读课文	1	2	3	4	5
11-2	默读时具有一定的速度，默读一般读物不少于 300 字 / 分钟	1	2	3	4	5
11-3	学习浏览文章，扩大知识面，根据需要搜集信息	1	2	3	4	5
11-4	能借助字典理解词语的意义	1	2	3	4	5
11-5	能联系上下文和自己的积累，推想课文有关词句的意思，辨别词语的感情色彩，体会其表达效果	1	2	3	4	5
11-6	在阅读中揣摩文章的表达顺序，体会作者的思想感情，初步领悟文章基本的表达方法	1	2	3	4	5
11-7	在交流和讨论中，敢于提出自己的看法，做出自己的判断	1	2	3	4	5
11-8	阅读叙事性作品，了解事件梗概，能简单描述自己印象深刻的场景、人物、细节，说出自己的喜欢、憎恶、崇敬、向往、同情等感受	1	2	3	4	5
11-9	阅读诗歌，大体把握诗意，想象诗歌描述的情境，体会诗人表达的情感	1	2	3	4	5
11-10	受到优秀作品的感染和激励，向往和追求美好的理想	1	2	3	4	5
11-11	阅读说明性文章能抓住要点，了解课文的基本说明方法	1	2	3	4	5
11-12	在理解课文的过程中，体会顿号与逗号、分号与句号的用法	1	2	3	4	5
11-13	诵读优秀课文或者诗歌作品，通过作品声调、节奏等体会作品的内容和情感	1	2	3	4	5
11-14	背诵优秀诗文 60 篇（段）	1	2	3	4	5
11-15	扩展阅读面。课外阅读总量不少于 100 万字	1	2	3	4	5

2. 测验（给予学生阅读材料进行测验，包括对其阅读理解的测验）

阅读材料测验是一种评估学生阅读能力较为直观的方法。根据阅读材料回答问题能够全面考核学生在阅读时对材料中的字、词、句子等识别与理解。以下是小学六年级语文阅读能力测验试题。

有一天，我从学校里跑出来，流着泪，很伤心地走回家里。妈妈抱着弟弟，站在门口。弟弟向我招招手，妈妈亲切地微笑着，欢迎我回来。但是我淌（tāng tǎng）着泪的脸，让妈妈很惊奇。她连忙拉着我的手，一边走过去，一边问我："为什么这么伤心？""妈妈，我想做的、我要做的事情，老师不让我做！"我一边抹着眼泪一边呜呜咽咽地说。"呀！到底什么事？"妈妈温和地问我。"学校里要开家长会……要演剧……但是老师这一次不选我……当主角，却只要我在后台……工作！那小龙反做了……做了主角了！"我呜呜咽咽地，连话也说不清楚了。妈妈伸出手来，要我看看她戴着的手表。"云，你看看手表上面有些什么东西？"妈妈一边揩干我眼泪一面温和地问"那是一块玻璃，两个指针。"我回答说。妈妈把弟弟放在一旁脱下手表，把表壳打开，又问我："你看见了些什么呢？""小齿轮和螺（luó ruó）丝！"这时我完全忘记了我的伤心事。妈妈继续说："当表的指针不走，或走得不准的时候别人就会说，'这表是虚有外表'。可是怎样才能使它会走，并且走得准确呢？就得靠这些小齿轮和螺丝，还有许多你看不到的部分。"停了一会儿，妈妈又望着我意味深长地说："这没有人喝彩的工作，但却是重要的工作，而且是不能没有的。"我忽然明白起来，心里便觉得很轻松、

（1）给短文加上合适的题目：_____

（2）把括号中不正确的读音画去。

（3）给画线句子加上标点。

（4）手表是由_____等部件组成的，其中让人喝彩的有_____，没有人喝彩的有_____。

（5）老师让"我"在后台工作，"我"为什么哭了？

_____

（6）最后"我"明白了什么？

_____

（7）你周围有没有"没有人喝彩却又是重要的工作？"请举例。

_____

3. 作品分析

一天，李叔叔到新街口去办事，可走到一半时，他发现自己迷路了。这时，有一位老奶奶走了过来，李叔叔连忙说："老太太，新街口怎么走？"老奶奶看了李叔叔一眼，没理他，转身就走了。

老奶奶为什么没理李叔叔？李叔叔应该怎么说老奶奶才会给他指路呢？

_____因为老奶奶耳朵有点听不清楚，李叔叔应____
_____在大声上问路，老奶奶就给他了。____

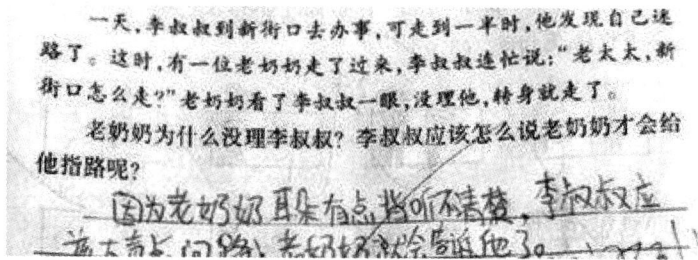

图9-8　学生作品

从上图测试题中不难看出，该学生难以理解文中材料传达的信息，在回答问题时多半是根据自己的生活经验回答的，由于对文中的材料理解不够透彻，所以回答该题有难度。

二、阅读能力评估的案例分析

（一）案例基本情况

评估对象为××小学一年级的学生，惯用手为右利手，呈扭转型握笔姿势，腕部力量较弱。在测验过程中，该学生情绪状况良好，教师能很好地与其进行沟通，具备基本的表达能力。该学生在测验的过程中能够在提示下配合教师完成测验，但是注意力集中时间较短，身体左右晃动及趴在桌子上；存在畏难情绪，缺乏自信心，测验过程中若对自己的答案不确定，会不敢尝试说出答案。

（二）评估过程

为测验学生阅读及理解文本的能力，评估选用的测验材料是小学一年级阅读文本《我是一颗种子》。

（三）评估结果（表 9-19、表 9-20）

评估结果：该学生识字量十分有限，仅能认识文中的常用字，如我、小、天、太、阳、大、长等，无法辨认字形稍微复杂的字词，更无法阅读，如春、雨、夜、树等，无法通顺地朗读全文，无法理解文本的意思，对于老师的提问无法做出回答，在对问题的理解上存在较大困难。

表 9-19　识字能力评估结果报告

学生：小雨	性别：女	障碍类型：未知
评量人员：陶老师	年龄：7 岁	评量日期：2019 年 10 月 8 日
测验用时：40 分钟	测验分数：	

表 9-20　具体概况

领域	现况摘要
阅读	该生识字量十分有限，仅能认识文中的常用字，如我、小、天、太、阳、大、长等，对于字形稍微复杂的字词无法辨认，更无法阅读这些汉字，如春、雨、夜、树等，无法通顺地朗读全文，只能勉强读出材料中的字词，很多字词都不认识，阅读速度慢，不够流畅，遇到不认识的字词有畏难情绪，不愿意读材料，阅读兴趣不高
理解	无法理解文章的意思，无法回答老师的问题，在理解上存在较大的困难
总体评价	学生的阅读理解水平与同年级的学生相比仍有较大差距，阅读理解困难，能力有限，需要后期采取相应策略

第五节　写作能力的评估

一、写作能力的评估方法

1. 检核表

小学语文课程相关评量表见表 9-21 至表 9-24（自编），教师根据学生具体情况填写。

表 9-21　受评学生基本资料

姓名：		年	月	日
性别：□男　□女	填表日期			
年龄：＿＿＿＿＿＿＿＿	出生日期			
	实足年龄			
学校：＿＿＿＿＿＿＿＿＿＿＿＿＿ 班级：＿＿＿＿年＿＿＿＿班 残疾证明：□无　□有，注明＿＿＿＿＿程度 残疾类别：＿＿＿＿＿＿＿＿＿＿＿＿＿ 医疗诊断：＿＿＿＿＿＿＿＿＿＿服药情形：＿＿＿＿＿＿＿＿ 备注：				

表 9-22　填表人基本资料

填表人姓名		填表日期	年　月　日
与受评学生关系		职业	
特殊学生辅导经验	□从未　□曾经　□持续	服务年限	
与受评学生接触年数		再测日期	年　月　日

表 9-23　受评学生表现等级

	评分等级	受评学生表现
1	完全不符合	➤ 受评学生不符合该学习与行为表现的描述；符合度 0%
2	少数符合	➤ 受评学生少部分符合该学习与行为的描述；符合度 1%~25%
3	一半符合	➤ 受评学生约一半符合该学习与行为的描述；符合度 26%~50%
4	多数符合	➤ 受评学生大部分符合该学习与行为的描述；符合度 51%~75%
5	完全符合	➤ 受评学生完全符合该学习与行为的描述；符合度 76%~100%

填写说明：

下表列出关于义务教育小学语文课程的目标题项，包括识字与写字、阅读、写作、口语交际、综合性学习，请您仔细阅读每题句子，再在右边的五个选项（不符合／少数符合／一半符合／多数符合／完全符合）中最符合的选项上打"√"。

每道题中 1-1 的 1 表示第一学段，即 1~2 年级；2-1 的 2 表示第二学段，即 3~4 年级；3-1 的 3 表示第三学段，即 5~6 年级。下面以写作部分为例。

表 9-24　小学语文课程评估量表（魏寿洪编）

阅读（得分：　）		不符合	少数符合	一般符合	多数符合	完全符合
7-1	能留心周围事物，乐于书面表达，有写作的自信。愿意将自己的作文读给他人听，与他人分享作文的快乐	1	2	3	4	5
7-2	能按要求默读课文，理解课文主要内容；能不拘形式地写下自己的见闻、感受；能用简短的书信、便条进行书面交流	1	2	3	4	5
7-3	能联系上下文，理解词句的意思，体会课文中关键词句在表情达意方面的作用。能借助字典、词典和生活 积累，理解生词的意义	1	2	3	4	5
7-4	尝试在习作中运用自己积累的语言材料，特别是一些优美的语句	1	2	3	4	5
7-5	能修改错误的句子，给错乱的段落排序；根据表达需要，正确使用逗号、引号等标点符号	1	2	3	4	5
7-6	课上写作任务每学期 8 次左右	1	2	3	4	5
7-7	留心周围事物，乐于书面表达	1	2	3	4	5
8-1	能不拘形式地写下自己的见闻、感受和想象，注意表达自己觉得新鲜有趣的地方	1	2	3	4	5
8-2	愿意将自己的作文读给他人听，体会分享的快乐	1	2	3	4	5
8-3	能用简短的书信、便条进行书面交流	1	2	3	4	5
8-4	尝试在写作中运用自己积累的语言材料，特别是一些优美的语句	1	2	3	4	5
8-5	能复述叙事性作品的大意，初步感受作品中生动的形象和优美的语言，与他人交流自己的阅读感受					
8-6	根据表达需要，正确使用冒号、引号等标点符号	1	2	3	4	5
8-7	学习修改作文中明显错误的语句	1	2	3	4	5
8-8	课上写作任务每学期 16 次左右	1	2	3	4	5
9-1	懂得写作是为了自我表达的重要方式	1	2	3	4	5
9-2	养成留心观察周围事物的习惯，有意识地丰富自己的见闻	1	2	3	4	5
9-3	能写简单的日记、读书笔记等，能准确使用"三段式"和标点符号	1	2	3	4	5
9-4	修改自己作文中的错误，并且在老师要求下与同学交换寻找作文中的错误	1	2	3	4	5
9-5	写作一定要注意速度（1 小时／篇），课堂写作任务至少 8 次／学期	1	2	3	4	5
10-1	能将写作内容用于与他人交流	1	2	3	4	5
10-2	养成留心观察周围事物的习惯，积累写作素材	1	2	3	4	5
10-3	在写作时能运用三段式写作方式进行表述	1	2	3	4	5
10-4	能够根据老师要求对作文进行修改，包括修改文字、标点符号等	1	2	3	4	5
10-5	每学期至少完成 8 次写作任务	1	2	3	4	5
10-6	能写简单的日记、读书笔记、书信等	1	2	3	4	5

阅读（得分： ）		不符合	少数符合	一般符合	多数符合	完全符合
11-1	懂得写作是为了自我表达和与人交流	1	2	3	4	5
11-2	留心观察周围事物的习惯，丰富自己的见闻，积累写作素材	1	2	3	4	5
11-3	能写简单的记事作文和想象作文，内容具体，感情真挚；同时能够分段写作	1	2	3	4	5
11-4	能写信件、观后感等多种体裁的文章	1	2	3	4	5
11-5	修改自己的文章，并能够与同学交换修改，做到文章语句通顺、行文流畅、书面整洁等	1	2	3	4	5
11-6	根据表达需要，正确使用标点符号	1	2	3	4	5
11-7	写作要有一定的速度，同时每学期至少有16次写作任务	1	2	3	4	5

2. 测验（根据写作题目，测验其写作状况，进行写作分析）

小学六年级语文写作测验题目：《生病了》

我们在生活中时常发生小感冒，因为生病我们会有一些独特感受，我们也备受家人的关注，我们身边也悄然发生着一些与我们生病相关的事情。拿起你的笔，诉说那段生病的经历，那段不一样的感受！

请以生病了为话题写一篇记叙文。

3. 作品分析（图9-9）

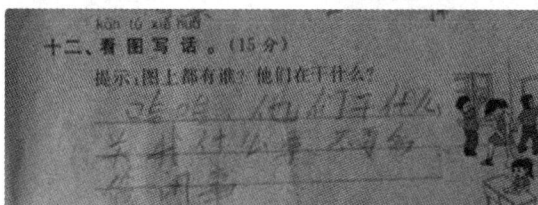

图9-9　学生看图写作作品分析

根据该学生的作品可以看出，该学生不能仔细地观察图片内容，没有理解作文要求，写作时过于随意。

二、案例分析（表9-25）

表9-25　学生案例分析

学校：_____××小学_____　班级：_____三____年级_____1____班
残疾证明：□无 ☑有，注明_____程度
残疾类别：_____自闭症_____
医疗诊断：_____自闭症_____　服药情形：无
评估者：刘老师
评估时间：2017年4月10日

学生甲：男生，10岁，三年级，家庭成员有父母、爷爷奶奶和一个妹妹，主要说普通话，由正规医院诊断为自闭症。作文字数在100字以内，作文内容常常是自说自话，没有围绕写作主题展开。学习情况：数学成绩90分以上，但是语文成绩不稳定，在70分左右。喜欢和别人接触，对规则的理解较好，口语表达比较正常。但是常常自说自话。学习态度较好，能够较为正常地跟随教师的上课流程上70分钟的课。

学生乙：男生，11岁，三年级，家庭成员有父母和一个弟弟，主要说普通话，由正规医院诊断为自闭症。该学生书写汉字比较正规，写字速度较慢，错别字较少，作文字数在150字左右，有抄课文的现象。写的作文就像流水账，以时间为线索不断向下描述，围绕同一件事情无法展开。口语表达正常，理解能力较好，学习态度非常积极，能配合教师的教学活动，形成较好的课堂常规。

学生丙：男生10岁，三年级，家庭成员为父母和外公外婆，主要说普通话，由正规医院诊断为自闭症。该学生的书写比较规范，写字速度正常，有较少错别字。不喜欢写作，作文字数一般为120字左右。作文大都写成说明文的形式，比如介绍"我"的一天，就变成对某一个玩具的详细介绍。数学成绩一般，在80分左右，语文成绩在70~80分，对于写作有畏难心理，常常逃避教师安排的写作任务，口语表达正常，但是主动沟通次数较少，理解能力较好。

评估工具	具体操作方法
自编《小学语文作文评分标准》	文句表达包括遣词用字、文句通顺、文笔流畅三部分，内容思想包括取材合题、内容充实、思路清晰三部分，组织结构包括段落分明、前后呼应、结构完整三部分，基本技巧包括文字正确、标点正确、语句正确三部分。每一小部分的评分等级为1、2、3、4、5五个等级，其中给1、3、5级给予评分说明，若学生表现在1、3级之间，就给2分，若在3、5级之间，给4分。由研究者和两名语文教师对学生的作文进行评分，取三名教师的平均分作为最终得分，最高分为60分。得分越高，说明学生的写作能力越强。
自编教师、家长访谈提纲	在基线期后、介入期后和维持期后分别对学生在普通学校的语文教师和家长进行三次访谈，访谈内容包括"教学方法的改变、对研究对象关注度的改变、研究对象写作表现情况的变化、写作态度的变化以及对教师教学的建议"五个方面，进行写作态度研究成效的探讨。
自编概念图写作教学程序检核表	每次课后进行当天教学程序的评分对学生进行自我检核，根据自我检核情况在下一次的教学中做出教学策略的调整。

研究结果：三位学生的写作表现得分在经过干预后均有不同程度的上升，即使在撤除干预后，也能够保持较高的写作水平，这证明基于概念图的写作方式能够提升自闭症学生的写作水平。

第十章/
资源教室学习基本能力课程的实施

第一节　学习基本能力训练计划

一、学生个别化学习基本能力训练计划

（1）学生的基本信息：姓名、性别、年龄等。

（2）学生书写的优势和劣势：现有书写水平，哪些领域需要提升。

（3）针对性的教学目标：基于学生现有书写水平和优劣势制订教学目标。

（4）相应的教学策略：根据学生以上的具体情况采用合适的教学策略。

（5）教学反思：对教学效果进行评价。

表 10—1　学生评估报告及教学计划

测评对象：朱×× 　性别：女　 出生日期：2019 年 3 月 20 日
日评量人员：魏寿洪　评量日期：2017 年 7 月 19 日　测量用时：50 分钟

学生情况：评估对象为××小学一年级的学生，惯用手为右利手，呈扭转型握笔姿势，腕部力量较弱。在测验的整个过程中情绪状况良好，能很好地进行沟通，具备基本的表达能力。朱××在测验过程中能够在提示下配合施测者完成测验，且在在畏难情绪，出现身体左右晃动及脚（在某子上晃动）等行为，测验过程中朱××若对自己的答案不确定，不敢尝试说出答案，会直接摇头摇头表示不会。

领域	次领域	现况摘要		教学目标	教学策略
		优势	劣势		
识字与写字	阅读	能够认识及书写单韵母、声母、鼻韵母、整体认读韵母，掌握部分拼读规则，理解部分拼读规则，例如"chuan"	只能写出或认出很少的词汇，对所学语文课本上的字词不会认读或读书写，与年龄不符，不理解押韵规则，无法进行押韵选择，例如"duan kuan suan"	1. 强化对已掌握的音节的认识，能够正确听写 2. 学会拼读多音节词汇，掌握拼读规则 3. 正确认读生字，明白生字含义并组词	1. 从声母开始学习逐步过渡到韵母再到整体认读音节，为正确拼读复杂音节打好基础 2. 学习拼音结构：单音节、双音节、三拼音节 3. 从单音节开始学习拼读规则，从熟知的生字开始，如"yi, zi, er, a"，再到双音节，如"zhu, chen"再到三音节，如"gua, duo, xian, guai" 4. 加上声调认读拼音混合认读 5. 根据汉字写出拼音
	书写	基本能够正确书写拼音，例如"m, n, y"；能给音节补齐声母，例如"yang"。	补齐音节方面存在一些困难，如补齐韵母、齐韵母	1. 汉字与音节能够顺利读出 2. 根据汉字写出音节或音节写出对应汉字	1. 根据音节写出对应的汉字，用熟悉的字词开始，如"a—啊，er—耳，zhu—朱，chen—晨，han—涵，gua—瓜，hua—花"。 2. 根据汉字写出拼音，从熟悉的字词开始，如"啊—a，耳—zhu，晨—chen，涵—han，花—hua，瓜—gua" 3. 给出汉字和部分拼音，补齐缺失的声母，韵母或声调，如花(ha)，晨(en)，上(sh)
拼音	拼音与汉字结合	通过视觉信息能够给汉字选择正确的拼音，如"在"的拼音是"zai"；通过听音的拼音，可以与相应的汉字，例如"shang"—上	只靠听觉加工信息，偶尔无法选择正确，例如"guang"去掉"u"不知道读什么；不会选择读音押韵的词语，又如"到，要，大"	1. 分辨平舌和翘舌的区别 2. 朗读简单的句子，平翘舌正确 3. 掌握拼音声调：阴平、阳平、上声、去声	1. 学习平舌音"z, c, s"和翘舌音"zhi, chi, shi" 2. 根据声调归类汉字 3. 拼读游戏，去掉或加上韵母进行拼读，从简单的开始，如"zhu—zhuo, gu—gua, ka—kua, chuan—chan, tian—tan"

识字与写字	汉字 · 听	能够听懂老师所读的汉字及理解意思，如"火、山"等	未发现困难，需进一步评量	1. 正确识别不同音声调的汉字，加强对音声调的理解与掌握 2. 能准确辨别不同字词的发音，根据听到的拼音写出汉字	1. 听写练习 2. 听觉记忆训练，包括跟读、复述等 3. 听觉辨别练习，听形近字、听形近字词的意思，跟读辨别不同并理解不同形近字的意思，正确辨别不同的形近字
	说	汉字的发音及声调基本正确，如"风、雨、花"等	受识字水平限制，会出现猜字等现象，例如，"胖胖的"说成"肥肥的"	1. 正确使用平翘舌字词可以自行拼读并继续阅读 2. 提高拼读速度 3. 增加识字量	1. 从单字词到词组再到句子进行练习平翘舌的发音，纠正错误读音 2. 每节课学习新的汉字，并组词、连带词语学习，增加字量 3. 自我表达练习，根据主题，自己组织语言大胆表达
	读	能够正确分字，如"天、耳、对"；对课文中的一些精难汉字无法认读，如"农民"	无法进行快速的词语阅读，停顿时间较长，如"房子、书包、香蕉"	1. 能够阅读完整的句子 2. 对生活中常见的事物能够快速说出名称，能够将汉字与图片或实物一一对应	1. 识字时呈现汉字、图片 2. 分别指认汉字和图片 3. 混合指认 4. 根据生活情境随机教学，丰富生活经验
	写	模仿书写能力较好，如能在田字表中仿写出"船、莲、树"等相对复杂的汉字；能够写出部分简单字，如"上、少、目"等；能够选择合适的量词，例如"一头牛"；能进行组词，例如"天上、开心、出口"等；能够进行简单词语的配对，例如"公园、朋友"	写字姿势不正确，但是保持时间短，如会出现趴在桌子上书写的现象；执笔姿势扭转型；写字速度适中，对间架结构把握较差，空白纸格性较差不够，然存在间架结构中会缩小，但是仍"坐"错误，放入格子中会对，然后上下分开，如写"坐"验字正确，偶尔"你"加一笔"巾"，例如"加一笔"	1. 学会正确的书写姿势 2. 明白自汉字的结构类型及书写规则 3. 学会扩句，用简单的修饰词描述事物 4. 掌握书写的正确笔顺 5. 合理控制字体大小	1. 课前进行手部肌肉训练，通过串珠、插豆、仿绘、连线等趣味性环节提高学习兴趣 2. 学习汉字结构：左右结构、上下结构，左中右结构、上中下结构、半包围结构，全包围结构、镶嵌结构 3. 按类别学会认读，其次要学会书写，首先能够自己列举 4. 描红练习，学会正确书写 5. 在田字格本中书写（所有书写的内容均在田字簿中进行）
阅读	文章阅读	能够读出文章中自己认识的字或词语，不认识的字会请教老师或根据语境替换，例如，把"胖胖的"换成"肥肥的"	阅读流畅性不足，无法进行快速连贯的阅读	1. 能用普通话正确读出句子 2. 句子的停顿正确，不唱读，不重复 3. 学会有感情地朗读	1. 熟知阅读要求，包括句子的正确性，朗读要求、感情等 2. 阅读练习，从短句到长句到小诗歌到古诗 3. 课文朗读练习
	内容理解	能基本理解简单段落的核心意思	无法进行句子划分；无法用自己的话将文章内容进行重新填写；无法理解文章要表达的情感	1. 理解句子含义，用自己的语言进行表达 2. 能够自己解释一些简单词语的意思 3. 能够初步理解一些词语的近义词含义，能分辨出词语的感情色彩	1. 掌握词汇传递的意思，用自己的话说自己的看法 2. 结合句子进行练习，要求先说出句子的意思 3. 结合绘本，加强情感体验

领域	子项	现状	不足	目标	教学建议
写作	仿写	在老师提示下可模仿说出简单句，如"妈妈在洗衣服""爸爸在刷碗"	无法独立进行句子仿写，且仿写句子中存在汉字的书写问题	1. 能在田字簿中写出完整的句子 2. 学会自己补齐句子 3. 能独立写出句子	1. 抄写句子，要求在规定时间内完成，且字体大小合适，笔顺正确 2. 根据已有句子发挥想象对句子进行补充，如"妈妈在洗衣服，在拖地，桌上有很多水果，有苹果、梨、草莓、香蕉。" 3. 根据已有提示进行仿写，如"我有一件漂亮的裙子。"
口语交际	交往	可进行简单的口语交际，例如"你在干嘛"，能够听懂他人的意思，并做出正确回应，例如"按老师要求作答"；能够自己完整表述小故事	缺乏自信心	1. 能流利地做自我介绍 2. 能够主动进行自我表达，向他人分享	1. 每堂课前进行自我介绍练习 2. 及时对其肯定与鼓励，夸赞内容要具体，帮助学生正确认知自我，给予正确引导，培养其自信心
综合性知识	语文运用及表达	对周围的事物感兴趣，拿附近的玩具；能够用口头或图文形式表达自己，观察到的事物，能够观察到并进行绘画并讲解	无法将复杂的语言学习与生活相结合	1. 能够自行描述一件事物 2. 学会用简单的形容词，如漂亮的、美丽的、可爱的、高高兴兴的等 3. 结合生活实际进行自由表达	1. 给其一件常用物品，让其进行观察，并加以描述 2. 列举自己在学校经历的小事件，说出事件经过并表达感受 3. 根据绘本，理解故事情节，体会故事的背后意义
注意力		听觉注意力较好，能够听指令做出反应	视觉注意力较差，如，和老师对话维持五秒后开始转移视觉，小动作较多，东倒西歪，做事速度慢	1. 能够专注地听讲至少二十分钟，维持时间较短 2. 听讲时能够坐姿端正，不做小动作 3. 在规定的时间内完成一定的教学任务，提高完成速度	1. 每天做顶杯练习和呼吸训练至少十分钟 2. 老师和学生重新制订课堂规则 3. 做事情时做好时间管理训练 4. 每天完成一定的注意力训练手册任务 注：每节课内容都包含注意力训练、精细动作练习、自我介绍和自由表达的环节

1. 总体评价

能够认识和说出生活中的用语，且沟通能力较好，但识字量较少，无法正常阅读和理解文字内容；精细动作能力较好，书写字迹不工整；发展处于形象思维阶段，可进行直观教学；口语表达能力较好，自我表达能力好，可结合绘本进行人际交往相关教学，发展社会关系；综合能力较好，但推理及抽象思维能力较差，完成任务时不够自信，在以后的教学中需进行个别化训练。建议安置形式为普通形式融入普通小学，同时进行个别化训练。

2. 未来发展潜能

模仿能力强，可以通过仿写教学，仿画教学；仿画能力好，仿造能力较高，对老师的指令理解清楚；形象思维能力好，可进行书写格式的教学，综合能力较好，配合度较好，可调动多种教学资源及方式进行教学；在作业能力训练中，穿插人际交往过程中，穿插人际交往相关知识，提高人际交往能力，通过绘本阅读及讲解流畅阅读提高其理解能力。

3. 教育重点

识字与书写教学，通过直观教学，帮助学生理解记忆，增加其识字量；同时辅以必要的力量训练，规范其书写格式，对注意力稳定性、广度、分配性、转移性进行系统训练。阅读能力教学，通过阅读训练及绘本阅读流畅阅读及对句子的理解能力，转移性进行系统训练。

二、学习基本能力课程学习计划

（一）学习基本能力课程学习计划内容及要素

学习基本能力课程学习计划的制订需要以学生的评估结果作为参考依据，包括课时数量、时间安排、课程名称、课程目标等要素。

（二）学习基本能力课程学习计划案例

研究人员参考相关量表测量与分析的结果以及之前的个别教育计划，综合情绪问题行为检核结果、与李妈妈访谈的情况以及课上课下的观察了解，对李××本学期的课程做出计划安排，具体如下。

本学期学习基本分为 4 个月，大概有 16 个课时（个训课）。

利用 5 个课时进行专门训练，每次训练内容包括视觉、听觉训练以及感统训练（各 15 分钟左右），通过视觉分辨、视觉记忆、视觉排序、视觉追踪、视觉广度的训练，提升学生的整体视觉注意力；通过听觉分辨、听觉排序、听觉记忆、听觉联想、听说结合的训练，提升学生的听觉注意力；通过感知觉统和训练减少或改掉学生上课坐不住、小动作不断等小毛病。

利用 11 个课时进行汉字认读、汉字书写、简单写作等能力的提升，并将生活语文和生活数学的理念融入其中。最后一节课为总结一学期所学以及规划暑假。个训课程表如表 10-2 所示。

最后一节课为总结一学期所学以及规划暑假。

表 10-2　李 ×× 融合平台个训课程安排表

	第一周		第二周		第三周		第四周	
	目标	课名	目标	课名	目标	课名	目标	课名
三月	了解学生情况	3.11访谈评估	认识人民币	3.18汉字认读（一）	提升注意力	3.25注意力训练（一）	认识日历	4.1汉字认读（二）
四月	提升注意力	4.8注意力训练（二）	诗朗诵	4.15汉字认读（三）	提升注意力	4.22注意力训练（三）	认识日历	4.29汉字认读（四）
五月	学写日记	5.6汉字书写（一）		5.13汉字书写（二）	认识三角形	5.20汉字书写（三）	猴王出世（上）	5.27简单写作（一）
六月	猴王出世（下）	6.3简单写作（二）	认识时间	6.10简单写作（三）	端午假期	6.17简单写作（四）		6.24学期总结

第二节　基本学习能力的教学策略

一、注意力训练策略

（一）视知觉训练

1.视觉转移

视觉转移是指在学习或者工作过程中，我们需要将眼睛从看某处换到看另一处，要求达到在转移中不会影响到视觉效果和质量。

1）移位加法

目的：

通过此项加法计算练习，一方面加深了对加法计算的熟练程度，另一方面又会因为不断地在表格中进行移位训练，而提高视觉转移的能力。

注意事项：

需要很细心地进行计算，只要有一处地方出错，后面的就会全错。一旦出现不循环或很快就开始循环，就表明出错了，要重新开始计算。这种练习以重复计算的次数少、所需时间短为好。

要求：

（1）看清第一行最左边的数字为7，第二行最左边的数字为1，将第一行的"7"加上第二行的"1"。

（2）7+1=8，将和数"8"写在第一行"7"右边的格内，把第一行的加数"7"写到第二行"1"右边的格内。

（3）再将第二列上下相加，"8"与"7"的和为"15"写在第一行8右边的格内。因为此时和数已经超过10，所以只在格内写个位数"5"。（注意：当和超过10的时候，只写个位数）。

（4）依法继续上下相加，"5+8"，直至出现与第一行的数字顺序"7、8、5"，第二行的数字顺序"1、7、8"完全相同为止，这即出现的数循环。

（5）数出循环出现前共有多少个数字（即开始的"7"数至循环的"7"之间的数字总和）。

（6）把循环数的个数和发生错误、重新计算的次数写在下面的训练报告表中。

训练内容：

7	8	5							
1	7	8							

训练记录表：

算数加法计算	1题：在计算过程中错（ ）次	1题：循环数的个数：
	2题：在计算过程中错（ ）次	2题：循环数的个数：

变式：

可以单排、双排；可以加法、减法。

2）填写缺失的数字

目的：

通过练习，不仅可以提高学生的视觉集中能力，也可以提高学生的视觉转移能力；因为填错的数字越少越好，所用时间就越短越好。

要求：

依据对照表，把表格中缺失的数字填写出来。

注意事项：

家长帮助监督学生的练习情况，把填错的个数和全部填写完所用的时间都写到下面的训练报告表中

训练内容：

```
14598274582038477482828
34848473738493837356292
92364749393747493935674
```

```
145    2745820384    482828
3484847    38493837356292
92364749393747493    5674
```

训练记录表：

缺失数字	填错：（ ）个	填完全部所用时间： 分　秒

变式：

可以填写数字、汉字、汉语拼音。

策略总结：

放大纸、分区、字体等。

2. 简单视觉分辨

视觉分辨的训练就是在视觉集中的基础上加以细微部分的比较，例如，变化的部分、缺失的部分、相同的部分、不同的部分等。在训练的过程中，除了增强了视觉能力，也提高了思维能力、解决问题的能力，以及磨炼了意志。

1）空间关系

儿童空间知觉的发展规律依次为：形状知觉（圆形、正方形、半圆形、长方形、三角形、 八边形、五边形、梯形、菱形）；方位知觉（上下、前后、左右）；距离直觉（谁远谁近、路边窄了吗？）；大小知觉（变小了吗？）。

训练内容：

（1）大小

（2）上下

（3）远近

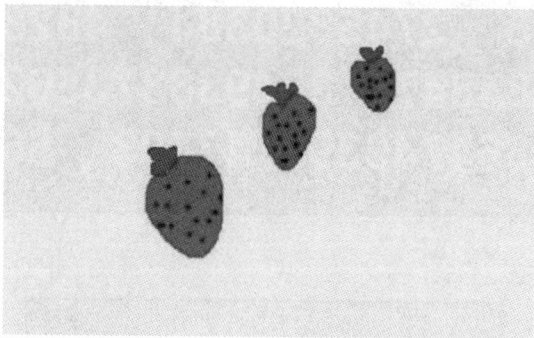

（4）左右

2）旋转—镜像

按照日常的解释，镜像是指物体在镜子中形成的映像。人类能够将一个物体与该物体的镜像区分开来，同时能清楚地意识到它们是同一个物体。镜像与倒置从主观上讲有着很大的差异，前者是对刺激进行水平翻转，而后者是对刺激进行旋转，这给人们带来的视觉影响是明显不同的。

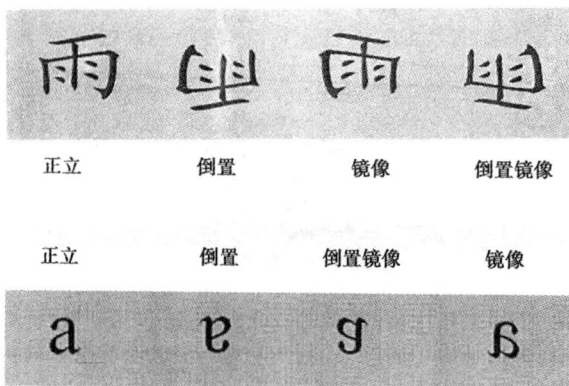

| 正立 | 倒置 | 镜像 | 倒置镜像 |

| 正立 | 倒置 | 倒置镜像 | 镜像 |

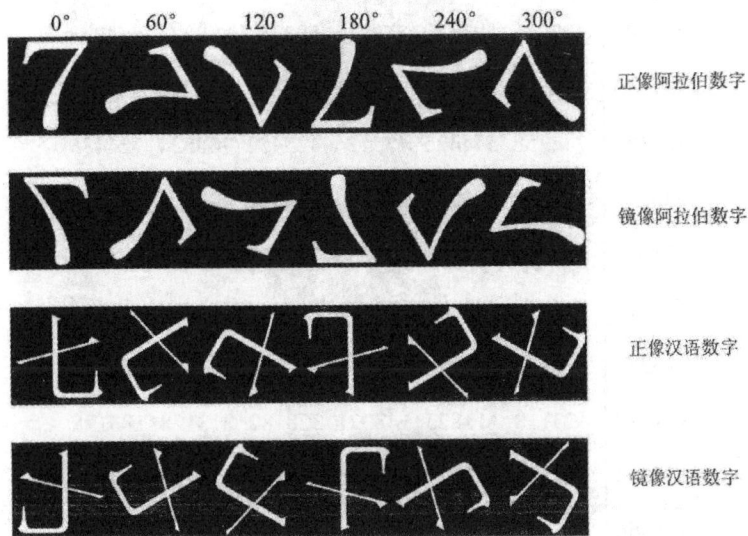

心理旋转实验用材料

	0°	60°	120°	180°	240°	300°	

正像阿拉伯数字

镜像阿拉伯数字

正像汉语数字

镜像汉语数字

变式：

可以从二维图像变成三维图像。

3. 复杂视觉辨别

（1）画消

画消图卡是重要的注意力训练工具，在 20 世纪 80 年代便用于学习障碍儿童的测试评价中。直到学习能力注意力训练形成体系，成为训练过程中不可或缺的图卡，没有之一。使用图卡时可以放很多相近的图标或字符，让儿童在众多相似图中找出目标，以此来训练其视觉专注分辨能力。

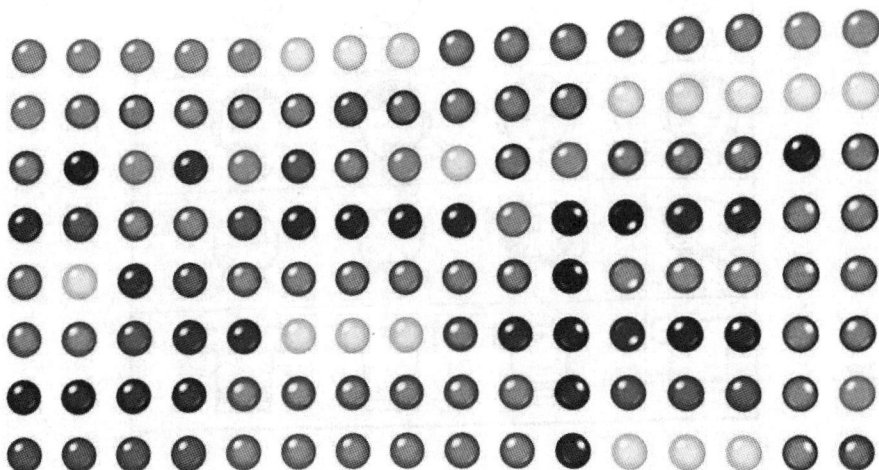

（2）找出横线两边相同的数字

598741	497788	581479	579814	598741	849874	854978
131243	313322	213132	133233	124331	131243	231233
724485	744258	544425	475424	425452	748524	724485
923322	725932	292239	922239	923322	722395	279232
325369	396622	369253	963236	329263	239263	325369
624413	241414	142441	124444	412441	624413	461244
613322	216132	261236	136263	613322	112366	621236
411823	423118	411823	148321	328182	813128	183128
177596	677755	159677	177596	776567	567576	175769
755566	655657	675657	557675	755566	665755	667556
673388	736863	985637	937856	867836	673388	687836
466829	482966	849668	466829	468692	966688	986869
658625	825652	582266	665826	661528	658625	686251
998264	896928	984629	929846	692288	869826	998264
628782	748627	862277	628782	473826	467283	426738

（3）找出相同的图案

（4）找出相同图形

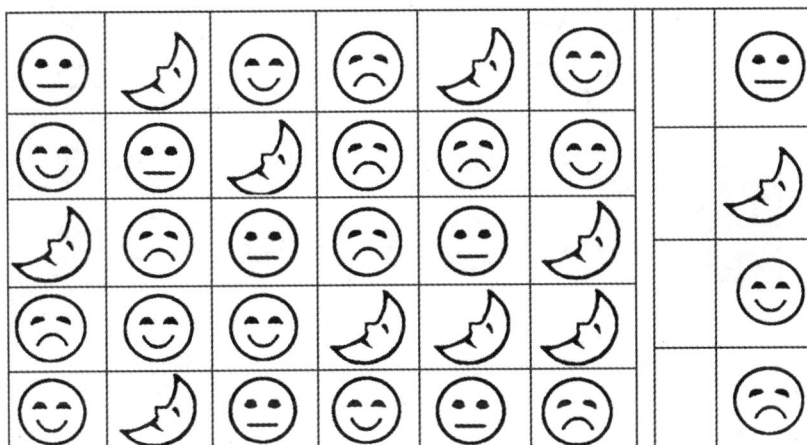

4.图形—背景辨别

目的：

通过练习，在比较的过程中，提高视觉的分辨能力，开发右脑的形象思维能力。

要求：

在图中寻找与图下面的标准图相同的图，并将各种图形的数目写在标准图旁的空格中，找对的图形越多越好。

训练内容：

（1）多图重合，找出指定图形

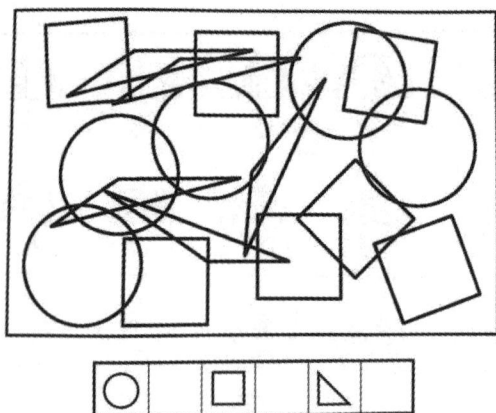

（2）图中图

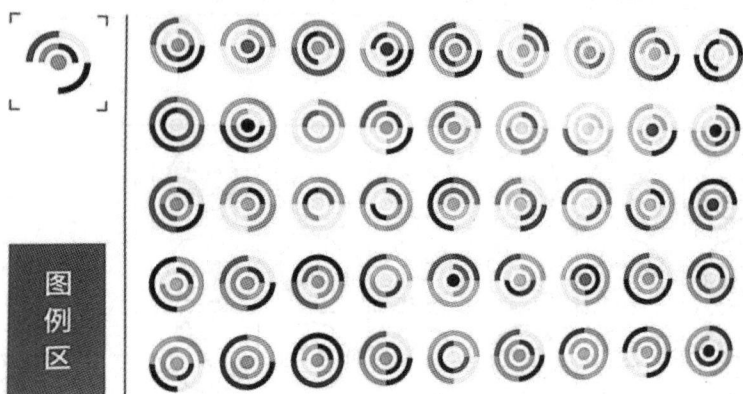

图
例
区

（二）听觉训练

1. 听觉集中

1）数出几个指定汉字的数目

（1）目的

能够排除其他汉字的干扰，集中于指定目标的听觉，在简答环节中，可以培养听觉能力。

（2）内容

听光盘中老师读的故事《找找小蚂蚁》，数出指定（"睡""了""小""累"）的数，并将各数和故事后面的问题写在空白纸上。问题可以根据具体内容进行设置。

2）数出几个指定数字的数目

（1）目的

提升听觉能力，能够排除其他数字的干扰，提升注意力。

（2）内容

听光盘中的老师读故事《画龙点睛》，数出指定数字"2、4、6、8的数目。

3）记录数列中按数序排列缺失的数字

（1）目的

既巩固对数序的认知，又提高听觉的分辨和记忆能力。

（2）内容

听读数字，凭记忆填写缺失的数字。

| 145982745820384774828283484847373849383735629292364749393747493935674 | 145　　2745820384　　482828
3484847　　38493837356292
92364749393747493　　5674 |

2. 听觉分辨

注意力是有选择性的，在大量的信息中，个体能够注意到的信息量有一定的限制。在众多听觉信息中，学生需要快速准确地提取与自己当前活动相关的特定信息，而听觉注意力欠缺的学生却存在一定困难。听觉分辨可以增强儿童的听觉注意力水平，提高筛选有效信息能力，提升听力水平。

1）找出两句话中不同的词组

（1）目的

提高学生的听觉分辨能力，训练学生心静，以逐渐克服浮躁的心态。

（2）要求

听读几题很相近的话，先把某个题目的两个句子读完，再读两遍，每一遍共读三遍，学生找出两句话中不同的一对词组，以听到五题中不同的一对词组都正确为好。例如"小明很开心""小明和高兴"这两句话中，不同的词组应该是"高兴—开心"。

（3）记录

将五题中不同的一对词组写在下面的训练报告表中，在答案中把不同的一对词组写来。例如"开心—高兴"，在每对词组中间还要画一条横线。

（4）内容

今天是爷爷的生日——今天是奶奶的生日。

小明的数学得了满分——小明的语文得了满分我买了三个苹果——我买了四箱苹果。

2）找出三句话中的相同词组

（1）目的

提高学生的听觉分辨能力，训练学生静心的能力，以便逐渐克服浮躁的心态。

（2）要求

听读几个题目中相近的话，先把某个题目的三个句子读一遍，然后再读两遍，每一遍共读三次，学生找出三句话中的一对相同词组。以正确听到五个题目中相同的一对词组为好。

（3）记录

将五个题目中不同的一对词组写在下面的训练报告表中，每对词组中间还要画一条横线。

（4）内容

公园里的花五颜六色，漂亮极了！

妈妈给奶奶买了一件漂亮的毛衣。

孔雀把它漂亮的羽毛展开了。

芳芳的脸蛋红的像水蜜桃一样，市场上的水蜜桃好圆呀！

爷爷买了很多水蜜桃回家。

妹妹是个很阳光的女孩，

今早打开窗帘一看，外面有阳 光。

昨天晚上看了电影《阳光很好》。

草原上的野马很奔放。

龙卷风像一匹脱缰的野马，肆虐地吹。

非洲的自然保护区有很多野马。

3）分辨不同的声音

（1）目的

提高学生的听觉分辨能力，训练学生对外界不同声音的听觉注意力。

（2）要求

对不同的声音进行分辨，听第一遍录音之后，让学生进行思考、回答问题，再听一遍后，向学生展示相应的图片。以达到对不同声音的类型回答都正确为好。

（3）记录

将不同题目的表现情况填写在训练报告表中。

（4）变式

不同的声音可以在音色、音调、音量上有所区分。

二、识字能力教学策略

（一）加工能力的训练

加工能力的训练主要包括对视知觉加工与听知觉加工的训练，其目的在于提高识字困难儿童的知觉加工能力。

1. 视知觉加工

张承芬等发现发音能力对阅读水平的影响不明显。阅读困难学生在视觉空间删除、图形记忆、词语理解、一般信息理解、口语短时记忆和非词语短时记忆能力都比较不足，而对图形记忆和加工能力的不足是汉语阅读障碍者的主要特征。在训练时，教师可采用舒尔特方格（Schulte Grid）。舒尔特方格是指，在一张方形卡片上画上 1cm×1cm 的 25 个方格，格子内任意写上阿拉伯数字 1~25 共 25 个数字。训练时，要求被测者按照 1~25 的顺序用手依次指出数字的位置，同时诵读，施测者一旁记录其所用时间。数完 25 个数字后，用时越短，注意力水平就越高。为了避免反复用相同的表产生记忆，教师可以亲自制作不同难度、不同排序的舒尔特表，规格大致为边长 20 厘米的正方形，1 套制作 10 张表，一定要选择自己熟悉的文字。

11	18	24	12	5
23	4	8	22	16
17	6	13	3	9
10	15	25	7	1
21	2	19	14	20

2. 听知觉加工

听觉训练包括复述训练、听读训练、正听反说训练等，以提高学生的听觉记忆、听觉理解、听觉辨别能力。以复述训练为例，训练方法是让学生在有限时间内（比如1分钟）听一组词语或者一组数字，然后让学生把听到的汉字或数字读出来，一组汉字的个数先从5个开始，依次往上添加。汉字的组合既包括无意义的随机组合，也包括有意义的句子。

下面以听知觉测试为例进行说明：

（1）要求

家长慢速而清晰地读第一句话，学生听完后，重复第一句，家长再读第二句话，学生背诵……每句话家长只能读一次，直至学生出现错误为止，然后把学生正确重复的句子数量写到训练报告表上。

（2）测试内容

东东送给红红铅笔。

胖胖的东东送给同桌红红铅笔。

三班胖胖的东东送给同桌红红两只铅笔。

三班胖胖的东东送给同桌爱学习的红红两只漂亮的铅笔。

三班胖胖的爱踢足球的东东送给同桌爱学习的红红两只漂亮的自动铅笔。

（3）记录

此评估是对学生每日训练情况的总结，"正确率所占比例""效率""与前几次相近题比较"几项只能进行大概估计。情绪一项一般只能用饱满、稳定、愉悦、浮躁、急躁、不稳定、心不在焉等来表示。

项目	正确率（所占比例）	效率（高中低）	与前次相近题比较（进退）	情绪
听觉测试				

以上视知觉和听知觉的加工训练可以分别参考视觉注意力和听觉注意力的有关训练方法。

（二）识字策略的训练

识字策略的训练是教师针对识字困难学生，教授其相关策略，解决其识字困难问题。

1.一般识字策略

在分析汉字结构的基础上认识偏旁部首，记住汉字的笔画并练习。

2.意义化识字策略

把握汉字中有意义的线索，帮助学生记忆。例如，许多学生在写"染"字时，很容易把"九"字写成药"丸"的丸字。但从意义识字策略角度学习的话，"染"

字的意思就是混合九种水，再使用木头搅拌。这样汉字的意思就蕴含其中，在书写中也不容易出错。在对汉字进行意义化的时候，也可以编谜语，比如"远看像头牛，近看牛没头，要问是啥字，看看日当头——午、"一口咬掉牛尾巴"——告；编顺口溜，比如在区别"有、左、友、右"时，可以创编"左下工，右下口，有下月，友下又"的顺口溜。

3. 形声字识字策略

形声字识字策略主要通过声旁和形旁的形式记忆汉字。许多汉字都是形声字，这反映了汉字的特征，并为汉字的发音提供了线索，这个策略就是充分利用汉字的这个特性，要求学生根据声旁记住汉字的读音，利用形旁记忆汉字的意义。例如，"搬"的读音就是其声旁"般"的发音。

4. 字族识字策略

一个字加上不同的偏旁或部分就组成一个新字，它们共同构成了一个字族。在教学此类汉字时，教师可以运用字族识字法引导学生自主识记生字。一组汉字中相同部分称为基本字，如"请、清、情、晴、睛"中的"青"就是基本字。基本字既可以是独体字，也可以不是。教师可以引导学生运用自己所学知识、经验主动探究其他字族，如"包"字家族识字策略的训练是针对识字困难学生在识记汉字时，缺乏策略的情况，教授相关策略。

5. 部件识字策略

部件识字策略是指通过分析汉字的组成部件结构进行识字的一种方法，如"碧"可分解为"王""白""石"三个部分，也就是说"王""白""石"这三部分为"碧"字的部件。

（三）语音训练

语音意识的训练目的是提高识字困难学生对音位的精细加工能力，有音位删除、音位替代、音位计数三种方式，进而提高干预组学生对音位的精细加工能力。

训练的步骤包括：音位删除指的是让学生删除指定读音中的某一个音位，然后读出新的拼音，例如，将"xiang"中的"g"删除，让学生说出新的读音"xian"；音位计数指的是让学生说出听到的拼音的组成个数，例如，"mao=m+ao"；音位替代指的是让学生用指定音位代替给定读音中的原有音位，然后读出新的读音，例如，将"da"中用"m"代替"d"得到新读音"ma"。

三、书写能力教学策略

（一）字的记忆策略

1. 图像记忆

右脑海马照相记忆的工作原理就是利用儿童独有的海马图像记忆机能达到认知的目的。研究表明，儿童初识汉字时是把汉字当成一个个完整的图形来记忆，这种图形记忆属于形象识记的一种。右脑海马照相记忆识字就是把文字和图画结合起来，通过规律性的图像闪动，激活且使用"右脑海马照相记忆功能"，将文字变成图形进行记忆。可使用的材料有"七田真闪卡"，其中有图卡、字卡等。

最简单的训练方法为"成语卡记忆小游戏"：教师手持写有成语的卡片，平置于孩子眼前30厘米处，以1秒一张的速度闪现，闪现的同时，教师（家长）说出相应的汉字，让学生读出来。在制作词语卡片时要注意减少图片上的干扰物。

2. 有益难度

根据学生的进步状况，逐渐增加记忆训练的难度，具体如下：

1. 人的生命是有限的，可是，为人民服务是无限的。我要把有限的生命投入到无限的为人民服务之中去。（雷锋）

2 我的一生始终保持着这样一一个信念，生命的意义在于付出，在于给予，而不是接受，也不是在于争取。（巴金）

3. 对于我来说，生命的意义在于设身处地替人着想，忧他人之忧，乐他人之乐。（爱因斯坦）

1. 人的_____是有限的，可是，为_____服务是无限的。我要把_____投入到_____之中去。（雷锋）

2. 我的一生始终保持着_____生命的意义在于_____，在于_____，而不是_____，也不是在于_____。（巴金）

3. 对于我来说，_____的意义在于_____，忧_____之忧，乐_____之乐。（爱因斯坦）

1. 人的_____可是，为_____。我要把_____。（雷锋）

2 我的_____始终保持着_____，_____在于___，在于___，而不是___，也不是___。（巴金）

3. 对于_____，_____的意义在于_____，忧___，乐___。（爱因斯坦）

3. 以熟带新

在学生已经掌握的汉字的基础上，让其学习带有相同部首的新汉字，比如学生掌握了"说"这个字，教师在此基础上教学"话、语、问、讨、论、议、译"等汉字。

4. 集中识字

集中识字包括部件识字、形声字、形近音近、同义反义四种。但是集中识字具有两个极端，比如部件识字属于字形的学习，部件数量越多（500~800 个），对学生的记忆力要求就越高。

（1）部件识字

主——住、驻、往、柱　　　方——放、防、房、芳、纺、坊

（2）形声字

忄——快、忙、悄、慌、懒、怪、怕、慢、惊、恨、悔

（3）形近音近

己—已—巳（si）舅—旧

（4）同义反义

寒—冷、观—看、遥—远、新—旧、强—弱、宽—窄

5. 多感官识字

学生学习的主要通道有视觉、听觉和触觉三种，教师可利用多样化的方式满足学生的不同感官通道。

感官	汉字学习方法
👀	• 文字配图 • 彩色字卡 • 彩色部件字卡：用不同颜色凸显形近字的不同部分
👂	• 听、跟读、朗读 • 唱歌、顺口溜、歇后语 • 音近字分辨 • 读出汉字笔画 • 拆字并读出
✋	• 手上猜字：用手指或木棒把字写在孩子手上，让他猜字。 • 砂纸手写 • 立体拼字 • 脚尖写字

（1）象形字

| 鼠 | 牛 | 虎 | 兔 | 龙 | 蛇 |
| 马 | 羊 | 猴 | 鸡 | 狗 | 猪 |

（2）指事字

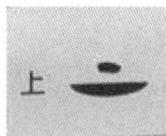  

地上加一——上　　　木上加一横——未　　　坑中有刺——凶

皿上有点——血　　　刀左有点——刃（锋利之处）　大戴冠冕——夫

（祭祀在器皿内加血）

（3）形声字

 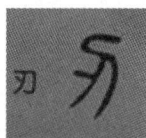 

与声旁读音完全相同：弟——第——递——娣

与声旁读音相似：米——迷——眯

与声旁读音不同：朱——姝

（4）会意字

三人众、二火炎、三火焱、三木森、不正歪、小土尘 上小下大尖、人靠着木休、太阳升旦、双手分东西掰两人相对盘腿在土炕上——坐、田间劳力——男

6. 记忆宫殿

记忆宫殿的核心原理是用熟悉的地点作为定点桩，记住一切陌生的信息。陌生的信息通过转图或编码，与地点进行钩挂，这就是记忆宫殿法。

记忆宫殿的步骤为：

（1）先要有熟悉的地点。

（2）花 1 分钟时间，按顺序记住属于我们的共同位置。

（3）开始记的时候，每记 3~5 个地点复习一遍，10 个地点记完后，先再脑子里过一遍，如果有条件，可以写在本子上。

（4）接下来选一篇现代文——《我爱这土地》，记住陌生信息。

我爱这土地（艾青）

假如我是一只鸟，

我也应该用嘶哑的喉咙歌唱：

这被暴风雨所打击着的土地，

这永远汹涌着我们的悲愤的河流，

这无止息地吹刮着的激怒的风，

和那来自林间的无比温柔的黎明

——然后我死了，

连羽毛也腐烂在土地里面。

为什么我的眼里常含泪水？

因为我对这土地爱得深沉……

（5）在读记课文时，把标红的字转换成图像。但并不是每个句子都要转换，这个时候我们要先提取关键词，提取关键词的时候要选择容易转换成图片的。

我爱这土地（艾青）

假如我是一只鸟，

我也应该用嘶哑的喉咙歌唱：

这被暴风雨所打击着的土地，

这永远汹涌着我们的悲愤的河流，

这无止息地吹刮着的激怒的风，

和那来自林间的无比温柔的黎明……

——然后我死了，

连羽毛也腐烂在土地里面。

为什么我的眼里常含泪水？

因为我对这土地爱得深沉……

（6）把关键词转换成图片信息，与标注的位置进行挂钩，如果你能根据这些图片在脑海里联想这些关键词，其实你就完成 80% 了。

（二）书写动作策略

1. 肩胛关节动作控制训练

（1）表现：肩关节微内旋、内缩、弯曲，手肘倾向弯曲且掌心朝下，手腕弯曲且偏向小指侧。学生在书写时表现为将手臂紧贴身体或耸肩，紧紧握住铅笔，写字时一直移动作业本，而不是移动手臂。

（2）代偿策略：调整桌椅高度；使用加重的笔；将作业本移至靠近身体的位置；在书桌上增加防滑垫。

（3）训练策略：以提供垂直操作面（黑板）为主；加强肩膀肌肉力量（平

板支撑、提重物）；加强肩胛肌肉及关节的稳定度（倒立、反向平板支撑、对推手、拔河、单双杠、攀爬）；加强肩膀动作控制（悬肘打点、叠叠乐、从水壶倒水、跳绳、体操丝带舞、游泳、高跪姿传球）；减少不正常肌肉张力引起的关节活动角度限制。

2. 手肘及手腕的动作控制训练

（1）表现：使用剪刀或笔时，手肘晃动；使用剪刀时，手肘外展离开身体，手掌朝下；拿取物品时，通常掌心朝下。

（2）代偿策略：斜板辅具

（3）训练策略：增加腕关节稳定性，让手腕上翘（手撑桌面悬空、推重物或移动家具、对推手爬门、单手支撑取物、倒立、平板支撑后踢腿、反向支撑捡球、舀珠子、网兜捞鱼、桌面下贴纸、水气球、向内卷毛巾、飞盘、卷毛线、和面、擀饺子皮）、矫正手腕关节过度偏向尺侧（手砍泥堆、手切蛋糕、手弹弓、手弹弹珠、垂直平面画圆圈、手腕旋转）。

3. 手部关节动作控制训练

（1）表现：常掉落物件、翻书页笨拙、扣扣子困难。

（2）训练策略：增强手弓稳定性（掌心朝上，手弓装豆子或沙子、双手合并摇骰子、镊子夹物品、投掷纸团、垒球、实心球、五指转等）；促进手掌两侧分化（使用喷水枪、圆圈贴纸、镊子夹豆、用晾衣夹洗晾衣服、将泥土搓成小圆、回形针项链、弹硬币、撕贴画）；增强虎口稳定性（注射针筒吸水、喷水、小勺舀豆子、图钉戳画、弹珠射击、扣纽扣、贴小圆片）；发展掌内操作能力（将扑克牌呈扇状展开、掌内转球、钱币翻面、转陀螺）。

4. 两侧整合训练

（1）表现：笔画变化时，不会变化书写方向，比如"丿"写成"丨"，写镜像字等。

（2）训练策略：建立惯用手（双手同时拍、双手同时在黑板上画对称图形、撕图形、插棒、串珠、摔平泥土等）；建立辅助手（开瓶罐、垂直平面临摹图形等）；两侧整合（使用乐器、钢琴、架子鼓、长笛等对拍手，唱儿歌、搓橡皮泥、开旋转瓶盖）。

四、阅读能力教学策略

（一）识字补救策略

字卡银行策略。识字补救教学的具体步骤有前测、生字练习、生字教学、识字训练。实施对资源教室中阅读能力低下的学生的识字能力的教学，字卡银行策略能够提升学生识字能力。"字卡银行"是将学生常写错误的字制成卡片置于纸盒中，写上学生姓名和座位号，即学生专属的"银行"。学生可自制字卡，自己收集，这样可使学生拥有满足感，从而激发其学习动机。字卡银行可以方便教师记录学生的学习状态和学生进行自我练习。在资源教室中，教师首先要营造一个愉悦的学习环境，这样阅读能力弱的学生进入资源教室就不会感到压抑与紧张。其次是通过识字教学策略对学生进行生字识字前测，了解学生对字词的掌握情况。接着是生字练习，资源教室中不再是让学生在田字本上重复写生字，而是运用字卡银行进行生字游戏，教师和学生面对面，亲自动手做好卡片，学生在教师的引导下将常出错和分不清的字写在卡片上，与教师做"银行存钱"游戏。然后是生字教学，让阅读能力弱的学生在游戏中感受生字给其带来的乐趣，教师通过字、词、意教学，让学生由字义、部首、词语、造句、卡片及字源解说等方式，了解生字的实际用途，并运用字卡银行的形式设计记忆口诀，增强学生的生字学习能力，教师可以在游戏过程中增加常用部首及偏旁识字的技巧教学，以以增强对学生识字线索的刺激与认知结构的联结；最后是识字训练，学到的字词应该加以巩固与练习，教师通过"我是小小银行员"的识字游戏，并融合注意力训练方式，赋予识字教学多元与活泼的元素。其通过资源教室引导阅读能力弱的学生运用字卡银行进行识字，有利于减少学生对字词的误认现象。

基本字带字教学法。基本字带字教学法在资源教室中运用较多，是一种由下而上的教学法，强调从字的形、音、义等方面着手，以集中识字为主要教学导向，优先识字而后再进行阅读。基本字带字的意义在于从课文中选出一个中心字，再运用策略或字族方式将学习的字进行归类。阅读能力弱的学生识字能力较差，因此，教师首先要进行文字选取，选取教材内容所列的生字，将中文字归类编排，以基本字带字的教学方式，利用共同具备的基本字找出其他相似的文字，让学生在短时间能够认识较多汉字。基本字可以是部首、形声、偏旁或是不具意义的部件及完整的独体字。然后进行策略运用，主要方法有基本字带字方法和记忆策略中的联想法，基本字带字是利用部首或部件的方式来记忆字族或相似字；联想法是透过各种联想方式与口诀，结合提示的指导语，将相关文字的字形或字义进行结合，进而记忆文字。运用记忆策略的联想法技巧指导学生记忆文字，同时根据生活化与功能性原则，选取高频字词作为教学依据。在教材呈现上，运用图片提示与指导语协助学生记忆，视学生的学习效果逐渐放弃图片提示，并运用心智图概念，以图像辅助思考的方式，让学生学习基本字带字法。最后进行总结评量，根据所学内容，对学生进行总结性评量，教师可从中了解学生的学习效果与识字能力是否提升。

（二）理解补救策略

KWPL策略。KWPL策略主要关于阅读理解的预测和课文方面的简化方法。教师引导阅读能力弱的学生进行头脑风暴，讨论文章的内容，把文章中已知的事情、想知道的事情罗列出来，然后预测将要发生的事情，再阅读文章得出所知的事情（见表10-3）。

表10-3　KWPL策略

已知的事情（K）	想知道的事情（W）	预测将要发生的事情（P）	得知的事情（L）

教师可以充分利用带有插图的阅读文本，根据每篇课文的插图让学生预测文章的大概内容，然后教师运用KWPL策略引导学生简化文章，按照KWPL策略图提供的信息将文章的内容正确填入表格，最后教师给予学生反馈。其中预测文章是增加学生对文章的想象和理解能力，教师引导学生对文章大胆预测，通过上一段或者通过阅读文章，预测文章的结局与文章的主旨。文章结束教师可以让学生进一步想象，预测将要发生的事情，可以看出学生对文章内容的理解程度。为帮助阅读能力弱的学生降低理解课文的难度，可以在必要的情况下简化课文，这样可以帮助学生理解课文，增加成就感，增强理解能力。

故事脸教学策略（图10-1）。故事脸策略深受学生喜爱，其主要是针对学生的文章结构分析和总结问题，然后进行补救教学。文章的结构主要有：谁是主角（Who）？故事发生在什么时候（When）？故事在哪里发生（Where）？主角做了哪些事？想做哪些事？接下来发生了什么事（What）？故事的结局如何（How）？资源教室中，教师可以采用简单的面部图片，但随着教学过程的深化，教师可运用学生喜欢的卡通人物的面部图片进行教学，从而吸引阅读障碍能力不足的学生的注意力，提高学生学习的积极性。故事脸策略是将文章的不同结构指定为眉毛、眼睛、鼻子、嘴巴、耳朵等面部器官。提炼文章的主要内容时，教师要引导阅读理解障碍学生在课文中画出需要摘录的内容，然后在故事脸书图中填上所需要的内容，最后总结成一段文字代表文章的主旨，让学生清晰理解文章框架和主要内容。在阅读理解过程中，故事脸策略比较生活化和形象化，深受学生喜爱。

图 10-1　故事脸教学策略

语意概念图。在教授新知识时，教师先提供一个词语，让学生对该词语进行想象和猜测，根据这个词语不断向外展开，得出一个新的结构图。教师将学习的名词画成一幅结构语意图，让学生可以多方位学习目标词汇。该方法适用于对名词的学习。对于阅读理解能力弱的学生，学习名词类词语对其有很大帮助。以宇宙为例，它可以引导学生联想很多的相关词汇，如图 10-2 所示。

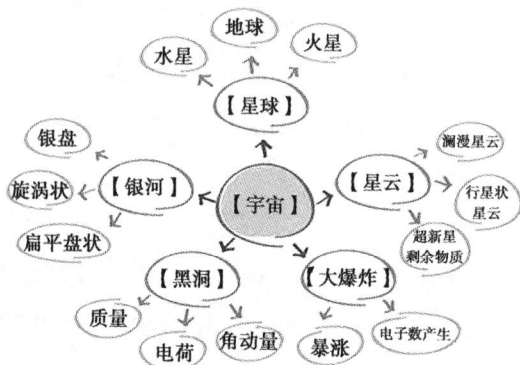

图 10-2　语义概念（以宇宙为例）

手指故事图（图 10-3）。将自己的手指根据所学内容在自己的手指上画出自己的理解，将所学内容故事化和结构化，可以将这个故事讲述给其他人，不断加深自己的印象。这个方法使故事形象生动化，更能将所学内容深刻地记住在脑海中。如"望天门山（李白）"——天门中断楚江开，碧水东流至此回。两岸青山相对出，孤帆一片日边来。

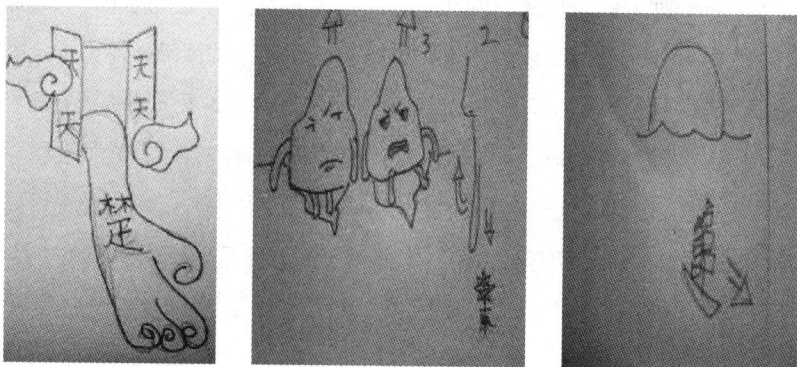

图 10-3　手指故事

鱼骨图（图 10-4）。鱼骨图（又名因果图、石川图）是一种发现问题"根本原因"的方法，现代工商管理教育将其划分为问题型、原因型及对策型鱼骨图几类。鱼骨图的主要类型为：

①整理问题型鱼骨图（各要素与特性值间无因果关系，存在结构构成关系）。

②原因型鱼骨图（鱼头在右）。

③对策型鱼骨图（鱼头在左，特性值通常以"如何提高 / 改善……"来写）。

制作鱼骨图的步骤如下：

①查找要解决的问题；

②把问题写在鱼骨的头上；

③召集同伴共同讨论问题出现的原因，尽可能发现问题；

④把问题分组，在鱼骨上标出；

⑤针对不同问题征求大家意见，总结出产生该问题的正确原因；

⑥拿出任何一个问题，研究为什么会产生这样的问题。

⑦针对问题的答案再问为什么？这样至少深入五个层次（连续问五个问题）；

⑧当深入到第五个层次，并认为无法继续进行时，列出这些问题的原因，而后列出至少 20 种解决方法。

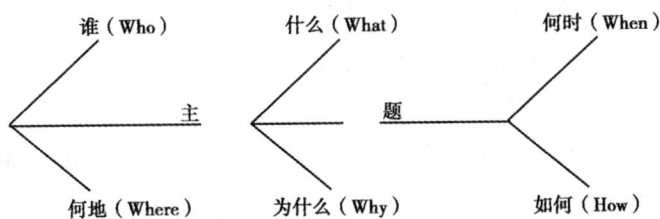

图 10-4　鱼骨（5W1H）

故事地图。以学习的主题为中心，将学习内容按照发生的情节和发展的顺序，像一个地图一样展开，布置场景和故事线索。以花木兰故事为例（图 10-5）。

图 10-5　故事地图

在资源教室学业辅导的学生，普遍存在阅读困难，不仅是资源教室的学生有这一障碍，在普通教室的学生同样面临阅读困难的情况，上述的方法策略对阅读困难者都有一定帮助，教师在资源教室进行阅读辅导时，可以参考上述方法学略。

五、写作能力教学策略

（一）写作历程教学

写作历程教学主张教学是一种习得的技巧，是一种需要后向与前向的认知历程，教师可设计思考—学习活动进行写作教学。写作历程教学强调写作的社会处境，诸如学生的读者感，朗读自己的作品给教师同学或家长听，并获得反馈，以及作品完成时与他人分享等。

1. 写作前

该时期的主要写作行为是选择写作主题、写纲要、搜集资料等。

目的：激发学生学习动机，让学生确定写作主题和写作目的。

2. 打草稿

目的：让学生将想法写下来，而不是停留在脑海里。换言之，打草稿是为了写作时思路清晰、有条不紊，而非错别字、修辞等。

策略：让学生向其他同学口述其想法，为真实的读者去写作，讨论各种写作目的，然后确定写作目的等。

教师教学方法：允许学生口述自己写的作文，请学生用手机录制自己读作文的视频，而后再进行誊写；允许学生用电脑或其他辅助工具进行写作；提供纲要或图解，协助学生组织其想法。

3. 修改

修改的重点是错别字、标点符号、字词条及文法等。

目的：与同学分享讨论自己的作文，增加或减少作文的内容或想法，使用更多的例子进行说明，检查作文的结构、例子和细节，修改作文中的表达方式等。

策略：多种方式对作文进行编辑与修改；学生以团体方式进行作品的朗读与讨论；选择一段文字让学生进行修改；指导学生使用检核表进行自我检核等。

教师教学方法：①要求学生把自己的作文念给其他同学听，其他同学给予反馈。②向学生提示作文中需要注意的部分内容，要求学生注意这部分内容并给予反馈。③要求学生准备一或两项特定的写作技巧或问题，全面修改。④使用不同颜色的笔对作文进行修改与编辑。⑤提供学生自我编辑检核表，对作文进行编辑与修改。⑥向学生提供写作架构，协助其作文的修改与编辑。

（二）写作的认知策略教学

写作认知策略即教导学生使用基模建构，主控自己的写作历程，独立写一篇结构完整的作文。教师要清楚地进行目标陈述；以放声思考示范策略；给学习小组提供咨询等。

1. 思考作业单

引导学生在写作时运用特定的策略与发挥心智的价值。其主要步骤如下。

①计划思考作业单；

②组织思考作业单；

③写作思考作业单；

④编辑思考作业单；

⑤修改思考作业单。

2. 自我教导策略训练

自我教导策略训练以增进学生的情节使用能力为例，说明如下。

①学生看图写下适当的情节。

②故事的构思。

③写故事：使故事可以被理解，适当地描述相关情节。

④朗读故事，并询问"我的故事写得好不好？"

⑤改好故事——"我能再多用一些好的情节吗？"

（三）写作教学策略

1. 创造写作社区的教学策略

（1）创造培养学生写作能力的教室环境：①教师接纳与鼓励学生；②开展学生感兴趣的学习活动；③为学生提供机会和表扬学生，以激发学生的写作积极性。

（2）方法：①作家椅子；②同侪讨论；③教师讨论等。

2. 基于概念图的写作教学策略

1）概念图策略

概念图是一种能让学生主动将已学会的概念进行具体化表达的技巧，通过视觉化呈现提高学生学习动机，有效地提高学生的学习能力，提升教师的教学效果。概念图的使用（表10-4）过程大致包括确定主题、罗列概念、概念排序、完成作品、回顾反思五个阶段。

以"我的妈妈"主题为例（图10-6、图10-7）。

表10-4　基于概念图的写作教学步骤

教学者	教学目标	教学内容	教学步骤
刘老师	1.协助学生了解概念图。 2.教导学生绘制概念图。 3.教导学生根据概念图进行写作。	《我的妈妈》	1.教师公布题目《我的妈妈》。 2.学生头脑风暴搜集有关自己妈妈的写作材料。 3.引导学生将写作材料进行分类。 4.教师提供概念图图例，示范概念图的绘制过程，指导学生独立绘制概念图。 5.学生根据概念图独立写作。 6.教师进行写作成品的检查。

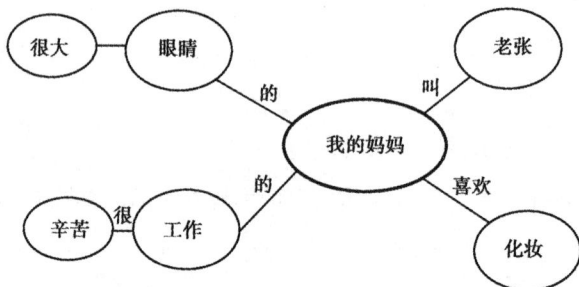

图10-6　《我的妈妈》知网学习示例单

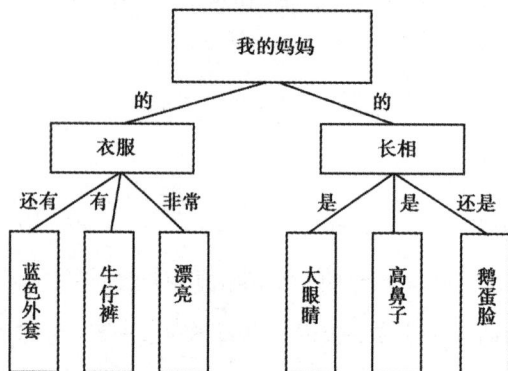

图10-7　《我的妈妈》阶层学习示例单

2）自我调节策略

自我调节策略（Self-Regulated Strategy Development，SRSD）最初由Graham和Harris于1996年提出。实际操作中包括六个具体的教学阶段，分别为发展背景知识、初步讨论写作目标、教师示范策略、学生记忆并掌握如何使用策略、老师提供支持与帮助、学生独立立练习，见表10-5。

表 10-5 自我调节策略具体步骤

教学阶段	教学内容
发展背景知识	这一阶段主要是帮助学生形成自己的理解、应用写作策略前所需要的技能，包括关于好作品的标准知识、自我调节程序等。
师生讨论	教师考察并和学生一起讨论当前的写作行为，以及完成具体的写作任务所需的策略。教师要求学生学习这些策略，同时指出学生关于写作策略的不良或无效认知。
教师示范	教师向学生示范如何借助合适的自我指导来运用这些策略，包括问题界定、计划、策略运用、自我评价、应对和纠正错误、自我强化陈述等。
记忆	学生记忆写作策略的步骤、相关的记忆方法和个性化的自我指导语，同时鼓励学生在记住教师介绍的写作策略的基础上，用自己的方式理解。
支持与协助	教师和学生通过合作运用策略和自我指导来完成具体写作任务。该阶段的自我调节程序包括目标设置和自我评估，都要应用于教学中。此时，教师对学生的学习主要起支持作用。
独立操作	学生独立使用学习策略。如果学生还在使用自我调节程序，教师应该帮助他们尽快熟悉学习策略的使用。同时鼓励学生默念自我指导性语言，以加深记忆。

3）循环写作

Scott 在他的研究中提出了"循环写作"（Writing Wheel）的教学干预方法，主要是将写作过程分为五步骤三阶段（图 10-8）。其中，构思、起草、修改作为第一阶段，三个步骤不断循环，若在修改阶段发现任何问题，如写作内容与主题不相符，都可以返回到第一步重新构思，直至确定作文大致内容，才可进入第二阶段。编辑作为写作的第二阶段主要是对文本进行格式、标点等方面的修改。第三阶段即为展示阶段，教师利用班级活动墙等区域将成型作文进行展示，主要目的是提升学生的写作成就感。另外，教师需告知学生，最重要的部分应该是前三个步骤，即在构思、起草及修改部分要花费更多的时间。教师通过这种方式，让学生将写作过程铭记于心，并充分理解写作中的每一个步骤的意义。

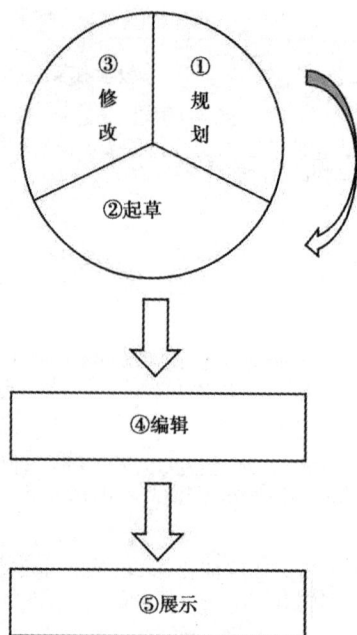

图 10-8　循环写作的五步骤三阶段

　4）故事地图

　　故事地图（story map）是一种以安德森的图式理论为基础，强调将以前的知识结构与新材料有效结合的干预策略。故事地图主要分为四个阶段：第一阶段，教师先给学生展示一组有故事情节的图片，并说明故事的主题，学生根据需要选择其中一张图片（即故事地图），围绕主题进行讨论，教师参与讨论并根据讨论内容写下完整的故事；第二阶段，学生选择故事地图，教师提供与故事相关的书面提示和口头提示，通过提问引导他们思考与故事相关的内容，让学生自主讨论，教师只负责记录；第三阶段，学生选择故事地图后，教师只提供必要的口头指导。比如，他们在讨论时遗漏了重要的写作元素，教师才能予以提醒。讨论结束后教师要求他们在 20 分钟内写下一个与主题相关的简短故事；第四阶段是保持阶段，让学生选择故事地图后便开始讨论，教师不给予任何提示，最后由每个学生独立完成故事的写作（图 10-9）。

图 10-9　故事地图操作步骤

　5）颜色编码图形

　　颜色编码图形（Color-Coded Graphic Organizers）主要是指，在写作过程中，用视觉索引的方式帮助学生构建文章框架和思路。首先教师应该教会学生分辨句子类型（如主旨句、细节句、结论句等），再将不同类型的句子分别与一个颜色相对应（如蓝色代表主旨句、粉色代表细节句、黄色代表结论句）；再让学生在给定写作主题的情况下思考讨论，将想要写的内容凝练成一个字或一个词语，依次填入彩色图形组织模型中；最后，指导学生将每一个词语转化成句子，按照模型图中显示的结构关系组织文章（图10-10）。

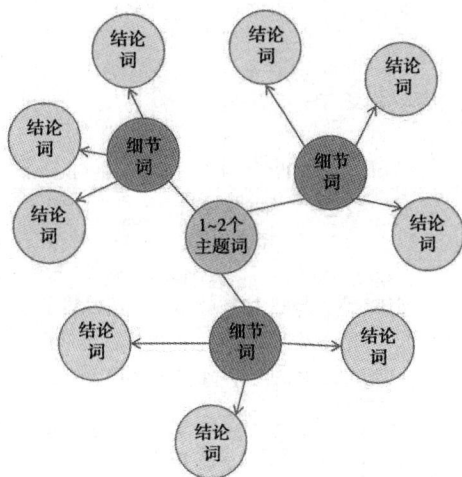

图10-10　彩色图形组模型

6）同伴合作练习

同伴合作练习是指同学之间通过频繁的语言交互后得到反馈来学习，这不仅增加了学生参与写作活动的机会，也为学生提供了一个可以随时对句子质量进行反馈的机会。首先需要建立同伴关系，形成互助小组；其次由老师示范，教给关于句子表达的基础知识；然后同伴之间轮流练习，互相修改，直至写出双方都满意的正确的句子；最后是完成一个故事的写作（见表10-6）。

表10-6　同伴合作练习步骤与内容

节次	步骤
第一、二课	教师说明将句对合并成一个句子的规则并示范，同伴两人轮流完成多个句对的合并，教师及时给出正确答案，同时教会学生如何运用连词和增删词语更好地合并句子。
第三课	同伴合作，对前一堂课组成的句子进行讨论与评价，一人大声读出组合成的新句子，一人立刻给出"好""一般""不好"的评价，讨论后对句子进行修改。
第四课	给予每个学生两张图片用来提示故事内容，让学生选择其中一张图片，在15分钟内写出图片要说明的故事，可以使用之前修改好的句子。
第五课	列出"同伴编辑清单"，清单主要通过提供结构化问题来指导修改，学生阅读并回答清单中的内容。
第六课	学生根据完成的"同伴编辑清单"进行讨论、修改故事，并分享成稿。

资源教室学业辅导之写作辅导，要根据学生的特点和发展方向，制订适应学生的作文辅导步骤和原则，这就要求老师在教学过程中随机应变，实事求是地调整学生的学习步骤，让学生克服写作困难。

第三节　基本学习能力课程与教学设计

一、注意力训课程与教学设计

表 10-7　教学教案

授课教师	韦老师	授课对象	曾 ××
授课时间	2020 年 9 月 19 日	授课时长	60 分钟
学习内容分析	1. 共同建立课堂规则，并说一说自己应该遵守哪些规则。 2. 提升听觉注意力共同建立课堂规则，并说一说自己应该遵守哪些规则。		
学习者分析	教师通过与家长的沟通，实现学生听觉注意力的提升。		
教学目标	1. 让学生学会听觉综合训练的具体方法，包括听觉集中、听觉分辨、听觉理解、听动协调、听觉记忆、听觉转移、听觉复述等。 2. 观看无声卡通，让学生比较"有杂音"与"无杂音"的卡通，让学生感受听的重要性。 3. 让学生知道安静的环境更有利于倾听；让学生学会听觉综合训练的具体方法，包括听觉集中、听觉分辨、听觉理解、听动协调、听觉记忆、听觉转移、听觉复述。		
教学重点、难点及解决措施	**重点：** 学生能够遵守课堂常规；提升学生的听觉注意力。 **难点：** 学生能够配合教师完成课堂任务重点；能够遵守课堂常规；提升听觉注意力。		

教学过程					
教学环节	教学内容	教学时间	教师活动	学生活动	教学媒体
"我们需要听"	1. 复习课堂准则。 2. 观看无声卡通，感受听的重要性。	15 分钟	1. 引入语：曾 ××，早上好……今天老师邀请大家一起看卡通片。（直接播放，不说"有问题举手"）。 2. 小结："能听到声音"是多么重要的一件事啊，它能让我们更好地感受世界，更准确地理解世界。	学生观看，学生在观看过程中让老师打开声音。	
"我们需要安静地听"	1. 通过比较"有杂音"与"无杂音"的卡通片，感受安静的环境更有利于倾听。 2. 继续观看卡通片，卡通片发出杂音，学生要求关掉杂音，老师关掉杂音，学生继续观看。	20 分钟	要听得更清楚，需要清除杂音。想想看，什么样的课堂环境会让你听得更专心？	学生回答，并记住老师的要求：我们要创造一个安静的学习环境。在今后的活动和课堂中，要管住自己不要去干扰他人。	卡片
听觉分辨	1. 声音识别（大海、大雨、雷电、刮风、虫鸣等声音）。 2. 分辨相同词组。	15 分钟	接下来我们将进行考试，考试内容很简单，规则也很简单，仔细听，听完后将答案写在答题卡上，不发出声音，不将答案告诉他人，老师最后要打分。		
总结评价	总结内容，然后下课。	10 分钟	1. 总结本节课做的活动和学习内容。 2. 询问学生的表现。 3. 学生一起拍手道别，然后下课。	1. 倾听本节课的总结。 2. 自我评价，并要求其大声说出。 3. 和老师一起拍手道别，然后下课。	
教学反思	**优点：** 能够勇敢地表达自我，大声说出自己的想法；记忆力较好，对课堂规则记忆深刻，并且能够较好地遵守规则；喜欢角色扮演，扮演得非常到位。 **缺点：** 专注力有限，容易急躁，不能很好地等待。				

二、识字与书写能力课程与教学设计

（一）识字与写字课程与教学设计

表 10-8　教学教案

授课教师	朱老师	授课对象	李××
授课时间	2021 年 4 月 10 日	授课时长	120 分钟
学习内容分析		本节课主要从学生课本上的知识出发，通过阅读《石灰吟》发现学生本篇课文中存在的不足，再将这些薄弱之处进行教学，从音形义三方面教学生学习生字。	
学习者分析	六年级学生，学习障碍，存在识字困难。		
教学目标	1. 会读"若""浑""清"这三个字。 2. 会写"若""浑""清"这三个生字。 3. 会运用"若""浑""清"这三个字组词造句。		
教学重点、难点	生字的读音与书写。		

教学过程					
教学环节	教学内容	教学时间	教师活动	学生活动	教学媒体
师生问好与制订规则	问好与制订课堂规则，建立起学生的课堂规则感	5分钟	1. 老师和学生问好。 2. 老师拿出白纸，边说边写下规则和学生一起签名。	1. 和老师问好。 2. 安静坐好，等待签名。	白纸，笔
阅读课文	在学生阅读《石灰吟》的过程中记录下他不认识的生字	10分钟	1. 认知聆听学生的读音，并将错误给予纠正。 2. 记录学生不会读的生字。	阅读课文。	课本
阅读生字	教学生认识课文中不认识的生字的读音	20分钟	1. 教学生"若""浑""清"的读音，并引导学生将之标上拼音。 2. 纠正学生的错误。	1. 读生字。 2. 标出生字的正确拼音。 3. 记读音。	课本
书写生字	教学生如何书写这些生字，并在书中将其记忆	25分钟	1. 教学生书按照正确格式与笔顺书写生字。 2. 纠正学生书写中的错误。 3. 解决学生书写中存在的问题。	1. 书写生字。 2. 记忆生字写法。	课本，作业本
运用生字	通过组词和造句教学生如何运用本次课学习到的生字	10分钟	1. 引领学生用本次课学习到的生字组词与造句。 2. 纠正学生在组词与造句中存在的问题。	用本次课学习的生字组词和造句。	作业本
复习生字	通过听写和一些习题复习本节课所学的生字	20分钟	1. 听写生字。 2. 让学生做关于本堂课生字的一些习题。	1. 听写生字。 2. 做关于本堂课生字的一些习题。	习题，作业本
重点训练	将学生在复习过程中所存在的一些问题进行再次教学，重点教学，加深学生的印象	20分钟	1. 记录复习中存在的问题。 2. 再次教学生依旧不会的生字。	再次学习不认识的生字。	课本，作业本
课堂小结	总结本节课学到的知识，并下课	5分钟	1. 引领学生回忆本堂课学的知识。 2. 与学生说再见。	1. 回忆本堂课学的知识。 2. 与老师说再见。	

（二）韵母与声母课程与教学设计

表 10-9　教学教案

授课教师	杨老师	授课对象		李×××
授课时间	2021 年 5 月 15 日	授课时长		120 分钟
学习内容分析	本节课主要从学生课本上的知识出发，通过让学生阅读《石灰吟》发现学生的不足之处，再针对这些不足之处进行教学，从音、形、义三方面教学生学习生字。			
学习者分析	六年级学生，学习障碍，识字困难，对拼音不熟悉且分不清声调。			
教学目标	1. 会读"若""浑""清"三个字。 2. 会写"若""浑""清"三个生字。 3. 会运用"若""浑""清"这三个字组词造句。			
教学重点、难点	**重点**：声母、韵母，整体认读音节。 **难点**：对韵母的分类。			

			教学过程		
教学环节	教学内容	教学时间	教师活动	学生活动	教学媒体
师生问好与制订规则	问好与制订课堂规则，建立学生的课堂规则感。	5 分钟	1. 向学生问好。 2. 老师拿出白纸，边说边写下规则。 3. 和学生一起签名。	1. 向老师问好。 2. 安静坐好，等待。 3. 签名。	白纸，笔
阅读课文	在学生阅读课文的过程中记录其不认识的字，并让他标注拼音。	10 分钟	1. 认知听学生的读音，并纠正其错误。 2. 记录学生不会读的生字。	阅读课文	课本
学习声母	教学声母	20 分钟	1. 先让学生照着读出 23 个声母。 2. 纠正学生的错误读音。 3. 再让学生抄写 23 个声母。 4. 给学生时间记忆 23 个声母。	1. 读声母。 2. 写声母。 3. 记声母。	作业本
学习单韵母	教学单韵母	15 分钟	1. 先让学生读出 6 个单韵母。 2. 纠正学生的错误读音。 3. 再让学生照着抄写 6 个单韵母。 4. 给学生时间记忆 6 个单韵母。	1. 读单韵母。 2. 写单韵母。 3. 记单韵母。	作业本
学习复韵母	教学复韵母	15 分钟	1. 先让学生读出 9 个复韵母。 2. 纠正学生的错误读音。 3. 让学生抄写 9 个复韵母。 4. 给学生时间记忆 9 个复韵母。	1. 读复韵母。 2. 写复韵母。 3. 记复韵母。	作业本
学习前鼻韵母	教学前鼻韵母	10 分钟	1. 让学生读出 5 个前鼻韵母。 2. 纠正学生的错误读音。 3. 再让学生照着书抄写 5 个前鼻韵母。 4. 给学生时间记忆 5 个前鼻韵母。	1. 读前鼻韵母。 2. 写前鼻韵母。 3. 记前鼻韵母。	作业本
学习后鼻韵母	教学后鼻韵母	10 分钟	1. 先让学生读出 4 个后鼻韵母。 2. 纠正学生的错误读音。 3. 再让学生照着抄写 4 个后鼻韵母。 4. 给学生时间记忆 4 个后鼻韵母。	1. 读后鼻韵母。 2. 写后鼻韵母。 3. 记后鼻韵母。	作业本
学习整体认读音节	教学整体认读音节	15 分钟	1. 先让学生读出 16 个整体认读音节。 2. 纠正学生的错误读音。 3. 让学生抄写 16 个整体认读音节。 4. 给学生时间记忆 16 个整体认读音节。	1. 读整体认读音节。 2. 写整体认读音节。 3. 记整体认读音节。	
复习巩固	听写本节课学习的知识	10 分钟	1. 带领学生回顾本节课学习的知识。 2. 听写。	1. 回顾本节课学习的知识。 2. 听写。	

三、阅读能力课程与教学设计

表 10-10　教学教案

授课教师	何老师	授课对象		朱 ××
授课时间	2018 年 4 月 15 日	授课时长		1 小时
学习内容分析	本节课采用故事脸策略并借助绘本《豆豆等一等》来训练学生的等待能力和阅读理解能力，同时通过听觉训练来提升学生的专注力。			
学习者分析	1. 朱 ×× 的情绪易波动，会轻易发脾气，不喜欢等待； 2. 朱 ×× 对阅读绘本有很大的兴趣，喜欢阅读绘本，但阅读理解能力比较弱，不能很好地理解文章内容并描绘文章内容； 3. 上课的过程中，朱 ×× 常常出现注意力不集中、东张西望、玩笔等状况； 4. 朱 ×× 喜欢被表扬，所以每当任务完成后，老师都会根据他的表现画星星鼓励他。			
教学目标	1. 遵守课堂常规，保持注意力集中，不随便玩笔。 2. 能理解老师提出的问题，并能顺利的回答。 3. 能正确阅读绘本故事，并通过自己的话描述出来。 4. 意识到只有等待的一些好处。			
教学重点、难点	**重点**：能遵守课堂常规，保持注意力集中，理解老师的问题含义。 **难点**：在老师的指导下，彻底明白"等待"的含义。			

教学过程

教学环节	教学内容	教学时间	教师活动	学生活动	教学媒体
流程告知，常规要求	1. 呈现任务表	10 分钟	1. 把这节课的任务表交给学生，并让他读一读，说一说有几个任务。 老师：请看今天的任务单，请你来读一读一共有几个。	1. 回答有几个任务，并读出任务表内容。	任务表
	2. 协定课堂常规		2. 向学生指出上课不东张西望、不玩笔、能够专心听讲，积极回答问题，并让其签字承诺。	2. 同意上课要遵守规定，并签字承诺。	常规协议书
听指令并回答问题	注意力训练	8 分钟	给个案发出指令和要求，根据书上的内容和个案进行注意力训练。 教师：下面我们一起来做注意力训练吧。	按照要求回答问题。	听觉注意力训练手册
阅读绘本，回答问题	绘本故事的阅读及内容的理解	37 分钟	呈现绘本的内容，让学生自己整体浏览一遍，了解故事情节。 教师：今天我们请来了新的伙伴——豆豆，今天他就过生日，我们一起看看他的生日会发生什么有趣的故事吧。	阅读绘本，根据所读文字以及图画回答老师的问题。	绘本《豆豆等一等》
	从故事中认识到等待的重要性，学会如何等待，学会如何交朋友。		1. 展示空白的故事脸，提高学生阅读兴趣。 教师：看一看，这张故事脸上什么都没有，你能把他补充完整吗？ 学生：…… 2. 再次和学生整理故事脸，并根据文中情节提问。 教师：让我们一起看一看豆豆生日这一天发生了什么吧。	1. 根据自己的理解，将故事情节整理出来。 2. 和老师一起再次阅读故事，并回答问题	
			引导学生思考，豆豆通过"等待"得到了什么，豆豆是什么心情，朋友会是什么心情。 教师：请想一想，朋友给豆豆带了什么？ 学生：蛋糕、礼物…… 教师：除了这些礼物，还有快乐哟！试想一下自己过生日的时候朋友给自己送礼物，自己是什么心情？ 学生：…… 教师（总结）：零食要和朋友一起分享，朋友不在身边的时候，我们可以等一等再吃，和朋友分享的感觉会更棒。	根据老师的提问回答问题。	

教学环节	教学内容	教学时间	教师活动	学生活动	教学媒体
总结评价	1. 总结内容及收获	5分钟	请学生说一说这节课做了什么？有什么收获？ 教师：通过读豆豆的故事，你有什么想法吗？	1. 回想这节课的内容，谈谈自己的收获。	评价表
	2. 自我评价		请学生为自己的表现作出评价。在三个不同的表情下打钩。 教师：你觉得这节课自己表现得怎么样？给自己来打个分吧。	2. 自我评价，说说理由。	

教学板书	**任务表：** 1. 签订课堂常规协议书。 2. 听从指令，回答问题。 3. 阅读绘本，理解等待。 4. 自我总结，自我评价。 <div align="center">**课堂常规协议书**</div> 1. 上课时在座位上坐好，经过老师同意后才能离开座位，不可以东张西望，不可以玩笔。 2. 上课时积极回答问题。 3. 不随便讲话。 <div align="right">签字同意：</div>
教学反思	整过程学生都很配合，学习兴趣也很高，导入部分如果再设计一点小细节会更好，比如在学生跟老师说话的时候，老师不断左顾右盼，不等学生说完就不耐烦等。这样会使学生对本节课的教学主题有所体会。其次，教学环节之间如果能设计一些过渡环节就更好了，即使是一句话或者一个小活动。关于绘本的阅读，除了让学生自己读，然后老师提问题，还可以师生扮演故事中的角色进行朗读，观察在老师读的时候学生有没有集中注意力听，以及等待他读的那部分。
教学材料	绘本内容： 故事中的小主人公豆豆今天过生日，所以今天的点心是蛋糕，但是妈妈告诉他现在还不能吃，要等到点心时间到了才可以吃，豆豆等得着急，时不时偷吃一点，等到小朋友们都来了的时候，蛋糕已经吃完了，小朋友们又带来了一个大蛋糕，大家一起祝豆豆生日快乐！

四、写作能力课程与教学设计

表 10-11　教学教案

授课教师	刘老师	授课对象		董××
授课时间	2018 年 6 月 15 日	授课时长		1 小时
学习内容分析	本节课采用概念图策略帮助学生掌握概念图的使用步骤，并根据概念图策略以"我的妈妈"为主题写一篇文章。			
学习者分析	该生为自闭症学生，平时作文字数在 100 字以内，作文内容常常是自说自话，没有围绕写作主题展开。 学习情况：数学成绩 90 分以上，但是语文成绩不稳定，在 70 分左右。喜欢和别人接触，对规则的理解较好，口语表达较正常。学习态度较好，能够较为正常的跟随教师的上课流程上 70 分钟的课。			
教学目标	1. 能理解绘制概念图的基本步骤和结构。 2. 能够将所有概念进行有意义的联系，成功做出"我的妈妈"概念图。 3. 能够通过概念图的写作训练明白写作并不难，培养学生的写作信心。			
教学重点、难点	**重点：**能遵守课堂常规，在老师的引导下掌握概念图的使用方法。 **难点：**在老师的指导下，独立利用概念图写出完整的作文。			

			教学过程		
教学环节	教学内容	教学时间	教师活动	学生活动	教学媒体
课前热身	呈现任务表	10分钟	1. 把这节课的任务表交给学生，并让他说一说有几个任务，全部读一读。	1. 回答有几个任务，并依次读任务表内容。	任务表
	制订课堂常规		2. 和学生确定上课不要东张西望、不玩笔、能够专心听讲，积极回答问题，并签字承诺。	2. 同意上课要遵守的规定，并签字承诺。	常规协议书
导入活动	概念图介绍	10分钟	概念图介绍： 老师：小朋友你好，今天我们学习如何利用概念图进行写作。首先在老师说了写作主题后，你要尽力去想与主题有关的内容，并记录下来。然后根据老师教你的方法画出概念图，再根据概念图进行独立写作，在写作的过程中，请你独立完成，当你完成之后，老师会帮你检查得好吗？	听指令，按照要求做出反应。	
开展教学	公布主题	40分钟	公布写作主题——"我的妈妈" 教师：小朋友，你看，这是我和我妈妈的合照，她是不是非常的漂亮啊！我妈妈是一个很可爱的人，她每天都辛苦的工作，我非常爱我的妈妈。老师跟你介绍了我的妈妈，你也给老师介绍一下你的妈妈好不好？ 学生：…… 那今天我们就以"我的妈妈"为主题写一篇作文。	学生和老师一起讨论。	照片、作文单、空白A4纸、多色圆珠笔、蛛网图模型
	正式开始		3. 写作过程 （1）捕风捉影，头脑风暴 学生根据公布的写作主题"我的妈妈"进行头脑风暴，将想到的写作材料写到纸上。 教师：小朋友，提起你的妈妈，你会想到什么呢？请你将想到的所有材料都写到纸上。 （2）小小侦探，发现概念间的联系 教师引导学生将所有概念进行总结归纳。如长头发、大眼睛等属于"妈妈的外貌"，严厉、善良、工作努力等属于"妈妈的性格"等。 教师：哇，小朋友，你真棒，写了好多关于妈妈的东西哦！但是有一点点乱，我们一起来把它们整理一下好不好？例如，其中哪些词是指妈妈的样子呢？我们一起来找一下。哪些词是关于妈妈的性格呢？剩下的词是什么呢？是不是你和妈妈一起做过的事情？那"喜欢"是什么？是不是你对妈妈的感情？ （3）教师出示蛛网图，说明其用途 教师根据自己准备的写作材料示范绘制概念图。 教师：小朋友你看这张图，它叫作蛛网图，是不是像蜘蛛网一样？它就是帮助我们写作文的好伙伴。老师先给你做个示范，你仔细看哦。其实老师也准备了很多关于妈妈的词语，现在我就根据这些词语来画一张概念图。今天的写作主题是什么？ 学生：我的妈妈。 教师：对的，那我们就把主题"我的妈妈"写在最中间。老师把自己想到的所有词语进行分类，分成"外貌、性格、我和妈妈的经历、态度"四类，我把这四类词语写在主题的周围。写完了之后，老师突然发现还有可以补充的词语，那就再把它们补充进去。补充之后，用圆圈把各个词语圈起来，再用箭头把它们连起来。外貌是妈妈的特征，那我们就把二者连起来，就成了"我的妈妈的外貌"。接下来我们将剩下的词语一一写到相应的概念周围。 （4）我是大编剧，写作文 教导学生根据绘制的概念图在准备的作文单中进行独立写作。教师在此过程中不能干预学生。 教师：请你根据自己绘制的概念图进行写作。要独立完成写作，不能向老师提问，老师会在你完成后帮你检查。好了，开始吧！	学生根据老师提示做出反应。	照片、作文单、空白A4纸、多色圆珠笔、蛛网图模型

			教学过程		
教学环节	教学内容	教学时间	教师活动	学生活动	教学媒体
四、总结评价	教师点评	5分钟	教师对学生的作文进行点评和分析。从总字数、平均句长、组织结构、内容思想、基本技巧和语句表六个角度进行分析，提出修改意见。	学生根据教师的点评进行修改。	
	课堂总结	5分钟	教师从写作表现和写作态度两大方面进行点评，对学生表现优秀的方面提出表扬，对有待改进的地方表达期望。		

教学板书	**任务表**： 签订课堂常规协议书。 听从指令，回答问题。 阅读绘本，理解等待。 自我总结，自我评价。 **课堂常规协议书** 1. 上课时在座位上坐好，经过老师同意才能离开座位，不可以东张西望，不可以玩笔。 2. 上课时积极回答问题。 3. 不随便讲话。 签字同意：

教学反思	该生能够很好地配合老师上完整堂课堂，对概念图写作这种写作方式很感兴趣，能够根据老师的提问去思考问题，但是在表达时有点混乱，能够在概念图这种视觉化的提示下比较有条理地组织语言，下次写作时可以换一个学生更加感兴趣的话题。

教学材料	

第四节　基本学习能力案例分析

一、案例报告1

（一）研究对象1

朱××，7 岁，小学一年级学生，智力商数 89 分，有一个双胞胎妹妹，由于母亲怀孕时营养不良，其发育迟缓，肌肉力量较弱，端坐听讲只能维持 1 分钟左右；手部力量较弱，握笔困难；书写控制力量弱，不能自由变换笔头方向。经医院诊断，其患有注意力缺陷多动障碍，其学习较为困难，"b、d、p、q"分不清，容易写反；拼读不准确，如拼读"diao"，中间的"i"会被漏掉；识字量有限，看图写话能力有限；只能说出简单的主谓宾结构的句子，不会使用形容词，写作逻辑混乱；无法跟上学校的教学进度；在班上除了妹妹没有其他的朋友。该学生课堂配合度较高，能够听教师指令做出反应；对学习有畏难情绪，不喜欢数学；同时口部力量肌肉松弛，部分拼音发不出音；喜欢画画。

（二）研究方法

个案研究法。

（三）干预过程及策略（见表 10-12）

表10-12 案例1干预过程及策略

领域	次领域	现况摘要		教学目标	教学策略
		优势	劣势		
识字与写字	阅读	能够认识及书写单韵母、声母、复韵母、鼻韵母，整体认读"c"音节；理解部分拼读规则，如"chuan"。	只能写出或认出很少的词汇，不会认读或者书写语文课本上的字词，例如，无法对押韵进行选择，"duan, kuan, suan"。不理解押韵的规则，	1. 强化对已掌握的音节的认识，能够听写正确的音节。2. 学会拼读多音节词汇，掌握拼读并达到基础。3. 正确识记生字，明白生字含义并组词。	1. 从学习声母开始，逐步过渡到学习韵母，再到整体认读音节，为正确拼读复杂音节打基础。2. 学习拼音结构：单音节、双音节、三拼音节。3. 从单音节开始学习字词和拼读规则，从熟知的汉字开始学习，如"yi, zi, er, a"，再到双音节，如"zhu, chen"，再到三音节，如"gua, duo, xian, guai"。4. 加上声调认读拼音，不同音节的拼音混合认读。5. 根据汉字写出拼音。
拼音	书写	基本能够正确书写拼音，如"m n, y"；能给音节补齐声母，如"yang"。	在补齐音节方面存在一些困难，如补齐韵母。	1. 汉字与音节能够顺利读出。2. 根据音节写出对应的音节或汉字。	1. 根据音节写出对应的汉字，从熟悉的字词开始，如"a一啊，er一耳，zhu一朱，chen一晨，han一涵，gua一瓜，hua一花"。2. 根据汉字写出拼音，从熟悉的字词开始，如"啊一a，耳一er，朱一zhu，晨一chen，涵一han，花一hua，瓜一gua"。3. 给出汉字和部分拼音，补齐缺失的声母或韵母或声调。如"花(ha)，晨(en)，上(sh)"。
	拼音与汉字结合	通过视觉信息能够给汉字选择正确的拼音，如"在"的拼音是"zai"；通过听拼音，可以写出相应汉字，如"shang一上"。	会加工听觉信息，偶尔无法选择正确答案，如"guang"去掉"u"不知道读什么，不会选择读音押韵的词语，如"到、要、大"。	1. 分辨平舌音和翘舌音的区别。2. 明读简单的句子。3. 掌握拼音声调：阴平、阳平、上声、去声。	1. 学习平舌音"z, c, s"和翘舌音"zhi, chi, shi"。2. 根据声调归类汉字。3. 拼读游戏，去掉或加上韵母进行拼读，从简单的开始，如"zhu-zhuo, gu-gua, ka-kua, chuan-chan, tian-tan"。

识字与写字 / 阅读	汉字	能力	评量现况	困难	教学目标	教学策略
识字与写字	汉字	听	能够听懂老师的汉字及理解意思，如"火、山"。	未发现困难，需进一步评量	1.正确识别不同音调的汉字，加强对音调的理解与掌握。2.能准确辨别不同字词的发音，根据听到的拼音写出汉字。	1.听写练习。2.听觉记忆训练，包括跟读、复述等。3.听觉辨别练习，听觉辨别不同字词的发音，并理解不同形近字形近字的不同。
		说	汉字阅读的字音及声调基本正确，如"风、雨、花"等。	受识字水平限制，会出现错字等现象，例如"肥肥的"说成"胖胖的"、香蕉。	1.正确使用平翘舌音阅读。2.提高阅读速度，阅读中不认识的字词可以自行拼读并继续阅读。3.增加识字量。	1.从单词到词组再到句子进行平翘舌音发音练习，纠正错误读音。2.每节课学习新的汉字并组词，增加识字量。3.自我表达练习，根据主题自己组织语言并大胆表达。
		读	能够正确认读一年级识字表中的部分字，如"天、对；耳、对"；对课文中的一些稍难汉字无法认读，例如"农民"。	无法快速阅读词语，停顿时间较长，如"房子、书包、香蕉"。	1.能够读完整的句子。2.对生活中常见的事物能够快速读出名称，将汉字与实物或图片对应。	1.识字时展示汉字、图片。2.认读汉字时，也认知文字对应的图片。3.根据生活情境随机教学，丰富学生生活经验。
		写	模仿书写能力较好，如能在田字格中写出"船、连、树"等相对复杂的汉字；能够写出部分简单汉字，如"上、少、目"等；能够选择合适的量词，如"一个人、一头牛"；能够组词，例如"天上、开心、出口"；能够进行简单词语的配对，如"公园、朋友"等。	写字姿势正确，但是复杂字会出现即兴在桌子上书写的现象；书写速度适中；写字速度较大，对间架结构大，对白纸书写字迹较大，空白纸画歪；笔顺掌握不够，偶尔会造字，如写"坐"字会上下分开，偶尔会多加一笔，如"巾加一笔"。	1.学会正确的书写姿势。2.明白汉字的结构类型及书写规则。3.学会扩写句，用简单的修饰词描述事物。4.掌握正确的书写笔顺。5.合理控制字体大小。	1.课前进行手部肌肉训练，通过串珠、指偶、仿绘、连线等趣味性环节学习兴趣。2.学习汉字结构：左右结构、上下结构、左中右结构、上中下结构、半包围结构、全包围结构、镶嵌结构等。3.按类别掌握汉字认读，首先会认读汉字，其次能够辨别，最后能够自己列举。4.描红练习，学会正确书写汉字。5.在田字格本中书写（所有书写均在田字格本中进行）。
阅读		文章阅读	能够读出书中自己认识的字或词语，不认识其他的会请教老师或根据语境猜读，例如，把"肥肥的"换成"胖胖的"。	阅读节奏不流畅，无法进行快速连贯地阅读。	1.能用普通话正确地读出句子。2.句子的停顿正确，不唱读、不重复、不破读词句。3.学会有感情的朗读。	1.掌握词汇正确的意思，用自己的话表达自己的看法。2.结合句子进行速连子词练习，先朗读，再说出句子的意思。3.结合绘本，加强情感体验。

领域	次领域	现况摘要		教学目标	教学策略
		优势	劣势		
写作	看图说话	能够在老师的带领下完成句子的填写。	无法独立完成"看图说话",如"妈妈和我去公园,看到花朵。"	1. 能自己造句,且句子通顺,没有明显的语法错误。2. 能用自己的话讲述一件事。3. 根据规定的内容进行讲述。	1. 给出词组,进行句子组合练习。2. 给出中心词语,造出完整句子。3. 规定主题,进行练习。4. 展示阅读过的绘本,进行自由讲述。
	仿写	在老师提示下说出简单句,如"妈妈在洗衣服,爸爸在刷碗"。	无法独立进行句子仿写,且仿写句中存在汉字的书写问题。	1. 能在田字格本上写出完整的句子。2. 学会自己补齐句子。3. 能独立写出句子。	1. 抄写句子,在规定时间内完成,且字体大小合适,笔顺正确。2. 根据已有句子发挥想象进行句子补充,如"妈妈在洗衣服、拖地""桌上有很多水果,有苹果、梨、草莓、香蕉",如我有一件漂亮的裙子。3. 根据已有提示仿写句子。
口语交际	交往	可进行简单的口语交际,例如,向他人问好;能够听懂他人的意思,并做出正确回应等。	缺乏自信心。	1. 能流利地做自我介绍。2. 能够主动进行自我表达、分享。	1. 每次课前进行自我介绍练习。2. 及时肯定与鼓励学生,夸赞内容要具体,帮助学生正确认知自己,通过阅读绘本培养学生的自信心。
综合性知识	语文运用及表达	对周围事物感兴趣,例如,拿附近的玩具;能够用口头或表达自己观察到的事物,例如,进行绘画并讲解。	无法将复杂的语文学习与生活相结合。	1. 能够自行描述一件事物。2. 学会运用简单的形容词,如漂亮的、美丽的、可爱的、高兴的等。3. 结合生活实际进行自由表达。	1. 向同学展示一件常用物品,让学生进行观察并加以描述。2. 列举自己学校生活中的小事件,说出事件经过并表达感受。3. 根据绘本,理解故事情节,体会故事背后表达的意义。

（四）干预结果

经过两个学期的课程后，学生取得了明显进步。在识字上，该学生能够快速认出每单元后面的生字，并且能够正确地阅读，识字量大大增加；写字方面，该学生由开始的无法工整地书写自己的名字到后面能够在田字格本中写出自己的名字，并且能够掌握正确的书写姿势，笔画、结构均比较规范，能够自由组词；在阅读方面，该学生能够流畅地阅读小短文，并根据课文内容回答问题，根据文中的故事情节自己编写故事，对阅读的兴趣大大提升，并且能够将自己生活中积累的形容词运用到一些句子中；在写作方面，该生能够独立观察图片，根据图片信息展开想象，并自由地表达自我，编写的文章情节紧凑，故事内容符合正常逻辑，生动有趣，大大培养了该学生的自信心，并且能够大方地站在老师和其他同学面前做自我介绍；在注意力方面，能够持续专注地完成至少半小时的课程，面对干扰因素能够忽视，并安静、有序地完成教学任务，家长也表示该学生在学校能够至少听完一节课，做作业左右摇晃的情况减少了许多。由此可见，该学生在识字、写字、阅读、写作、注意力等方面的能力都得到了很大提升（图10-11）。

图10-11　该生干预前后写字情况对比

（五）未来建议

该生能够认识和说出日常用语，且沟通能力较好，但识字量太少，无法正常阅读和理解文字内容，干预后，该学生的识字量得到了提升，书写方面的能力也得到了提升，学习兴趣大大提升，对制订未来的干预计划具有较大的参考性。第一，其学习兴趣对老师制订未来的干预计划具有较大的参考性。学生学习动机是影响干预效果的重要因素，针对不同的学生，老师要充分考虑学生的兴趣爱好，根据他们的兴趣爱好设计课程，丰富课程内容，提升干预有效性。该学生喜欢画画，老师要充分将这一特征融入课堂活动中，调动学生的学习兴趣。第二，建构学校与家庭联合支持模式。该学生的接受速度比较慢，生活中对于所学知识的运用较少，家人对该学生要求较低，溺爱现象时有发生，造成该生知识掌握不牢固，能力提升进程缓慢，在未来生活中，应该充分发挥学校与家庭的链接作用，保持学校和家庭进度在同一层次上，在灵活应用中将掌握的知识进行内化，在运用中提升自身能力。第三，优化教学设计及课程内容。在干预过程中老师多是以一对一的形式开展教学，该学生与同伴的互动较少，同伴的引导作用及学生的主体作用有限，未来要充分重视同伴在该学生的教学活动中的作用，灵活设计课程环节。部分教学教案见表 10-13 至表 10-15。

表 10-13 教学教案 1

授课教师	罗老师	授课对象	朱 × ×
授课时间	2019 年 6 月 15 日	授课时长	120 分钟
学习内容分析	复习上一节课学的声母、单韵母和复韵母、前鼻音韵母和后鼻音韵母、整体认读的音节，巩固所学汉字结构，学习三拼音节。		
学习者分析	1. 所有拼音已学完，对 "b、d、p、q" 分辨困难，需要加强记忆。 2. 写字姿势有一定改善，字迹比较工整，但是笔画不正确。 3. 三拼音节不会拼。		
教学目标	1. 复习 "ie ai an ao"，能够拼读相关拼音。 2. 正确书写 "ie ai an ao"，笔顺正确。 3. 正确标注拼音的声调。 4. 能够辨认含有 "ie ai an ao" 的音节。 5. 能够掌握汉字 "火、灰、灭、灾、炎、烧、炸、炒" 的结构、拼音、笔画，正确书写汉字。 6. 完整阅读课文——《钻木取火》。		
教学重点、难点及解决措施	**重点：** 1. 能够分清 "b、q、d、p"。 2. 掌握汉字的结构并正确书写汉字。 3. 流畅阅读课文。 4. 能够拼出简单的三拼音节。 **难点：** 1. 用自己的方法记住混淆的拼音。 2. 正确拼读词组。 3. 按正确的笔画顺序写汉字。 4. 学会自己拼读汉字上的拼音 **解决措施：** 描红练习。		

教学过程					
教学环节	教学内容	教学时间	教师活动	学生活动	教学媒体
手指操游戏	手指操	10 分钟	手指操	手指操	
拼音认知学习	1. 复习 "b、q、d、p"。 2. 注意力训练（寻宝大发现）。 3. 复习 "ao ou iu ie ue er"。	40 分钟	1. 掷骰子游戏复习。 2. 注意力训练。 3. 幼小衔接教材 2 练习。	1. 认真朗读拼音。 2. 跟着老师重复朗读自己不会的拼音，通过多种记忆方法进行掌握。 3. 进行拼音游戏，包括对拼音的认读、辨别、判断等。 4. 注意力练习，按要求找出对应的物品。 5. 完成幼小衔接教材 2 练习。	骰子、拼音卡、注意力练习手册等。

教学环节	教学内容	教学时间	教师活动	学生活动	教学媒体
汉字学习	引导学生复习汉字结构，在练习中加强对汉字的认识。	30分钟	1. 阅读文章《钻木取火》。 2. 按规则找汉字游戏（上下结构、左右结构、独体结构、半包围结构等）。 3. 汉字笔画练习及书写练习。 4. 掌握偏旁和部首(父火字旁、上下结构、独体结构）。	1. 阅读课文。 2. 给汉字归类。 3. 书写汉字，描红练习并单独书写。	汉字卡、有限衔接教材（识字2）
表达练习	1. 绘画游戏。 2. 自由表达，要求句子结构完整。（介绍自己的家人）	30分钟	1. 看图说话（贴纸练习） 2. 听学生自由表达，及时指导，引导学生仔细观察图片，学会用简单的修饰词。	1. 根据贴纸内容说说图中的场景。 2. 发挥想象，自由地说出图中的故事，句子要求完整，情感丰富。	贴纸练习册
感知练习	1. 插蘑菇 2. 自我总结评价	10分钟	1. 通过插蘑菇游戏提高学生的手部灵活度，丰富学生的想象力。 2. 让学生学会自我评价今天的表现，和之前的作业完成情况做对比。	1. 插蘑菇游戏。 2. 对自己进行评价，按照自己的表现给对应的地方画上最爱的草莓。	
教学反思	优点：整体而言学生还是比较配合，能够完成课堂任务，喜欢游戏形式的教学方法，能够自觉遵守课堂规则；教师指出缺点时能够接受并改正；表达能力有所提升，能够用不同的句型。 缺点：专有一定的畏难情绪；不喜欢写字，写字速度慢；不爱动脑筋。				

表 10-14　教学教案 2

授课教师	罗老师	授课对象	朱 × ×		
授课时间	2019 年 9 月 21 日	授课时长	120 分钟		
学习内容分析	复习所有拼音，学习汉字与拼音的结合，写出对应的汉字，组词造句。				
学习者分析	1. 所有拼音已学完，不能准确分辨"b、d、p、q"。 2. 写字姿势有一定改善，字迹比较工整，但是存在笔画顺序不正确的现象。 3. 声调书写不正确，第二声和第四声分不清。 4. 能够自己流畅阅读，但是速度较慢。				
教学目标	1. 复习所有学过的拼音，掌握"b、p、d、q"。 2. 正确书写汉字"宜、层、尽、染、壮"的笔顺。 3. 将汉字进行组词，每个汉字至少两个词语。 4. 流畅阅读课文中的四字短语，并理解其中的意思。				
教学重点、难点及解决措施	重点： 1. 分清"b、q、d、p"。 2. 掌握汉字的书写和声调。 难点： 理解四字词语的含义。 解决措施： 结合生活经验，理解四字成语，对学生的提问耐心回答。				
教学过程					
教学环节	教学内容	教学时间	教师活动	学生活动	教学媒体
手指操	《五只小猴荡秋千》	10分钟	和学生一起活动，增进彼此情感。	和老师一起活动，增进彼此情感。	
拼音认知学习	1. 复习学过的拼音。 2. 重点复习"b、q、d、p"。 3. 完成练习册2。	40分钟	1. 出示拼音图片，让学生一一指认。 2. 找出学生不熟悉的拼音。 3. 完成幼小衔接教材2对应的练习。	1. 复习学过的拼音。 2. 完成练习。	拼音衔接教材

续表

教学环节	教学内容	教学时间	教师活动	学生活动	教学媒体
汉字学习	朗读课文，书写文中要求掌握的汉字。	40分钟	1. 带领学生朗读成语。 2. 讲述词语意思。	1. 朗读课文。 2. 理解词语含义。 3. 感受秋天之美。	课本
表达练习	根据文中内容说一说文中有哪些秋天的景物，结合生活实际，说说自己身边的秋天的事物。	30分钟	1. 听学生自己朗读课文。 2. 询问课文中描述了哪些秋天的景物。 3. 给学生讲述比喻手法和拟人手法的差别。 4. 比喻、拟人手法的应用。	1. 自己朗读课文。 2. 根据课文内容回答问题。 3. 找出文中的比喻和拟人句。 4. 自己说一说为什么是比喻或拟人？ 5. 说一说自己身边的秋天的事物。 6. 根据大雁排成一行说一个比喻句。	课本
教学反思	**优点**：能熟练的拼读拼音，朗读课文比较流畅，比喻、拟人手法掌握的比较好，写字比较工整。 **缺点**：阅读、写字慢，坐姿不端正，摇摇晃晃。				

表 10-15　教学教案 3

授课教师	罗老师	授课对象	朱 × ×		
授课时间	2019 年 10 月 19 日	授课时长	120 分钟		
学习内容分析	复习所有拼音，学习汉字与拼音的结合，根据拼音写出对应的汉字，组词造句。				
学习者分析	1. 所有拼音已学完，"b、d、p、q"可以分辨得清，但是不够自信。 2. 写字姿势有一定改善，字迹书写比较工整，但是存在汉字的笔画顺序书写不正确现象。 3. 写字较以前更加工整，但是速度不够快。 4. 理解能力提升了，朗读节奏比较流畅，能够理解文章的中心思想。				
教学目标	1. 复习所有学过的拼音，能够拼读不认识的带拼音的汉字。 2. 正确书写汉字"欠、元、包、叹、迟、钟、哈"。 3. 正确写出汉字的拼音，字体规范且大小合适，声调正确。 4. 复习学过的汉字结构和偏旁部首，学会将不同的偏旁部首组成新的汉字。 5. 流畅阅读《一分钟》，找出文中元元迟到的原因，文章内容是什么样的发展顺序。 6. 结合自己的生活实际，掌握避免迟到的方法。				
教学重点、难点及解决措施	**重点**： 1. 强化对"b、q、d、p"的认识。 2. 复习汉字的偏旁与部首。 3. 将偏旁部首重新组合成新的汉字。 4. 用自己的话说出文章的中心思想。 **难点**： 1. 理解文章的主旨。 2. 结合生活实际说说避免迟到的方法。 **解决措施**： 结合生活经验，说说自己在上学时是如何才能保证不迟到的。				
教学过程					
教学环节	教学内容	教学时间	教师活动	学生活动	教学媒体
观察力训练	操作手册	10分钟	讲明规则，让学生从图中找出对应的事物体。	找出对应的物体。	
拼音认知学习		40分钟	1. 快速闪读练习，找出不熟练的拼音。 2. 幼小衔接教材 2 练习。	1. 认真读拼音。 2. 跟着老师重复读自己不会的拼音，通过多种方法进行掌握。	拼音卡、衔接教材
汉字学习	复习上节课内容，学习新课文《一分钟》。	40分钟	1. 复习学过的汉字结构，将偏旁部首重新组成新的汉字。 2. 教授新课文。	1. 按要求说出汉字的结构。 2. 将"氵"和其他汉字组成新的汉字。 3. 书写汉字。	课本

教学环节	教学内容	教学时间	教师活动	学生活动	教学媒体
表达练习	根据课文内容按要求表达	30分钟	1. 让学生自己学会朗读《一分钟》。 2. 根据课文内容提问,如元元发生了什么事?为什么会迟到?迟到一分钟重要吗? 3. 提问:如何避免迟到?	1. 自己朗读课文。 2. 根据课文内容回答问题。 3. 根据生活经验说一说自己在生活中避免迟到的好习惯。	课本
教学反思	**优点**:对拼音的掌握明显进步,也较好地掌握了汉字的偏旁部首,看图说话的能力得到了提升,语句表达较为流畅,能够理解文章意思并用自己的话进行表达。 **缺点**:有一定的畏难情绪,不喜欢写字,写字速度慢,较难的字不会写。				

二、案例报告 2

(一)研究对象

学生甲:男生,10岁,三年级,家庭成员有父母、爷爷奶奶和一个妹妹,主要说普通话,由正规医院诊断为自闭症。该学生的作文字数在100字以内,作文内容常常是自说自话,没有围绕写作主题展开。学习情况:数学成绩90分以上,但是语文成绩不稳定,在70分左右。喜欢和别人接触,能够较好的理解规则,口语表达比较正常。学习态度较好,能够较正常地跟着上课流程上70分钟的课。

学生乙:男生,11岁,三年级,家庭成员有父母和一名弟弟,主要说普通话,由正规医院诊断为自闭症。该学生的汉字书写比较正规,写字速度较慢,错别字较少,作文字数在150字左右,有抄课文的现象。作文根据时间线索不断进行描述,但无法围绕同一件事情展开描述。语表达正常,理解能力较好,学习态度非常积极,能配合教师的教学活动,形成较好的课堂常规。

学生丙:男生,10岁,三年级,家庭成员为父母和外公外婆,主要说普通话,由正规医院诊断为自闭症。该学生书写比较规范,写字速度正常,较少写错别字。该学生不喜欢写作,作文字数一般为120字左右,作文大都写成说明文形式,比如介绍我的一天,就变成了对某一个玩具的详细介绍;数学成绩一般,80分左右,语文成绩在70~80分,对于写作有畏难心理,常常逃避教师安排的写作任务,口语表达正常,但是主动与老师的沟通较少,理解能力较好。

(二)研究方法

单一被试实验研究中的跨被试多试探实验设计法。

（三）干预过程

1. 研究变量（图 10-12）

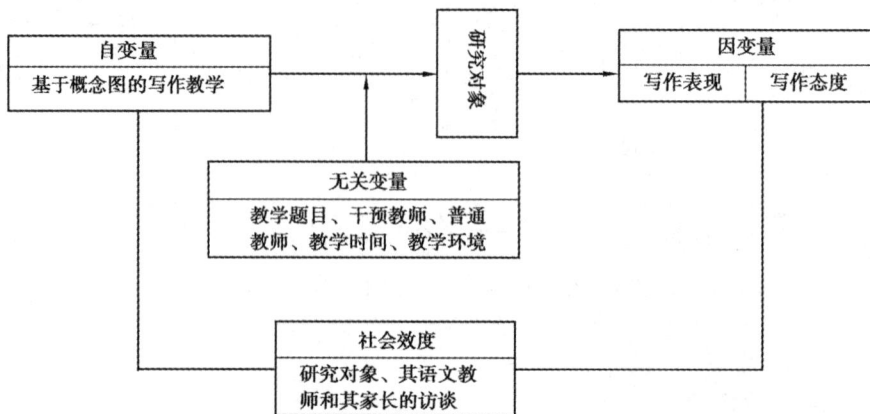

自变量		研究对象	因变量	
基于概念图的写作教学			写作表现	写作态度

无关变量
教学题目、干预教师、普通教师、教学时间、教学环境

社会效度
研究对象、其语文教师和其家长的访谈

图 10-12　研究变量

2. 操作研究流程之基线期（图 10-13）

教师呈现作文题目，给学生进行作文结构上的提示。（约5分钟）	⟹	学生进行写作。（约30分钟）	⟹	教师对写作成品进行评价，学生做出修改。（约10分钟）

图 10-13　操作研究流程之基线期

3. 操作研究流程之介入期（图 10-14）

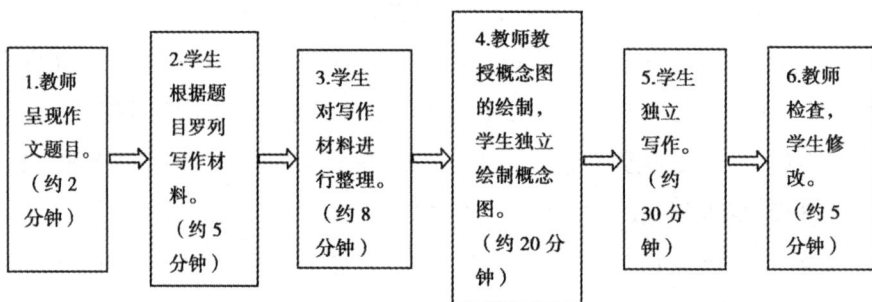

1.教师呈现作文题目。（约2分钟）	⟹	2.学生根据题目罗列写作材料。（约5分钟）	⟹	3.学生对写作材料进行整理。（约8分钟）	⟹	4.教师教授概念图的绘制，学生独立绘制概念图。（约20分钟）	⟹	5.学生独立写作。（约30分钟）	⟹	6.教师检查，学生修改。（约5分钟）

图 10-14　操作研究流程之介入期

4. 操作研究流程之维持期（图 10-15）

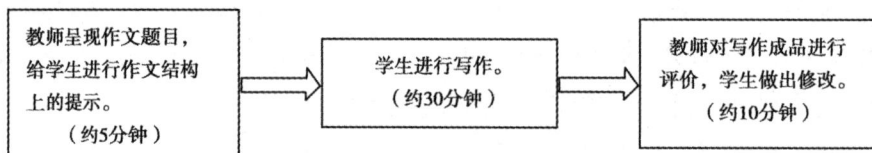

教师呈现作文题目，给学生进行作文结构上的提示。（约5分钟）	⟹	学生进行写作。（约30分钟）	⟹	教师对写作成品进行评价，学生做出修改。（约10分钟）

图 10-15　操作研究流程之维持期

5. 教学活动设计范例

以"我的妈妈"为例，见表 10-16。

表 10-16　"我的妈妈"教学教案

授课教师	刘老师		授课对象		个训室
授课时间	2018 年 6 月 15 日		授课时长		70 分钟
学习内容分析	本节课采用概念图策略帮助学生掌握概念图的使用步骤,并根据概念图策略以"我的妈妈"为主题写一篇作文。				
学习者分析	3 名学生为自闭症学生,写作能力比较差,平时作文字数在 100 字以内,作文内容常常是自说自话,没有围绕写作主题展开。对规则的理解较好,口语表达能力较好,学习态度较好,能够较为正常地按照上课流程上 70 分钟的课。				
教学目标	1. 能理解绘制概念图的基本步骤和结构。 2. 能够将所有概念进行有意义的联系,成功做出"我的妈妈"的概念图。 3. 能够通过概念图的写作活动发现写作并不难,培养写作信心。				
教学重点、难点	重点:能遵守课堂常规,在老师的引导下掌握概念图的使用方法。 难点:在老师的指导下,独立利用概念图写出完整的作文。				

教学过程					
教学环节	教学内容	教学时间	教师活动	学生活动	教学媒体
课前热身	呈现任务表、协定课堂常规	10分钟	1. 把这节课的任务表交给学生,并让他说一说有几项任务,全部读一读。 2. 和学生约定上课不东张西望、不玩笔,能够专心听讲,积极回答问题,并签字承诺。	1. 依次读任务的内容。 2. 同意上课要遵守的规定,并签字承诺。	任务表、常规协议书
导入活动	概念图介绍	10分钟	教师:小朋友,你好,今天我们学习如何利用概念图进行写作。首先在老师说了写作主题后,你要尽力去想与主题有关的内容,并记录下来。然后根据老师教你的方法画出概念图,再根据概念图进行独立写作,在写作的过程中,请你独立完成,当你完成之后,老师会帮你检查的,好吗?	听指令,按照要求作出反应。	拼音卡、衔接教材
开展教学	公布主题	40分钟	我的妈妈 教师:小朋友,你看,这是我和我妈妈的合照,她是不是非常漂亮啊?我妈妈是一个很可爱的人,她每天都辛苦的工作,我非常爱我的妈妈。老师跟你介绍了我的妈妈,你也给老师介绍一下你的妈妈好不好? 学生:…… 教师:那今天我们就写一篇主题为"我的妈妈"的作文吧。	学生和老师一起讨论。	照片、空白纸、多色圆笔、蜘蛛网图模型。
	正式开始	30分钟	(1)捕风捉影、头脑风暴 学生根据公布的写作主题"我的妈妈"进行头脑风暴,将想到的内容写到纸上。 教师:小朋友,提起你的妈妈,你会想到什么呢?请你将想到的所有内容都写到纸上。 (2)小小侦探,发现概念间的联系 教师引导学生将所有概念进行总结归纳。如长头发、大眼睛等属于"妈妈的外貌";严厉、善良、努力等属于"妈妈的性格"。 教师:哇!小朋友,你真棒,写了好多关于妈妈的东西哦!但是有一点乱,我们一起来把他们整理一下好不好?例如,其中哪些词是指妈妈的样子呢?我们一起来找一下。哪些词是指妈妈的性格呢?剩下的词是什么呢?是不是你和妈妈一起做过的事情?那"喜欢"是什么?是不是你对妈妈的感情? (3)教师出示蛛网图,说明其用途 教师根据自己准备的写作材料示范绘制概念图。 教师:小朋友,你看这张图,它叫作蛛网图,是不是像蜘蛛网一样?它就是帮助我们写作文的好伙伴。老师先给你做个示范,你仔细看哦。其实老师也准备了很多关于妈妈的词语,现在我就根据这些词语来画一张概念图。今天的写作主题是什么?	学生根据老师提示作出反应。	课本

教学环节	教学内容	教学时间	教师活动	学生活动	教学媒体
	正式开始	30分钟	学生：我的妈妈。 教师：对的，那我们就把"我的妈妈"写在最中间。老师把自己想到的所有词语进行分类，分成"外貌、性格、我和妈妈的经历、态度"四类。我把这四类写在主题的周围。写完后，老师突然发现还有可以补充的词语，那就再把它们补充进去，用圆圈把各个词语圈起来，再用箭头把它们连起来。外貌是妈妈的外部特征，那我们就把二者之间的箭头连起来，就成了"我的妈妈的外貌"。接下来我们将剩下的词语对应地写在四中分类的周围。 （4）我是大编剧，写作文 教导学生根据绘制的概念图在准备的作文单中进行独立写作。在此过程中教师不对学生进行干预。 教师：请你根据自己绘制的概念图进行写作。请独立完成写作，不能向老师提问，老师会在完成的时候帮你检查。好了，开始吧。		课本
总结评价	教师点评	10分钟	教师对学生的作文进行点评和分析。从总字数、平均句长、组织结构、内容思想、基本技巧和语句表六个角度进行分析，提出修改意见。	学生根据教师的点评进行修改。	
	课堂总结		教师从写作表现和写作态度两大方面对学生进行点评，对学生表现较好的地方提出表扬，对有待改进的地方表达期许。		
教学板书	**任务表：** 1. 签订课堂常规协议书。 2. 听从指令，回答问题。 3. 阅读绘本，理解等待。 4. 自我总结，自我评价。 <div align="center">**课堂常规协议书**</div> 1. 上课时在座位上坐好，经老师同意后才能离开座位，不可以东张西望，不可以玩笔。 2. 上课时积极回答问题。 3. 不随便讲话。 <div align="right">签字同意：</div>				
教学反思	该学生能够在课堂上配合教师教学，对概念图写作这种写作方法很感兴趣，能够根据老师的提问去思考问题，但是语言表达有点混乱，在视觉化概念图的提示下能够有条理地组织语言，下次写作课时可以换一个学生更感兴趣的话题。				
教学材料					

6.蛛网图学习示例单

以"我的妈妈"为例，如图10-16所示。

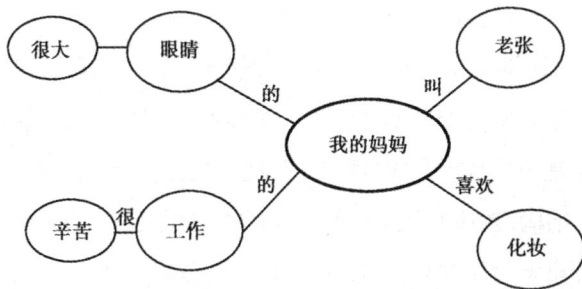

图 10-16 "我的妈妈"蛛网学习示例

（四）干预结果

根据下图 3 位学生的写作表现得分来看，3 位学生在被干预后写作能力均有不同程度的提升，即使停止干预后，他们也能够保持良好的写作水平。这证明运用概念图进行写作是能够提升自闭症学生的写作水平的，具体分析如图 10-17。

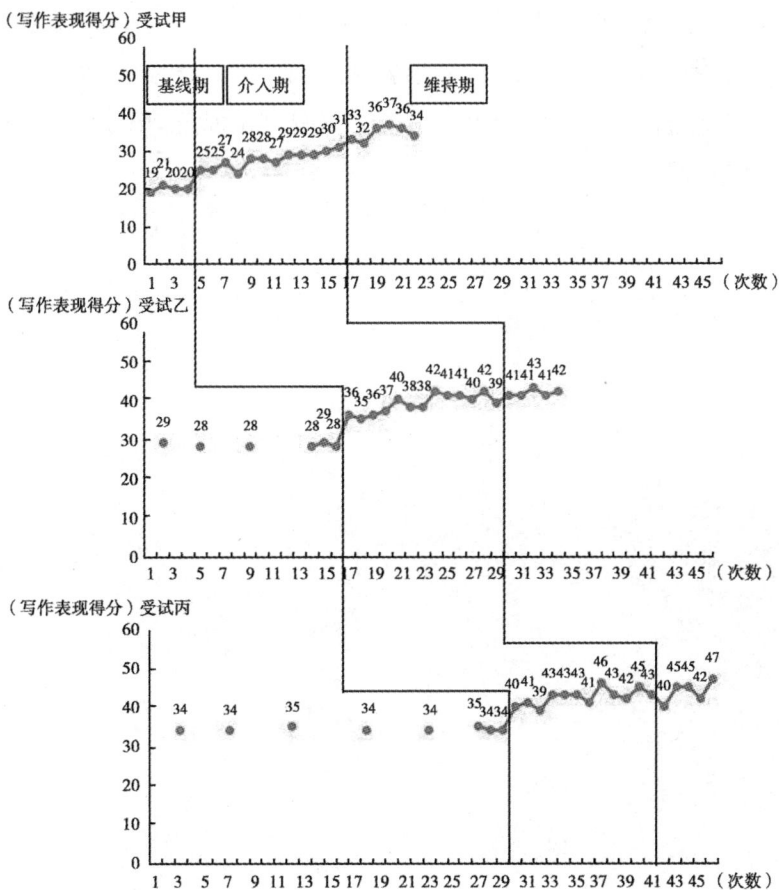

图 10-17 干预结果

（五）建议

首先，结合绘本进行概念图写作教学。提升语句表达能力需要语句的积累和语法知识的掌握，因此建议教师在对自闭症儿童进行写作教学的同时，进行绘本教学。绘本教学不仅能培养学生的语句表达能力，还可以通过让学生做绘本阅读理解发现写作框架，有利于学生对写作框架的把握。其次，利用概念图进行写作的评量。概念图是一种有效的学习和知识表征方法，它不仅能够以图画的方式呈现学习者的知识结构，教师也可以依次对学生对写作题目掌握的情况等进行评量。教师可以动态评量学生建构知识的过程，也可以静态评量学生已有的知识体系。再次，学生绘制概念图的练习时间要充足。绘制一张概念图需要比较多的时间，尤其是新手，所以教师要在前期教学时给学生充足的时间进行概念图绘制的练习，使其能够在写作过程中灵活运用概念图。并且教师要允许学生分段完成写作活动，如教师在布置写作题目后，可先带领学生在学校一起完成计划与组织写作材料的工作，然后将写作材料带回家，让学生回家根据自己的经验和知识组织写作材料。接着让学生先熟悉各个阶段的工作，如收集写作材料、整合写作材料，写作准备过程的，当学生熟悉各个阶段后，让学生独立完成写作。最后利用成品对比，强调让学生主动进行反思。研究发现，学生自己进行写作成品对比分析时，能够提升其利用概念图的积极性。

第五部分　资源教室基本康复课程建设
　　　　　　与实施

第十一章

资源教室康复课程概述

资源教室基本康复课程是针对特殊学生开发的一套课程，它是提高学生学习能力、发展学生学业水平的基础。本章主要对随班就读学生较常见的心理、语言、动作等发展问题进行介绍，并针对相应问题设置的心理康复课程、语言康复课程、动作康复课程等基础性课程进行简要介绍和分析。

第一节　随班就读学生的康复问题

一、心理问题

心理问题是指学生在身心发展过程中，生理技能失调、环境适应能力差或心理冲突等导致的心理方面的障碍和不适当行为。随班就读学生的心理问题是影响随班就读工作开展和学生个性发展的重要因素。研究表明，随班就读学生的心理问题是其身心发展过程中问题堆积的过程，其心理问题出现的类型和数量远超普通学生，已经成为亟待解决的问题。

教育部中小学心理辅导教师培训教材《个体心理咨询》一书，将心理问题分为自我类问题、学习类问题、情绪类问题、人际类问题、行为类问题、成长类问题等，其中自我类问题包括自卑、自主性问题；学习类问题包括厌学和注意力不集中；情绪类问题包括焦虑、恐惧、抑郁、情绪不稳定；人际类问题包括亲子关系、师生关系、同伴关系；行为类问题包括说谎、攻击性行为、吸烟、网络成瘾；成长类问题包括耐挫力、社会适应不良、青春期性心理问题等。刘秀红对调皮多动、倔强叛逆、自卑离群、自闭、留守儿童等特殊学生的主要问题进行了心理上的分析与指导。杨晓翠从自我意识、学习适应、人际关系、生活适应、挫折体验等方面对特殊学生的心理问题进行了总结分类。集合上述材料，结合日常授课经验，随班就读学生较常见的心理问题被归结为以下方面。

（一）自我类问题

自卑、自闭、严重缺乏自信等是随班就读学生最常见的心理问题，且各类障碍类型均会存在此类问题。首先，由于智力水平低下、个人能力不足等缺陷，在进行学习、游戏、团体活动时特殊学生参与度不高，失败经历较多。这造成他们自信心不足和自卑感强烈，出现逃避心理，不愿意参加类似的学习、游戏活动。其次，当发生不如意的事情时，特殊学生往往会责备自己，觉得自己完成得不好，拖了队伍的后腿，缺乏主动性和积极性。再次，因性格问题，部分特殊学生上课目光呆滞，不活泼，不爱说话，上课从不举手，也不愿意与老师和同学沟通，而有些父母对孩子的期望值过高，这就使得孩子负担过重，过重的心理压力会使孩子形成自卑心理，不安、烦恼、孤独、离群等情感障碍会随之而来，长期受这种负面情绪影响，特殊学生的身心健康会受到严重影响。

（二）情绪类问题

情绪是社会生活过程中对所经历、所感受的客观事物在态度上的直接反映，它体现了个体的性格、情感、思想。由于自身缺陷，特殊学生会出现焦虑、恐惧、抑郁、冲动等一系列情绪问题。

焦虑。由于知识、经验的缺乏，特殊学生对事物的认识简单，情感体验不够深刻，独立性和稳定性较差，依赖性强，这种人格上的缺陷可能导致其一个人独处时便会焦虑，不知道如何处理问题。此外，当出现考试成绩不理想、与人沟通不顺畅的情况时，特殊学生会出现较严重的学习焦虑、社交焦虑，对学习和考试产生逃避心理、人群中不敢抬头、不敢参与集体活动等。

恐惧。像自闭症谱系障碍学生，因为长时间沉浸在自我为中心的世界中，很难融入他人的世界，面对他人的邀请、接触新鲜事物时，他们就会产生恐惧心理，会蜷缩在角落里或躲着人群，不出声也不敢动；而像听力障碍学生和视力障碍学生由于器官受损，他们只能通过单方面的视觉、听觉来获取信息，无声、无光的空间造成了他们较高的恐惧倾向。

抑郁。特殊学生对事物的恐惧和焦虑会产生抑郁症状，尤其在社交活动时，当怀疑自己的社交能力时，更容易出现抑郁的症状。长期处于压抑状态下，特殊学生容易失眠，甚至需要依靠药物才能缓解失眠症状。此外，身体与心理是相互影响的，心理出现问题会引发生理问题，比如消化不良、便秘等，长期如此其心理问题会越来越严重，形成恶性循环。

冲动易怒。特殊学生的情绪常表现为敏感、易激动、易怒，甚至对他人有攻击性行为，这是他们自身的缺陷导致的，这些学生一般长期处于心理压抑状态，无法排解压抑情绪，所以特殊学生情绪极其不稳定，一旦遇到他们敏感的事情，就会焦虑、暴怒，甚至会攻击他人。

（三）适应类问题

适应类问题主要从耐挫力、社会适应能力两方面进行分析。一部分随班就读学生存在性格上的缺陷，具体表现为固执，缺乏韧性，以自我为中心，自卑、敏感且承受挫折能力差，攻击他人行为等。由于自身障碍和社会环境因素的影响，智力障碍学生、情绪与行为障碍学生以及视力、听力障碍学生都较容易被挫折打击，他们对学校的适应能力较差，在承受挫折、师生关系等方面都明显差于普通学生。并且，随班就读学生的情绪问题与行为问题会影响他们的亲社会行为，其问题越严重，亲社会行为就越少，这就造成特殊学生存在更多的人际关系问题和情绪问题，普遍表现出较低水平的心理适应能力，具体表现为无法适应班级生活、无法在校住宿、适应不了生活节奏和生活环境的改变。

二、动作发展问题

动作的发展是发展基本的生活技能、发展身心、丰富知识、健全人格的保障，走、跳、跑、拿、扔等动作基本是个体参与社会实践活动应具备的基础性能力。对大多数特殊学生而言，受自身生理的影响，相较于普通学生，他们的动作形成时间普遍较晚。研究表明，即使特殊学生的身心成长遵循正常发展规律，但某些动作发展仍较迟缓，且障碍程度越严重，对动作发展的影响越严重，主要表现为粗大动作运动机能、精细动作运动机能以及平衡协调运动机能等方面发展迟缓、不稳定或发展异常。

（一）粗大动作运动机能发展

粗大动作主要指需要机体大肌肉群参与操作完成的动作，包括坐、站、走、跑、跳等。智力障碍儿童、自闭症儿童等粗大动作差主要体现在步行、跑、跳等能力的发展较同龄的普通儿童发展速度慢。有研究者在自闭症婴儿期通过录像示范法发现后来被诊断为自闭症的儿童在仰卧、爬行、滚动中存在异常，而这些异常限制了儿童在发展关键期与物理和社会环境间的互动，导致儿童学会走路后，步速慢、步幅小、膝盖过度弯曲、上肢摆放位置异常等特点。运动障碍威胁特殊儿童的身体健康。另外，这会影响特殊儿童功能性技能的学习，如生活自理能力，阻碍儿童最大化地参与社会交往。

（二）精细动作运动机能发展

精细动作主要指需要机体小肌肉群参与操作完成的动作，主要包括抓握、绘画、写字以及筷子使用技能等。智力障碍儿童的精细动作差主要体现在智力障碍儿童的手的灵活程度、对球类玩具的控制能力、写字能力等的测试得分与常模相较属于受损范围。相较于球类技能和平衡控制，轻度智力障碍儿童的动手操作问题更多，其原因可能是精细动作与皮质神经系统（尤其是额叶）的成熟度、完整度密切相关，自闭症儿童主要体现在手的灵活性、对物体控制能力、唇舌活动等方面的不足。手的灵活性属于差和极差范围；男性自闭症儿童表现为扔物和抓物运动模式；部分自闭症儿童的唇舌运动能力比语言障碍儿童还要差。注意力缺陷多动障碍儿童多表现为动作反应慢，属于直线式运动加工模式，动作计划耗时长，书写字体大小不一、字间距宽窄不一。研究表明，注意力缺陷多动障碍儿童在螺旋跑、夹物和串珠、小圆涂色、跺脚等精细动作方面与普通儿童存在显著差异，而粗大动作无差异。

动作的发展是进行基本生活技能、发展身心、增长知识、发展健康人格的保障，走、跳、跑、拿、扔等运动基本能力是个体参与社会实践活动应具备的基础性能力。对大多数随班就读学生而言，受自身身心障碍的影响，相较于普通同龄学生，他们的动作发展能力普遍发育要晚且并不成熟。研究表明，即使学生的身心成长发展遵循正常发展顺序，但某些动作技能的发展仍有迟缓现象，且障碍程度越严重，影响越严重，主要的问题表现在粗大动作运动机能、精细动作运动机能以及平衡协调运动机能等方面发展迟缓、不稳定或发展异常。

（三）平衡协调运动机能发展

动作协调性是指按照目标动作对时间、空间和节律等的要求，人体各器官系统及运动部位相互协调完成动作的配合能力，即适时的肌肉活动使人体各环节产生适时的运动。协调能力差是各类特殊儿童广泛存在的问题，他们的动作精细程度差且体态和姿态看起来笨拙，异于普通儿童。平衡协调运动机能障碍多以脑瘫儿童、自闭症儿童为典型。脑瘫儿童的典型运动特征为平衡功能障碍，这些儿童肌肉张力低于普通儿童，维持姿势困难，运动协调困难，存在辨距障碍，步态蹒跚，方向感差；走路时摇摇晃晃，找不到重心，容易跌倒，严重者不仅在行走时常摔倒，坐下时也不稳定；静止时，他们手足多余动作多，或者头部不停摇动，甚至全身震颤，难以自我控制。自闭症儿童最突出的运动障碍是动作协调能力差、笨拙，步态异常，多跟跄步、脚尖或脚后跟走，移行活动中双侧协调差，静止站立时，足底前后晃动大，维持平衡的时间较短，站立不稳或不协调，难以完成复杂的平衡控制动作。

三、语言发展问题

语言是一个民族达成共识的、有言语或非言语交流活动所组成的符号系统，而在运用符号系统的过程中，一些人会产生运用符号的功能障碍——语言障碍，也就是运用符号的功能障碍。自闭症谱系障碍、智力障碍、听力障碍等大多言语发育和形成都存在问题。

（一）构音问题

构音障碍（Dysarthria）指的是由于神经病变，与言语有关的肌肉麻痹、收缩力减弱或运动不协调导致的言语障碍，强调呼吸、共鸣、发音和韵律方面的变化。从大脑到肌肉本身的病变都可引起言语症状。构音障碍与言语表达有关的神经器官系统的质的损害，会导致发音不准、语言节奏紊乱的言语障碍。

（二）语言理解问题

多数随班就读学生在语言的理解方面存在困难，他们会对复杂的表达理解较慢，对幽默的表达常常"一时反应不过来"，程度较为严重的特殊学生对简单的词语句子都会存在理解困难，更严重者的表现则接近于自闭症症状，包括社交障碍、刻板言行、不肯改变某种固定方式以及对挫折的承受能力低，等等。同时，在社交活动中他们也难以有效地理解与运用语言进行交流，常对他人发起的谈话无反应，即使参与交谈或回应他人，也会对当时进行的话题反馈较少，而难有效维持与他人的对话。

（三）语言表达问题

对特殊学生的语言表达问题的分析主要是从口语表达和书面表达两方面进行的。

口语表达。对自闭症、智力障碍等部分特殊学生来说，表达障碍是他们语言方面的主要问题，他们无法表达自己的意图和情绪，或不会通过语言与非语言行为主动表达自己。大部分自闭症儿童会自己去拿想要的东西或拉着大人的手去指想要的东西，或通过大喊尖叫表达自己的相关需求、感受。有时，他们表现出自我刺激的行为，如尖叫、大喊、哼哼、毫无意义的奇怪声音或怪腔怪调、自言自语等。此外，当难以使用语言告知他人自己的要求或者法时，他们就会产生情绪问题，常通过哭闹等告诉他人自己的需求，比如使劲地拉扯、大声地哭闹、拉着他人的手到他想要的物体面前等。

书面表达（如图 11-1）。特殊学生语法结构掌握差，词汇量少，词义理解不深刻，书面表达泛化问题严重，在时态（过去时、一般现在时和正在进行时）、第三人称单数的运用方面比普通学生差。此外，他们掌握的词汇名词最多，其次是动词和形容词。名词掌握以表示具体事物名称的词为主，动词掌握以反映具体动作和行为为主，形容词掌握以描述物体外形和颜色特征的词为主，因此，特殊学生在书面表达中，容易张冠李戴、表述不清。

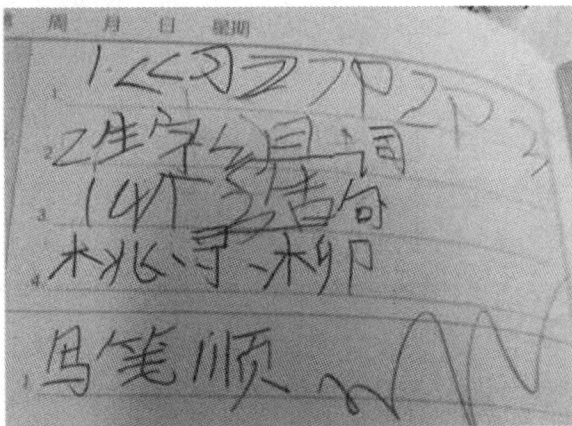

图 11-1　书面表达示例

第二节　资源教室康复课程指导纲要

进入普通学校的特殊学生在心理、运动、语言等方面都存在不同程度的缺陷，他们需要通过一定的康复训练才能改善不足之处。针对此问题，普通学校设置资源教室为有特殊需要的学生提供康复训练，辅助他们实现各方面功能的康复，更好、有效地在普通班级学习。下面主要介绍资源教室中常开设的三种康复课程资源。

一、心理康复课程

由于各种原因，特殊学生常常面临焦虑、多动冲动、自卑敏感等心理问题，这致使他们无法与他人建立良好的关系，甚至影响了他们的生活质量。因此，他们的心理健康问题成为亟待解决的问题。心理康复课程在课程设计上，采用团体课和个体课相结合的方式，通过开展针对性的心理康复训练，实施以团体游戏疗法、箱庭疗法、艺术疗法为主要途径的心理康复训练，帮助学生放松心情、建立自信，让其掌握一定的人际交往技能，提升其自我意识水平和环境适应能力，促进随班就读学生的心理健康，使其身心获得有效发展。

二、运动康复课程

运动康复不仅具有缺陷补偿的生理功能，还能对特殊学生的心理和社会功能产生积极影响。因此，设计实施运动康复课程，不仅可以改善和提高特殊学生的动作能力和体适能水平，也能提高他们的心理调节及社会适应能力，使他们更好地融入班级、社区等。

（一）运动康复课程性质

运动康复主要是通过医教结合的形式展开的，对学生各方面运动机能进行康复训练，达到肌肉力量、个人耐力以及协调能力提升，发现特殊学生的运动潜能，提升特学生整体运动能力。在运动康复课程设置上，教师既可以采用游戏、舞蹈、韵律操等形式，也可以根据课程内容直接教学。运动康复的手段，显著特点是利用各种运动资源来实施康复训练，包括个人技术、团队游戏、辅助设备等。运动康复是利用各种资源，以发展和改善个人动作能力、人体适能、认知及社会适应能力，并进而改善个人与环境间互动状态的一种直接的、有目的的身体活动过程。

（二）运动康复课程目标

1. 提升动作技能，改善生活质量

运动康复系列课程按照粗大动作到精细动作，先训练坐、走、站等轴心稳定技能，接着训练跑、跳、跨等基本移动技能，然后训练直线走、倒走、上下楼梯等基本生活运动技能，再训练不同形式的操作性运动技能，逐步使学生在作业康复活动中获得动作技能，提高动作控制能力，并通过操作与日常生活相关的作业材料，提升粗大动作和精细动作能力，以满足学生日常生活以及学习活动中移动、运动、工具操作等方面的需求，进而扩大认知范围，掌握动作规则和社会规则，提高学生生活技能，改善生活质量。

2. 以运动康复为基底，发展核心能力

运动康复课程在设计运动康复技能训练、改善运动技能的基础上，应以发展

各障碍学生的核心能力为目标。在促进特殊学生基本运动功能发展的基础上，该课程课程目标应注重培养自闭症儿童的社交和沟通能力；重点通过运动康复课程改善听障儿童听音识别、听音理解及语言沟通方面的能力，注重培养其积极活泼的性格，通过言行一致的动词教导帮助其理解动词，通过运动媒介发展其与同伴交往的社交技能等；在突破智障儿童动作能力发展时，促进其语言及动作和思维的灵活性。

3. 渗透认知能力，促进全面发展

运动康复课程以发展学生的粗大动作和精细动作能力为主要目标，强调在进行动作技能训练时，对特殊学生进行动作的认知教育，即让学生在学习具体动作技能时，能在表征这一技能的语言符号和该技能之间建立联系，将认知发展能力的培养渗透其中，促进特殊学生的身心全面发展，并让学生在表达过程中，增强自信心，展示创造力，体验成就感和乐趣，实现自我价值，从而更好地适应社会。

（三）运动康复课程内容

1. 粗大动作运动机能康复

特殊学生的动作协调能力、稳定性不足，常表现为不会连贯性地跑、跳，无法有力地握、接、抛东西。长此以往，这就加剧了特殊学生对一系列动作的恐惧或逃避，致使他们身体机能条件变差，体弱多病。粗大动作运动康复内容可大致分为轴心稳定技能、基本移动技能、基本生活运动技能和操作性运动技能。

①轴心稳定技能：独坐、站立（双脚／单脚）、行走（自如摆臂）。

②基本移动技能：跑、跳（双脚跳／单脚跳／跳绳／跳过障碍）、跨（跨障碍）。

③基本生活运动技能：直线走、倒走、上下楼梯。

④操作性运动技能：踢（球／沙包）、蹬（小自行车／滑板）、仰卧、爬行。

粗大动作训练的主要方法有示范、手把手辅助、团体游戏、强化训练等，通过有效的训练，提高特殊学生的走、跑、跳、滚、爬等基本动作能力，增强其体力和身体素质。

2. 平衡协调运动机能康复

针对特殊学生坐、站、走不稳的运动障碍问题，通过相关康复训练提高特殊学生的坐、站和行走时的平衡协调能力。在平衡训练过程中，教师为特殊学生提供不同平衡训练难度的运动设备，例如治疗球、泡沫筒、滑板、踩踏板等，采用仰卧位坐位站立位的训练顺序，进行静态与动态平衡训练，以此提升特殊学生的平衡能力。

①上肢协调训练：上肢交替上举、上肢交替摸肩上举。左、右侧上肢交替屈肘、摸同侧肩，然后上举、双上肢交替前伸、交替屈肘、前臂旋前、旋后、腕屈伸、双手交替掌心拍掌背、指鼻练习、对指练习等。

②下肢协调训练：交替屈髋（仰卧于床上，膝关节伸直，左右侧交替屈髋至90°，逐渐加快速度）、交替伸膝（坐于床边，小腿自然下垂，左右侧交替伸膝）、坐位交替踏步（坐位时左右侧交替踏步，并逐渐加快速度）、拍地练习（足跟触地，脚尖抬起作拍地动作，可以双脚同时或分别做）。

③整体协调训练：原地踏步走（踏步的同时双上肢交替摆臂，逐渐加快速度）、原地高抬腿跑（高抬腿跑的同时双上肢交替摆臂，逐渐加快速度）、其他（跳绳，踢毽子）等。

在协调训练过程中，通过协调不同身体部位做出相应动作，平衡协调训练开始时均在睁眼的状态下进行，当功能改善后，可根据具体情况，将部分训练项目改为闭眼状态下进行，以增加训练的难度，如指鼻练习、对指练习等。

3. 精细动作运动机能康复

精细运动是指学生手上的动作，主要包括眼手协调、手指屈伸和指尖动作等局部活动，包括抓、捏、掐、拧、敲、拍等。精细动作训练通常以游戏的形式进行，运动手上的小肌肉或小肌肉群，在感知觉、注意力等方面管理的配合下完成特定任务。精细动作训练的内容大致分为抓握技能、协调技能、基本生活技巧三种。

①抓握技能：大把抓豆、握紧拳头、对捏练习、使用筷子、练习五指分工。

②协调技能：穿／串珠、插孔、插雪花片。

③基本生活技巧：剪纸、粘贴、解系鞋带纽扣、用笔画线等。

精细动作运动康复训练的主要方法为示范法、任务分解法、手把手辅助等，训练要求遵循由易到难，由简单到复杂的基本原则，通过精细动作的训练，提高特殊学生的基本生活能力和书写能力。

（四）运动康复课程实施建议

1. 明确课程目标，建构统整课程框架

新课标指出，康复课程以促进学生能力提升和身心健康发展为主要目的，应遵循"以生为本""个别化教育""全方位支持"三大理念构建康复课程。在课程设计与实施之前，必须紧扣课程目标，以目标为导向，综合多方面资源和信息，统筹设计和建构课程整体框架，形成全面、完整、多元的课程体系，在课程框架下设计和实施课程。

2. 融入学科教学，获取多方支持

康复课程因需要多种教学康复资源的辅助、医学资源的支持、康复设备的引进等特点，实施起来较为繁琐和困难，但康复训练又不能仅仅依赖康复训练室中的基础训练，因此康复课程应获取其他课程的支持，康复的理念应融入其他学科教学中。总的来说，康复训练课程应以学生实际发展水平为起点，在原有动作能力的基础上，结合学科教学，将动作康复的训练融入学科教学，合理利用多游戏教学、情境体验活动、角色扮演活动等，合理运用教学组织形式，在学科教学活动中达到康复训练的目的和效果。但需要注意的是，课程应遵循"小步子"、循序渐进的原则，逐量逐步地融入教学活动，降低学生的接受难度。

3. 倡导多元化组织，加强家校合作

康复课程可采取集体活动、小组训练、个别辅导等多种组织形式。每个康复小组都有学期康复计划，集体活动取得的康复效果能够体现整个康复小组计划的实施情况；学生个别化康复目标的达成能在小组训练和个别辅导中得到体现。学校针对学生的具体情况，对家长进行分类培训，使之掌握相应康复知识，能主动配合康复课程教师在家中对特殊学生进行个别化训练。一部分家长可以作为志愿者，主动参与学校的康复训练活动，担任助教角色，配合康复课程教师进行有效的小组训练及个别化训练，形成多元参与、家校合作的良好局面。

三、语言康复课程指导纲要

（一）语言康复课程性质

语言康复课程是指以医教结合为指导思想，以矫正问题学生各种言语缺陷、语言障碍为目标，以言语康复方法和语言教育方法为手段，对随班就读或在其他安置方式下的言语障碍学生实施的集体化语言康复教育。它是对各种言语障碍和交往障碍进行评定、治疗和研究的一门学科，其实质为通过教育手段提升部分语言障碍学生的语言能力，即借助对目标进行合理的评估认定，进而开展相应语言教学工作。本课程主要针对特殊学生在语音、词汇、语法、语用等方面存在的障碍特征，提供适切的康复训练，增强其表达意愿与意识，提高其语言理解与表达能力，最终提升他们的人际沟通交流能力，适应未来的社会生活。

（二）语言康复课程目标

1. 补偿语言缺陷，改善语言表达能力

鉴于随班就读学校学生语言发展的特点，其语言康复目的是补偿言语缺陷，

改善语言能力，尽可能地满足日常生活沟通的需要，通过语言康复最终要实现"能理解、能表达、会沟通"的目的。随班就读学生经过系统的语言康复训练，能理解常用的语句意义，能表达自己的需要，日常生活中，会用简单的语言与他人沟通交流。

2. 培养学生的积极情感，提高社会意识

通过语言康复课程训练，学习语言、书写知识，培养学生积极的思想、情感，树立其对生活的自信心，使他们成为有理想、有抱负，有志向的青年，增加对社会的责任感，更好地遵守社会的规则秩序，增加他们的社会参与度和对社会的责任感，从而提高生活质量，更好地融入正常的社会生活。

3. 提高学生的社会认知能力

语言康复课程以发展学生的视听分辨能力、视听注意能力和视听记忆能力为主要目标，从而促进学生的分辨力、注意力和记忆力发展。在语言康复训练课程中也存在认知教育，通过一系列康复训练活动提高学生参与活动、游戏的专注力和理解能力，在和他人沟通过程中，促进其语言逻辑思维能力的发展。

（三）语言康复课程内容

1. 视听理解

①视听觉辨别力训练：视听觉辨别力训练可以帮助学生利用视觉、听觉区分环境中的人、事、物、形状或符号。教师可以利用图形游戏、藏图游戏、补图游戏等来训练学生的视觉分辨力；利用听音辨别方位、听音辨物、声调绕口令等方法训练学生的听觉分辨力。

②视听觉注意力训练：视听觉注意力训练可以提高学生的视觉、听觉接受信息的专注力，使学生有目的地、持久地从事学习、游戏等活动。教师可以通过做相反动作、听指令等训练学生的听觉注意力；利用连点成线、扑克牌追踪、数量统计等方法训练学生的视觉注意力。

③视听觉记忆力训练：视听觉记忆力是指对来自视觉通道的信息的输入、编码、存储和提取，即个体对视听觉经验的识记、保持和再现的能力。教师可以采用复述图画、数字变位的游戏形式训练学生的视觉专注力和记忆力；采用复述句子、倒背数字、联想词语配对等方法训练学生的听觉记忆力。

2. 口头表达

特殊学生常常伴随构音障碍、声音障碍和语流障碍等问题，这导致他们在与他人交流的过程中出现发音不清、发音不准、口吃等现象。在语言康复训练课程中，

要改变学生的不良发声习惯，保证声带具有良好的发声状态。学生通过听觉训练、模仿训练、语音运用训练等，提升发音的准确性和清晰度。

①听觉训练：许多语言障碍学生的口头表达能力较差是因为他们在听觉上有问题，要解决学生的清晰表达问题，首先应从听觉训练开始，并采取以下步骤：听辨音段——听辨音节——听辨有意义的词语——听辨无意义的词语——听辨句子。

②模仿训练：模仿训练的难度有层次差别，因此要遵循由简单到复杂的训练原则，可以采取如下步骤：模仿音段——模仿音节——模仿读词——模仿说句子——模仿读短文——模仿复述。

③语音运用训练：教师要从最基本的构音音节训练开始，当学生出现多个构音问题时，需矫正训练设置目标为一个音节，这样可以避免教授过多复杂、易混淆的音节，缓解学生语音不清的情况和畏难情绪。

3.书面表达

对特殊学生来说，书面表达能力训练是语言康复训练中更高层次训练，它要求特殊学生要协调手、眼、心来完成。书面表达康复训练主要包括阅读训练、文字书写训练、短文写作训练等主要内容。

①阅读能力训练：可以矫正特殊学生书面语言学习上的常见错误，给学生提供具有典型意义的书面语表达方法，对学生书写起到示范作用。

②文字书写训练：教师要训练特殊学生的握笔姿势、坐姿、手肘手腕活动能力，帮助学生掌握正确的汉字书写技巧，纠正学生的书写不规范、错字问题，并辅以印刷汉字描写加强练习。

③短文写作训练：教师要对平时课堂语文知识进行补救教学，提高特殊学生对词汇、语法的使用能力，保证特殊学生书写句子的连贯性，通过轶事记录法、日记法培养学生的写作习惯。

（四）语言康复课程实施建议

1.加强语言康复训练课程的多元化发展

在语言康复课程的建设中，要改变对传统单一的语言康复课程建设模式。有的学校对特殊学生学生语言康复训练课程的普及性和多元性不够重视，在进行语言康复训练课程建设时没有充分考虑特殊学生的兴趣，统一的教学内容和方式磨灭了特殊学生的学习兴趣，同时课程过于单一，没有能够和多元化文化发展的社会背景契合。因此，学校应该在特殊学生的语言康复课程设置中加强课程建设，同时通过第二课堂活动的开展，组织一些与语言康复训练相关的活动，让学生充分地从各方面享受知识。

2. 创建多元化教学评价体系

创建多元化教学评价体系，学校可以从编制训练题库入手，将训练题编辑好后生成单元测验，这样就可以让特殊学生通过参加单元测试进行考核，教师就可以将单元测验的结果纳入最终的考核成绩。单元测验题不仅可以帮助教师了解学生掌握知识的进度，还能对学生的学习内容进行全方位检测；教师还可以建立一个评价反馈机制，便于教师及时调整教学策略。

第十二章

心理康复课程实施

资源教室心理康复课程的实施是对随班就读学生进行心理康复的重点环节，通过实施课程，促进随班就读学生的全面发展，使其更好地融入社会。本章主要对心理康复课程目标、沙盘治疗、团体游戏治疗、艺术治疗和行为干预进行介绍，并根据目前常使用的治疗方法进行案例分析。

第一节　心理康复课程目标

心理康复课程是治疗师或教师系统地运用心理学理论与方法，对特殊学生的损伤、残疾进行心理干预的一门学科。心理康复课程的建设与实施是为了针对性地调节特殊学生的心理状态，提高他们的心理健康水平，其课程目标具体包括了提高特殊学生的智力水平、促进其人格全面发展和协调人际关系三个方面。

一、促进人格全面发展

心理康复是特殊学生性格发展的重要基础，心理康复课程的直接目标为：促进特殊学生人格的全面发展。特殊学生在学习、生活中由于自身缺陷，无法正常学习、参与社会活动，这对他们的心理健康产生了重要影响，致使他们产生焦虑、自卑、冷漠等不良性格。心理康复课程帮助特殊学生矫正心理问题，鼓励他们大胆表达自己的想法，自己动手尝试新的做法，然后教师采用奖励法、强化法、行为塑造法等巩固学生的积极行为，帮助学生树立自信心和增加成就感，使得他们形成良好的思想道德，具有一定的心理调节和控制能力，最终形成良好的心理品质和相对健全的人格。

二、提高智力水平

从以往的研究中发现，心理健康水平与智力发展有着密切联系，健康的心理特征，如勤奋、坚持、求知欲、自信乐观等都是促进学生智力发展的重要条件，而智力正常与否也是测量心理健康的主要标准。心理康复课程通过矫正特殊学生的心理问题，培养特殊学生的健康心理品质，提高特殊学生的智力水平，让学生在生活、学习中进行深入、持久的智力活动，发展特殊学生的组织能力、解决问题能力和想象力等，并促使特殊学生在智力活动中更好地将文化课程知识内化为自己的精神营养，使得他们更好地融入普通班级。

三、协调人际关系

心理康复课程的最终目标是提升特殊学生独立生活、参与社会的能力，使他们真正融入社会，而情绪的控制能力、抗压能力以及人际交往能力等都是他们能否成为一名合格社会成员的重要因素。随班就读学生在人际交往方面经常表现出退缩、恐惧、焦虑等心理特征，他们有的不乐意与人交流；有的不善与人交流。这导致他们的人际沟通能力差，其大都有不同程度的社会交往障碍。心理康复课程对于特殊学生参加社会交往活动具有正向激励作用。教师应该通过各种形式帮助学生克服社交恐惧感，建立正确人际交往关系，掌握正确的社交技巧，激发他们的人际交往动机，从多方面促进他们的身心发展，顺利地融入社会。

第二节　心理康复课程实施

一、沙盘治疗

沙盘疗法又称箱庭疗法（sandplay therapy），是在治疗者的陪伴下，来访者从玩具架上自由挑选玩具，在盛有细沙的特制箱子里进行自我表现的一种心理疗法。沙盘疗法能为来访者提供一个"自由与受保护"的空间，在这里来访者通过象征、隐喻的形式不仅可以再现与创伤经历相关的情景以帮助治疗者发现问题，同时可以宣泄与创伤经历相关的复杂情感，从而达到治疗的目的。

（一）沙盘治疗的适用症

1. 自闭症等言语和交流困难

在教育情境下，一些学生确实出于各种原因不能很好地用语言表达自己的观点或情绪，不能很好地与他人交流。对这类学生的心理咨询因此不适用言语面谈式的咨询。以沙盘疗法对言语交流存在困难的学生进行干预，学生的挫败感和心灵创伤都能得到适当释放。而这些未曾被宣泄的挫败感和心灵创伤往往是学生学业失败、沮丧、社会技能缺乏的主要原因。

2. 焦虑等情绪困难

学习和考试焦虑是当前学校心理咨询的主要课题之一。沙盘是一种集认知重构、情绪表达、感觉统合、心理动力等于一体的心理临床方法。特殊学生通过玩沙子、玩具模型，可以宣泄自己的消极情绪，让自己得到放松，并在面对沙盘这一内心镜像时，重构自己的意识或无意识认知。我们的研究表明，沙盘制作过程提高了个体的创造力，这会进一步提升他们的自信心，沙盘疗法有助于减轻焦虑和压力等，国内的心理临床研究证明沙盘疗法对考试焦虑的学生具有长期的咨询效果。

3. 注意缺陷、多动

注意缺陷、多动属于认知与行为问题的一种类型，主要表现为注意困难、刺激过多、多动、冲动、易怒等。对注意缺陷的干预一直是临床工作者困惑的课题。运用沙盘疗法能帮助注意缺陷幼儿或学生将注意力集中于一种可具体感知到的、自我主导的活动，沙子和玩具的可触性、可移动性可能通过触觉与运动作用于个体的大脑神经，从而使他们的注意力集中于具体的物件和活动。此外，沙盘的沙箱是一个有边界限制的空间，将个体的注意集中于这一有限的空间，也有助于对他们注意力的训练。

4. 攻击性行为

情感宣泄是矫治攻击性行为的重要方法。对自控力弱的特殊学生来说，烦恼、攻击、挫折、愤怒等侵犯性情感是攻击性行为的导火线，侵犯性情感积聚越多，其表现攻击性行为的可能性就越大。宣泄可以减弱侵犯性情感的强度，而过分压抑侵犯性情感只能使其获得暂时的安宁而不会使得这些情感消失，反而会无意识地深入其内心，危害其身心健康。过分压抑往往会使其产生突然的、猛烈的攻击性行为。沙盘疗法为此类学生提供了一个表达机会，可以让他们在虚拟的空间里将其愤怒、攻击性行为和情感物化地演示出来，以替代性活动消耗其攻击性心理能量，并从沙盘所建构的故事情境中习得与人相处的适应性行为。

5. 人际关系困难

人际关系是影响个体主观幸福感的主要因素之一，并可能进一步影响个体的学习、生活质量，所以如何正确处理与他人的关系是个体心理发展的重要课题。在沙盘疗法中，成员或个体以虚拟而又注入真情实感的角色扮演展开人际关系，并在沙盘的帮助下调整社会认知系统，从成员人际交往的成功行为中习得社交适应行为。

（二）课程教具

沙盘疗法的材料：沙箱、沙和玩具。沙盘疗法是来访者在治疗者的陪伴下，通过使用所提供的沙箱和各种玩具在沙箱里制作沙盘，达到心理治疗的目的。因此，在沙盘疗法中，沙箱、沙和玩具非常重要。

1. 沙箱

沙箱是个有边界限定的容器，其大小、规格以及颜色有具体的规定。当前沙盘游戏中使用的的沙箱统一规格为为内侧 57cm×72cm×7cm 的矩形沙箱。有时为了便于一些年龄较小的儿童制作沙盘，也可以使用较小的沙箱。沙箱外侧涂成深色或木本色，内侧涂成蓝色，之所以内侧要涂成蓝色，是因为使人在挖沙子时产生挖出"水"的感觉，因为蓝色代表江河湖海的颜色。我们的生命离不开水，水是生命之源；水是物质的，也是精神的；水是包容的，也是流动的。在沙盘疗法中，培养来访者对水的感受是十分重要的。

2. 沙

沙是沙盘疗法中必不可少的媒介。沙盘以沙箱为中心，用箱子和沙创造一个自由与受保护的空间。其中沙箱构成沙盘的一个保护性的、外在限制的空间，而沙在某种程度上构成来访者的一个内在释放和呵护的空间，外围的限制与内在释放的有机结合，能对学生心理起到调和与维护作用。沙盘中的沙可以用海滩或河边的细沙，或建筑工地上的沙。玩细沙能带给人一种自由、放松的感觉，给来访者提供一个自由、释放、保护的空间。

3. 玩具

玩具是沙盘游戏的语言，玩具是来访者用以表现内心世界的形象物。沙盘疗法并不要求特定的玩具，只要准备各种各样的玩具，让来访者充分表现自己即可。玩具虽然越多越好，但是玩具的增加是个循序渐进的过程，沙盘游戏室建立初期只要具备基本的几类玩具就可以了。沙盘玩具具体可以分为几大类型，包括人物类、动物类、植物类、建筑物类、交通工具运输类、家具与生活用品类、食物等。

（三）实施过程

1. 沙盘游戏的引入

教师通常以简短话语作为沙盘疗法开始的引入语，如"请用这些玩具和沙箱，随便做个什么，想怎么做就怎么做，也没有时间限制。"一般情况下，学生都明白如何开始。玩具对儿童有很强的吸引力，因而教师的指导语说完，他们可能就会立即付诸行动。如果沙盘治疗室能够提供不同的沙箱，可以让学生自己决定选择其中一个沙箱，并告知其不同沙箱的特点。我们可以说："请你选择一个沙箱。湿沙箱中沙比较容易堆积，但相对凉些；干沙箱中沙柔和些，但不容易堆集。选择哪个沙箱都可以。"

有时为了缓解学生的紧张情绪，可以请学生闭上眼睛，调节呼吸，同时让其用手去感受沙所传达的一切信息，尽情想象。一些学生可能质疑沙盘疗法的效果，不认为摆弄玩具能帮助其解决心理问题。此时，我们可以向学生简单介绍沙盘疗法的益处。

2. 沙盘的制作

1）向学生介绍沙盘游戏

在心理咨询中如果教师突然引入沙盘游戏，学生可能会产生抗拒情绪。如果教师向学生介绍沙盘游戏对解决其心理问题的好处，就有可能引起学生的期待和配合。一旦学生同意进行沙盘游戏，教师就可以详细地向学生介绍沙盘游戏、玩具、沙以及制作过程。教师可以先让学生感受一下沙子，也可以移动沙子给学生做示范，移动沙子露出沙箱的底部，并向他解释这时候蓝色看起来像水，而箱子侧面的蓝色看起来像天空。同时向学生展示玩具，并告诉他们可以不用玩具，也可以用一些玩具或者很多玩具。然后告诉学生玩具摆放的规则，帮助他们找到自己需要的玩具。在结束之前，向学生说明可以对自己的作品进行任何改变，可以创造自己想要的任何东西。教师的引导语可以是"你可以按照自己的意思在沙中创造任何世界，做出任何场景或者图像，或是创造任何故事，你不必思考它或者了解它，想到什么就做什么，拿那些似乎在呼唤你的玩具，你可以选对你有吸引力的玩具，也可以选择一些你厌恶的的玩具，不管你做什么都可以，做沙盘没有对错之分。"

2）构建世界

向特殊学生介绍完沙盘游戏的有关设置后，就可以进行沙盘的制作了。在制作过程中，教师要做静默的见证者，一般要坐在沙箱的侧面，像一个见证者一样默默见证"来访者"无意识的情感流露和表达，尽管"来访者"是不说话的，但是可以通过他们的目光、身体语言以及偶尔的应答，与其进行对话，帮助其调节心情。要给学生创造一个自由且安全的环境，让学生在沙盘制作过程中体验回归童年的感觉，就像在妈妈身边那样安全，这是沙盘游戏至关重要的。教师还要有共情的能力，设身处地的体验学生的心理和感受。教师要随着学生的想法走，不能在学生制作沙盘的时候无所事事，教师要以一种欣赏的态度看待学生的作品。

3）体验沙盘作品

这一阶段是学生安静反省的时间，在学生告诉教师自己的创作结束后，教师可以告诉学生："这个世界是你的世界，花一些时间畅游其中，让它进入你的内心，不只是用你的眼睛看，要用你的所有感官来感知它，探索它，了解它。你可以保持沉默，或者分享发生在你身上的的任何状况。"教师在这一阶段不要对学生做任何评价，教师的任务是无条件接纳学生的创作。这时候学生说话，教师只是单纯的回应。如果学生表现出情绪问题，教师可以引导他"这似乎触碰了你的内心"，而不是进行诠释和建议，也不要提问题。教师还可以建议学生围着沙箱走一圈：从不同的角度看事情或事物，它们看起来就会不同，你可以围着沙箱走，并且从侧面、上面看看。这个阶段一般需要 5 分钟左右的时间，如果学生过快的结束，可以建议他再做一次。

4）沙盘作品的理解和对话

教师虽然可以从学生所摆放的玩具、场面构成等方面，看到学生内心世界的一些外在表现，但由于个体差异的存在，同一个玩具在不同的学生眼里，其感受、定义是不一样的。具体到一个作品，尚不能全面了解学生，还需要听听学生如何介绍其作品内容，所使用的玩具在作品中的作用、意义等。学生自己对自己的作品有深刻的理解，因而，有时不需要教师的任何提醒，就直接将自己的想法说出来。有时教师只要一句"怎么想的"，就可以打开学生的话匣子，甚至只要朝学生一点头就可以。

5）箱庭作品的拆除

学生一般在离开前会选择拆除或者保留其作品，拆除沙盘作品也是一种治疗。拆除学生已经创造的世界，可以增强他们处理问题的意识，比如补救他们所犯的错误。对一些学生来说，拆除世界可以使得全部行动得以完成，进而打开新的创作通道。如果学生不愿意拆除作品，也可以选择保留到下次。

（四）结果分析

1. 初始沙盘分析

初始沙盘是学生第一次制作完成的团体沙盘作品，它能反映学生心理问题的本质，便于治疗师提供治疗的重要信息。教师要根据学生制作的沙盘的整体布局、学生选择的沙具、沙具摆放的位置关系和学生对"沙世界"的描述，确定初始沙盘的主题（创伤或治愈），并做出具体的意象分析，以期反映学生在现实生活中产生的心理问题、人际交往问题、性格问题等重要信息。同时，初始沙盘结果分析作为学生目前心理状态最直接的反映，为之后学生制作沙盘的心理变化提供了重要依据。

2. 制作沙盘的过程分析

学生在接下来的几轮沙盘游戏中，可能产生相同的心理问题甚至是心理问题的升级，但随着学生沉浸在沙盘游戏中，心理问题会通过"沙世界"的游戏形式慢慢得到治疗，情绪会得到释放，受阻意象会得到缓解，学生的心灵会得到一定治愈。教师在此阶段要善于根据学生的动作、表情以及制作的"沙世界"等观察学生的心理变化过程，分析学生突破心理障碍的积极方面，并提出配合心理治疗的现实途径、方法。

（五）注意事项

1. 沙盘治疗中对话的艺术性

沙盘治疗过程中，除教师陪伴学生完成沙盘作品外，咨访双方的交流互动也是重要的。这种交流是咨访双方心灵的对话，一个训练有素的沙盘治疗者非常重视与学生的这种对话。沙盘治疗中的对话是一门艺术，教师应知道如何通过咨访双方的艺术性对话，将自己对学生的理解传达给他们，从而逐步确立咨访双方的信任关系，更加有效地发挥沙盘疗法的效果。

2. 作品理解的全面性、整体性、灵活性

对沙盘作品内容的理解是教师理解学生内心世界的媒介，也是咨访双方顺利交流互动的基础。掌握沙盘作品中学生可能出现的各种心理反应后，理解作品背后学生的心理就不会有太大的困难，但初学者在理解沙盘作品时仍然要树立全面性、整体性和灵活性的态度。

3. 关注沙盘制作的全过程

对沙盘的理解在沙盘本身，又不限于沙盘，需要把沙盘作品与制作过程结合起来考察。对沙盘中具有象征意义的玩具和空间配置理论的把握固然重要，但是

明白玩具代表什么，不一定能掌握沙盘作品的含义。要想更准确地理解一个沙盘作品，必须关注学生制作沙盘的整个过程，灵活地理解沙盘中玩具的的空间配置和各个玩具的象征意义。学生在制作"沙世界"时，首先摆什么玩具，拿哪些玩具时犹豫了，选择什么玩具时最谨慎，哪些玩具是开始摆上而后又取走的，制作过程中说了些什么和问了些什么，以及学生的其他非语言信号都是非常重要的。所以，我们在理解沙盘时不仅限于沙盘中的玩具，有必要关注学生沙盘制作的全过程。

二、团体游戏治疗

游戏是儿童学习和社交的主要媒介。它能提升儿童的认知、语言、思考等方面的能力。游戏本身作为一种干预和治疗方式，对特殊学生的社会互动、语言沟通、动作技能、认知发展、自我调控等有着积极影响，而团体游戏治疗作为游戏治疗的一种主要、有效方式逐渐得到研究与实践。团体游戏治疗是一种将团体治疗与游戏治疗有机结合的治疗方法，目标是引起被干预者心灵的转变，透过转变、宣泄、顿悟、现实检测和升华等不同途径给被干预者带来内在平衡，从而形成一个强壮的自我、和缓的超我和改进的自我。著名团体游戏治疗学家 Landreth 指出，团体游戏治疗是儿童与治疗师之间的一种动力性人际关系，游戏治疗师能提供精心选择的游戏素材和营造出安全的团体气氛，借助儿童自然的沟通媒介，实现其自身的完全表达和揭露（感情、观念、经验和行为）。

相较于其他康复治疗方式，团体游戏治疗具有以下特征和优势：

第一，团体游戏可以提升儿童内在的自发性，增加儿童参与活动的积极性和勇敢的品质，并且可以通过建立信任的治疗关系来缓解儿童的焦虑感、自卑感、恐惧感等。

第二，团体游戏有助于儿童学习组内同伴相应的积极行为、问题解决策略以及谈话交流方式，也有利于儿童与游戏治疗师之间的人际关系形成。

第三，团体游戏有利于促进儿童的自我反省与思考，在自我探索的过程中逐渐学会对自己进行评价。在团体情景下，儿童可以观察到其他成员的情感与行为表现，实现替代性学习和净化作用。当儿童有反省与自我洞察行为时，就能够从同辈反馈中评价。

第四，在游戏中，儿童可以通过玩具和游戏材料的选择、操作玩具的过程、游戏中的行为表现等各方面表达自己的情感，治疗性团体游戏为儿童提供发展人际技巧、熟悉新行为、拥有情感及行为表达能力的机会。

第五，社会情境类的团体游戏为儿童跟进和适应现实世界提供了重要机会，团体游戏作为真实社会的一个重要缩影，团体治疗的经验可以帮助儿童联系现实世界，从而有效地将游戏中获得的良好行为习惯和表现转化到现实生活中。

（一）团体游戏的类型

1. 按照进行方式分类：结构性团体和非结构性团体

结构性团体游戏：结构性团体游戏是指在组建团体之前，组织者必须清楚团体的目标，并对团体游戏主要的内容做计划，游戏的进行是在组织者的组织下，每位成员加入团体，结束时由组织者或是由组织者请某一位成员对该次团体游戏做结论。

非结构性团体游戏：非结构性的团体在团体游戏之前不需要做内容的计划安排，成员随性所至，想到什么就说什么。这种模式对组织者的能力和素质有较高的要求，组织者必须有相当的经验，除专业训练外，也必须熟悉整个训练的过程及在训练过程中产生的问题，如抗拒、凝聚力不够以及依赖团体等。

2. 按照游戏目的分类：人际交往训练游戏、情绪调节训练游戏、学习益智训练游戏

①人际交往训练游戏：这类团体游戏的主要目标是提高学生的社交技巧，改善其人际关系。通常人际关系比较差的学生在班级活动中容易被其他同学拒绝，他们不容易了解他人的感受，也不清楚怎样与他们有效沟通，因此需要对其进行人际交往的相关训练。在人际交往训练中，治疗师可以从学会倾听、听从指令、待人接物、与他人分享、懂得道歉等社交技巧入手设计团体游戏，游戏名称要诙谐、可爱、易懂等。在团体游戏实施过程中可以采用说明、示范、观察、模仿、反馈与强化等训练方式帮助他们建立更全面、正向的人际关系。人际交往训练游戏题材见图12-1。

图12-1　人际交往训练游戏教材示例

②情绪调节训练游戏：这类团体游戏的目标主要是改善儿童的情绪问题，帮助儿童学会调节不良情绪。多数特殊学生都存在情绪不稳定、冲动易怒现象，负面情绪较多且找不到宣泄、表达、调节的方式，易产生攻击性行为，从而造成一系列情绪和心理问题。在团体游戏的设计和实施过程中可以从情绪识别、情绪宣泄、情绪控制等方面入手，针对具体情绪问题行为，帮助学生学会选择适当的情绪宣泄方式，进而控制自己的情绪。情绪调节训练游戏材料如图 12-2 所示。

图 12-2　情绪调节训练游戏材料

③学习益智类训练游戏：这类团体游戏通常是结构性的团体，主要针对认知能力较好的特殊学生，目的是让特殊学生获得某一特定主题方面的知识，探讨自己的感受、想法和行为，例如，绘本故事的学习、认识人民币、认识钟表等。具体见表 12-1。

表 12-1　常见团体游戏示例

目标类别	内容	游戏名称（示例）	实施步骤
人际交往训练游戏	倾听	"小耳朵传话"游戏	1.学生排成一排或围成一个圈； 2.教师将一句与倾听相关的句子悄悄在耳边说给第一位同学听，第一位同学把听到的话传递给第二位同学，一次类推； 3.最后一位同学大声宣布自己听到的句子，并向老师和第一位同学进行验证。
		"皮影"游戏	通过情景设定，让学生用"皮影"代表自己来表达和处理事情，其他同学共同探讨行为是否正确。

目标类别	内容	游戏名称（示例）	实施步骤
情绪调节训练游戏	处理矛盾情绪	"情绪转盘"游戏	1. 向学生提供代表不同情绪的面具，交叉在一起制成一个转盘； 2. 引导学生从面部表情、神态等进行角度思考，学习辨识不同的情绪； 3. 将学生分成小组，反复练习，体会各种情绪的不同表现。
	情绪宣泄	"宣泄气球"游戏	1. 每人三个气球，帮助学生将自己一些不好的感受写在卡片上，然后贴在第一个气球上； 2. 根据不同的感受，对其他的气球依次进行命名，名字需要与第一个气球上卡片内容相关； 3. 与同学之间相互交换第一个气球上的卡片，即代表着将自己的感受讲给同学听； 4. 同学依次互换气球上的卡片，并交流感受。
	情绪控制	"棉花糖"游戏	1. 游戏前，向每位学生发几块棉花糖，并告知学生可以在游在戏过程中任何时刻吃掉它们，但如果不吃掉就可以奖励其更多的棉花糖； 2. 一段时间后，检查学生剩余棉花糖的数量，按规则给予学生奖励，请没有吃掉棉花糖的学生交流是如何在这一过程中控制住自己的； 3. 再一次进行游戏，并在游戏后向学生总结：学会控制自己。

（二）团体的规模

要使团体游戏治疗有效果，社交性渴求是儿童必须有的基本特质，即儿童想要被其他同伴接纳，会从举止、穿着及言谈等方面去模仿他人以被团队接纳，并借着行为的改变维持自己在团队中的地位。不适合接受团队游戏治疗的儿童通常具有非常强烈的个人需求，需要治疗室特别关注，这类儿童应接受个别游戏治疗。有些儿童需要同时进行个别和团体游戏治疗。

关于团体成员数量和年龄大小，一些研究者认为通常儿童的年龄越小，团体的规模也应该越小，并且应该考虑游戏室的设备是否允许规模较大的团体使用、治疗师能否照顾过多的儿童等。此外，团体成员的年龄差距不宜太大，一般相差超过两岁的儿童之间在身心发展上有较大差距，而团队成员之间的年龄相差过大，无论是在认知发展上还是教具选择上，治疗师很难兼顾每一个成员，所以团体成员间的年龄差最好不超过两岁。

（三）团体游戏治疗室及材料设置

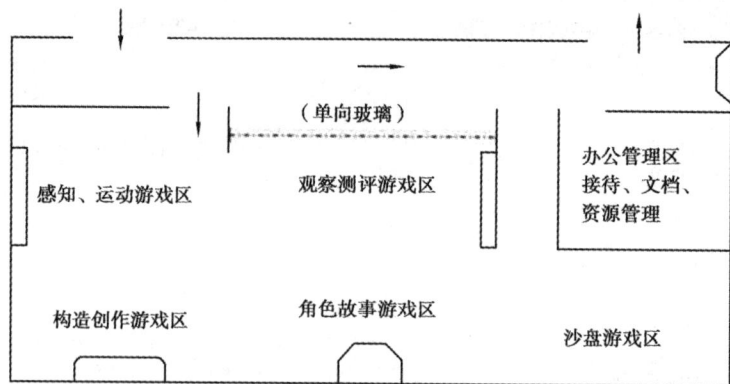

图12-3　团体游戏室示例

王晓萍认为团体游戏室不能太小或太大，一般以30平方米左右为宜。游戏室面积太小会导致成员之间互相"侵犯"，并有可能限制儿童的实践能力；太大的房间可以让儿童进行过多的活动，这不仅会造成治疗师无法控制儿童的行为，而且会使不合群和胆怯的儿童回避与他人的互动。

在游戏治疗领域，游戏材料是重要的工具，游戏材料的选择要能给儿童提供自我指导的活动媒介，并能促进其产生多种感觉，推动游戏活动的开展。根据Landreth的建议，游戏材料的选择应达到几个目标，包括能激发儿童的兴趣；能激发儿童的创造性和情感表达；催化儿童进行表达和探索游戏；儿童可以不用语言就能表达和探索游戏；儿童无须设立特定结构和限制就可以获得成功；儿童不用做出承诺及承担义务。团体游戏室示例见图12-3。

（四）团体游戏治疗的实施阶段

以儿童为对象的团体在进行团体辅导活动时通常有以下四个阶段：适应阶段、认同阶段、工作阶段及结束阶段。

在适应阶段，由于成员间互相不认识，因此目标是让团体成员在活动中互相熟悉，制订团体规则，并相互建立信任感。在这一阶段，治疗师或者教师要完全接纳儿童，并设定适宜的团体治疗规范，必要时治疗师要以温和的态度和简洁的话语向每位儿童进行规则说明。在这一阶段，治疗师可以设计简单的自我介绍环节和一些热身小游戏，让成员之间更快熟悉起来。

在认同阶段，成员彼此建立对团体的认同感，成员之间能互相分享感受，同时愿意尝试冒险，愿意多说话。这一阶段，治疗师应协助儿童进行自我表达和接纳彼此、尊重和鼓励认同自己的伙伴，并进行深入交流。

在工作阶段，按照设计好的团体游戏目标，治疗师应先向成员讲明游戏的相关步骤及规则，治疗师最好是邀请成员参与游戏，不要解释目的、原因、问题或期许，治疗过程中要有意识地防止成员之间出现身体上的攻击行为。在这个阶段，成员会在团体中探索，而治疗师的任务除了给予儿童支持，重要的是协助儿童探索、发掘并接受自己，治疗师能够发现儿童的进步，儿童也可以感受到自己的成长。需要注意的是，游戏治疗有一连串的治疗模式，受过训练的游戏治疗师可以使用游戏的治疗功能，协助成员预防或解决心理困扰，让成员达到正向成长与发展，最终重建儿童进行游戏的能力。因此，当儿童尽情玩耍时，游戏治疗才算完全成功。

结束阶段主要是让成员对在团体中的收获进行整理，并学会将团体游戏中学到的东西运用到日常生活中。在这一阶段，治疗师需要对整个游戏或整节课的内容进行归纳总结，最好是邀请成员来进行分享交流，治疗师引导儿童了解并掌握游戏中的内容，并将其合理运用到日常生活中。

三、艺术疗法

艺术疗法是以艺术活动为媒介的一种非语言性的心理治疗，它通过绘画、音乐、戏剧、舞蹈、作业、诗歌等，让学生表达内心的感受及体验，调节其情感，促进学生认知和人格的不断完善。下面主要介绍艺术疗法的几种类型：音乐疗法、绘画疗法和戏剧疗法。

（一）音乐疗法

音乐疗法包括听、玩、唱、演奏、创作、游戏等形式。不同种类、不同方式的音乐可应用于不同的特殊学生身上。音乐对身心发展都有作用，它可让人兴奋、产生集体亲密感等，各种情绪表现可与一定的节奏相结合。根据学生在音乐治疗过程中的主动性音乐疗法可以分为被动音乐疗法和积极音乐疗法。

1. 被动音乐疗法

被动音乐疗法是让学生在听音乐的过程中产生具体的心理体验。在被动音乐治疗的整个过程，教师要时刻关注学生的心理变化，根据学生心理的变化，实施不同类型的暗示和心理支持。教师要给学生创造一个轻松的音乐环境，用适当的音乐帮助他们放松身心。教师可以选择一些比较柔和的轻音乐作为背景音乐，然后对有心理问题的学生进行一些提示和引导，帮助他们建立良好的心理防线，使他们自觉排解消极情绪。教师可以根据学生的具体心理问题，以相应的节奏播放音乐，然后帮助他们在音乐的刺激下发泄消极情绪，逐步解决一些严重的心理问题。

2. 积极音乐疗法

积极音乐疗法，亦称"参与性音乐疗法"，该疗法只需要教师为学生提供一个非语言交流的场所，学生直接参与音乐演练——唱歌、跳舞、表演，潜移默化地表达自己的情感。积极音乐疗法多选用一些打击乐器，如架子鼓、木琴、手鼓等。这有助于最大限度调动学生的积极性，达到排解消极情绪的目的。然而，并非所有需要治疗的病人都有唱歌和表演的能力。因此，教师应提供一些简单的乐器供学生使用。积极音乐疗法的优势在于，在这个愉快兴奋的过程中，学生能够调整自己的心理状态，表达情感，增强反应及人际交流能力，为干预学生的心理健康问题提供了保障。

（二）绘画疗法

绘画疗法是以绘画作为教师和学生的媒介对学生进行治疗。它是心理艺术治疗的方法之一，是让学生通过绘画的创作过程，利用非言语工具，将内心压抑的情感表现出来，在绘画的过程中获得情绪的排解与情感的满足，从而实现诊断与治疗的良好效果。学生在绘画中防御心理较弱，不知不觉会把内心的动机、情绪、焦虑、冲突、价值观和愿望等投射在绘画作品上，有时会将脑海中隐藏或被压抑的内容更快地释放出来，并且开始重建过去。而且在绘画过程中，学生可以进一步理清自己的思路，把无形的东西有形化，把抽象的东西具体化。这样就为教师提供了足够多的真实信息来对学生进行分析和治疗。绘画是人与人了解心灵以及进行心灵交流的必要途径和形式。

（三）戏剧疗法

戏剧疗法是一种以即兴表演的形式来模拟或重现情境，对学生进行心理辅导的方法。这种方法是让学生扮演创造的人物形象，借此探索生命中的不同角色。戏剧治疗有五个构成要素：导演、助理导演、演员、舞台和观众。它们各自承担不同的角色和任务。戏剧疗法的基本过程为帮助团体投入戏剧治疗的准备工作、商讨具有吸引力的戏剧议题、设定场景演出心理剧、闭幕去除角色这四个环节，每个具体环节都需要注意一些基本事项，以便戏剧表演效果达到最好，实现戏剧治疗。这种疗法的最大优势是可以让学生在虚构的场景中体会另外一种人生，在虚构的世界中解放自我，把"隐藏"的自我表现出来，达到治疗的效果。

四、行为干预

行为干预是一种介入并人为中断某行为发生的过程，力图消除或改变该行为的干预方式。目前问题儿童的常见行为问题包括注意力缺陷多动障碍、与情绪相关的行为问题（发脾气、冲动、自伤）、退缩行为、学习习惯不良和精神障碍等。针对这些不良行为问题，采取一些行为干预措施是必要的，其有利于缓解儿童的心理障碍、精神压力，提高儿童的健康水平。目前最常用的行为干预方法为强化法，当儿童出现适应性行为时对其进行强化，如奖励，这样可以增加该行为的发生频率；当异常行为发生时则不对其强化或忽略。这种形式可以帮助学生塑造正确的行为和消除不良的行为，形成自我指导、自我监控行为的机制。除了上述方法，行为干预方法还包括系统脱敏法、行为模仿法、代币奖励法、消退法等。

第三节　心理康复课程案例分析

本节选取了心理康复课程中较为典型和常用的沙盘治疗、团体游戏治疗两种心理康复课程作为该课程的典型案例，通过分析具体的案例，教师可以掌握更直接、明了的课程设计与实施方法。

一、沙盘治疗案例分析

本案例是重庆市 ×× 小学三年级的一名随班就读学生的沙盘治疗记录。

（一）个案基本信息

王××，重庆市沙坪坝区 ×× 小学三年级学生，性别男，8 周岁。学生基本资料见表 12-2。

表 12-2　学生基本资料

个人发展史	第 1 胎。 其母亲怀孕期间有无特别事例：怀孕的前三个月主要是保胎。 出生时：脐带缠颈，有窒息征兆；×× 医院；6 斤 4 两；52 厘米；父亲 30 岁，母亲 27 岁。 出生后：8 个月时晚上哭闹，经检查其缺铁、钙、锌。 进食：胃口不好，母乳吃不完；断乳后长期要大人喂食；进食时间半个小时左右（近期 20 多分钟） 睡眠：很容易惊醒，上小学后好转。 其他：母亲反映小时候孩子不好带。
健康状况	常生病，如鼻窦炎，过去常吃药，现在较少；曾经因为扁桃腺发炎住院。
饮食习惯	是否挑食：略微（母亲很注意孩子饮食营养的均衡）。 喜欢的食物：口味重的食物。
睡眠情况	以前和母亲一起睡（一年级下学期开始和母亲短暂分床睡）。一般晚上九点睡觉，持续至第二天早上七点左右。平时不午睡，周日有时会短暂午休。 其他：瞌睡不多，精力较好。
作息状况	生活有规律，周末晚上可能会晚睡。

入学后因老师不断向家长反映学生在校的不良表现，甚至提出让家长将孩子领回家。任课老师反映：他对有兴趣的事物很注意，但只对少数事物有兴趣与好奇心；活动量大；不能控制自我；只听从少数指令；适宜个别活动形式；学习依赖性强。

研究者深入家庭访谈，了解到该学生是三口之家，经济状况良好。父亲因工作长期被派驻外地，所以家中大部分时间只有母子两人，该学生的学习和生活起居主要由母亲负责。将学生小时候曾在外婆家中寄养，外婆十分溺爱。母亲意识到问题后，将该学生接回家中，其主要精力都放在学生身上。

母亲十分认真负责，对学生的要求比较严厉。因为不断接到老师对该学生学习以及行为问题的报告，备受其扰，不断批评甚至以打的方式来教育该学生，但都无效，时间长了母亲开始有意识地对学生进行一些自我经验性的训练，比如，因学生在学校课堂上不听讲，所以功课都是回家后由母亲亲自辅导，母亲意识到总是看管该学生写作业不是一个好办法，于是开始逐步训练该学生独自完成家庭作业的能力；该学生的生活起居事宜也由母亲包办改为自己的事情自己做；每周周末母亲会带着该学生去学习硬笔书法和跆拳道，以锻炼孩子的耐力。

母亲反映该学生的家庭作业完成情况：原来很磨蹭，母亲训练以后有所改善，如今基本上可以独立完成，一般需一个小时至一个半小时。喜欢玩拼装玩具，看漫画书，周末爱玩电脑游戏。在社会情绪上：其表现为不自信，自卑，很难坚持，容易泄气。其独自上学放学，且很高兴的上学。

研究者与该学生交谈，了解到该学生也知道自己的做法不对，但就是无法控制自己。在班级里其多与调皮的孩子一起玩，自称因为自己学习不好，班上其他小朋友不太愿意让他加入游戏，其与亲戚家的孩子们相处较好。

（二）个案问题描述

研究者与学生班主任、其他教师进行了多次交流及直接入班观察，全面了解个案在班级内的表现，并将其主要问题综合，如表12-3。

表12-3　学生在校主要问题

学业情况	1. 成绩不符其智力水平； 2. 做作业拖沓，交作业不及时或忘记交； 3. 书写凌乱，字不入格。
课堂表现	1. 上课铃响后没有回座位及拿出课本的意识； 2. 坐不住，经常离位或摇头晃脑； 3. 注意力不集中，上课基本不听讲； 4. 干扰其他同学学习和教师教学； 5. 不遵守教师制订的活动规则。
课间及其他活动	1. 做操时不专心，自己玩耍； 2. 易惹事生非（如会伤到其他同学）。

情绪状况	1. 经常处于兴奋状态，易冲动； 2. 不顶撞老师，听话； 3. 对他造成伤害无责任感，推脱。
人际交往情况	1. 玩耍伙伴固定，喜欢一起打闹； 2. 班中不间断有同学告状，部分同学有厌烦情绪； 3. 教师因其行为苦不堪言。

该学生的母亲于该学生一年级时就带其到医院做相关检查，经诊断其为注意缺陷多动障好（韦氏 100 分）。研究者连续两周每日观察记录其违规行为（不守秩序、离座、跑出教室、攻击、顶嘴、迟到），共 34 节课，调查结果如表 12-4。

表 12-4　违规行为次数统计

科目	音乐	语文	数学	体育	总数
观察节数	5	8	4	4	21
违规总次数	30	81	49	15	175
平均每节违规次数	6	10	12	4	
平均数为 8.3					

自言自语、接嘴（占 50%）、离座（占 41%）为最常出现的违规行为，在违规行为次数统计表中可看出音乐和体育课出现次数最少，语文、数学课违规次数最多。对此，研究者与语数老师一起进行了原因分析：

①受同学影响：上课时会受邻座同学玩玩具、讲话、走动等影响，这导致其无视教师的教学活动。

②非结构式的教学环境：在较自由、嘈杂的环境中（例如，自行完成功课或作品时），该学生无法做好教师规定的任务。又如一个活动给予学生过多操作时间致使该学生出现闲暇时间，该学生就会转移注意力至与课堂无关的事情上。

③策略单一化：之前教师处理该学生问题的方式多为口头告诫或通知其家长，大都由家长负责处罚，在校赏罚措施不够明确。

（三）沙盘记录与分析

该学生于 2015 年 12 月 17 日开始，每周一次在心理咨询室做沙盘游戏（图 12-4）。截至 2016 年 4 月 14 日，一共进行了 11 次沙盘游戏。在最初的 7 次沙盘游戏中，主要反复以下行为：①把沙子扬起来，像"天女撒花"一样撒得到处都是，然后又用手聚集散沙，重新捧回沙盘里；②把沙子灌进圆球里又倒出来；③把圆球装满沙埋进沙中又挖出来。整个过程开心地"哈哈"大笑，想和研究者互动，如把沙撒到研究者身上，在研究者身边跑来跑去。研究者并没有对其进行制止。

图12-4　沙盘游戏1

1）初始沙盘作品：恐龙复活（3.10）

第8次沙盘游戏时间为2016年3月10日，与第7次沙盘时隔一个寒假。该学生在本次沙盘游戏中，停止玩沙，摆放了初始沙盘。

盘面描述（图12-5）：

①有一天长龙对三角龙发起了攻击，三角龙咬断了长龙的头，吃了它。另一条龙向火龙发起了攻击，它们两个都死了。一条真正的飞龙，它是王子，飞过来杀死了所有的龙。只有一只三角龙想："我会不会输了呢？"它想了一个办法藏在沙子里，趁龙王子不注意咬了它一口，龙王子留了很多血，是火焰之血。我最喜欢三角龙和龙王子。

②这是在训练它们的儿子（犀牛和小犀牛，老虎和小老虎，狼和小狼）。这里有一个猎人要杀死所有动物，最后只剩下了老虎和两只小老虎。猎人打算把这些杀死的动物拿去卖钱。老虎怕猎人把自己的孩子打死，就把猎人的马咬死了。小老虎跑开了，老虎找不到孩子，就把猎人也咬死了。

图12-5　沙盘游戏2

2）第2次沙盘作品：战斗（3.12）

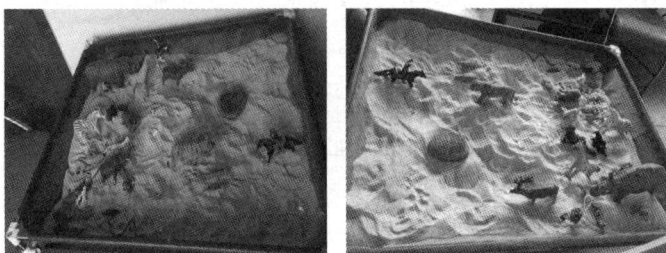

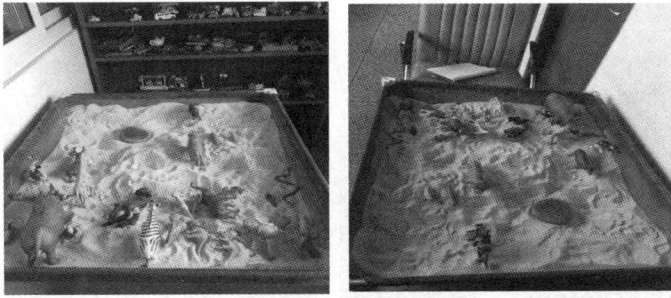

图12-6　沙盘游戏3

盘面描述（图12-6）：老虎是百兽之王，它与猎人战斗（倒地的恐龙、大象）。猎人杀死了森林里的动物。旁边是它（老虎）的儿子。这些动物在旁边观看。老虎为了保护儿子与猎人打了很久，分不出胜负。后来，老虎躲在石头后面，突然一跳，咬死了猎人，但是猎人也打了老虎一枪。老虎受了伤。

3）第3次沙盘作品：小达（4.7）

图12-7　沙盘游戏4

盘面描述（图12-7）：（潜意识方向）野蛮人抓野兽（老虎），抓来吃掉。（意识方向）野兽来（军事基地）捣乱，他们（军人）就进行攻击。他们打了很久还是没有结果。（潜意识方向）这一边的动物全部都被（野蛮人的）箭杀死了。这只大老虎是百兽之王，它的孩子跑了出来，然后它四处走荡不知道自己该干什么。这只小老虎叫小达，它的尾巴被箭射中了。它知道自己的妈妈被野蛮人杀死了，吓得不敢回家。它很悲伤。

4）第 4 次沙盘作品：小达重回森林（4.1）

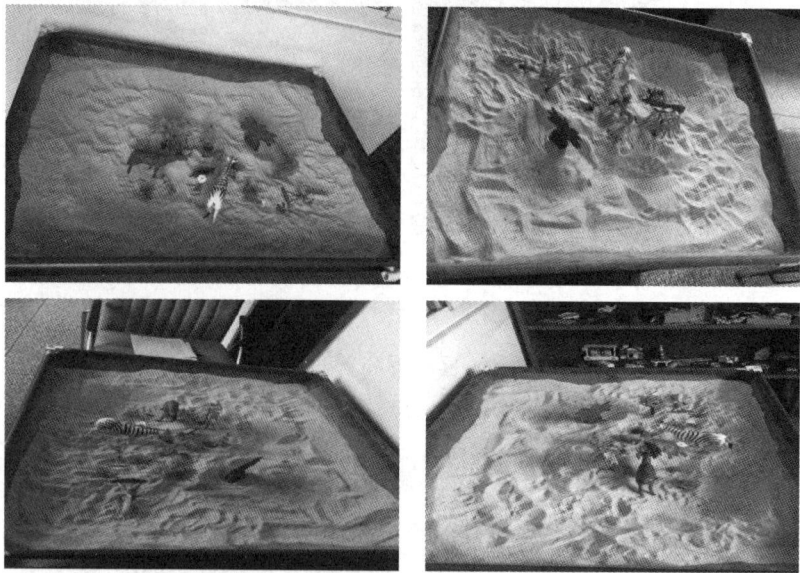

图 12-8　沙盘游戏 6

盘面描述（沙盘游戏 5）：这些动物都来帮小达。它们都很关心它。有斑马、驯鹿……还有小虫子。它们来安慰小达。这是追杀小达的野蛮人，他被动物们杀死了。小达很开心。我很喜欢小达和它的朋友。

（四）分析与思考

1. 四次沙盘的分析与比较

第一次沙盘呈现的是创伤主题：不安全、危机四伏。或许是该学生想要表达的感受以及自己与周围世界、自己的人际关系甚至家庭关系。龙和虎在初始沙盘中扮演主角，从象征意义来说，都代表着权势、威严、勇敢。龙又是幸运和成功的标志，而虎有孤独的意味，不喜欢保护弱者，但其性格外向活泼、有朝气。这和该学生在班级中的人际状况相符，即小朋友不愿和他玩，比较孤独。同时暗示着该学生对成功（成为班级中的佼佼者）的期望。

第二次沙盘是一个创伤主题的沙盘：空乏（孤独的老虎与势单力薄的猎人搏斗，后面一大群事不关己的围观者）、分裂（左方的动物群与主角并没有联系，似乎是分割开来的），受伤与威胁正在发生。与初始沙盘相比，孤独的感觉越发明显。猎人往往是具有攻击性的。虎妈妈带着儿子孤军奋战，并且两败俱伤。这令人联想到：由于该学生的问题行为，母亲帮其处理来自老师、同学的诸多指责（攻击）。该学生与母亲相互依赖，能感受到母亲的伤痛。这表示他和母亲结成团体，与其他人对立起来（与其他团体分割开来）。

第三次沙盘仍然是创伤主题，令人有一种悲痛的感觉：在冲突迭起的大环境中，老虎妈妈去世，小老虎受伤孤独离去。这种母子的分离，从积极的方面来思考，预示着该学生不希望让母亲独自承担责任，而是希望自己面对现状（老师、同学、同学家长的责备）、自我调整（有改变自己的主观意愿）。同时，该学生对这种转变会感到悲伤与害怕，需要被支持。

第四次沙盘：随着治疗的进展，第四次沙盘表现为治愈主题，这是一个良好的开始。该学生从外到内发生了转变，开始关注自我。该学生的沙盘中首次出现绿色植物。植物、温顺的食草动物象征着能量，离开母亲庇护的小老虎与其他动物和谐相处。由此可以看出该学生的内心世界出现了源源不断的能量，与师生的关系有所缓和。但小老虎藏在植物中间，反映该学生现在虽有力量走出其内心世界，但还存在恐惧、迟疑的态度。

综上所述，可以感受到该学生期望成功，期望获得老师同学的正面评价，这是该学生改善自己问题行为的力量源泉。与此同时，如果研究者给予这孤独抱团的母子两人技术上的支持，母亲能更好地起到支持作用，帮助其发展。在接下来的工作中，研究者继续对该学生进行沙盘疗法，促进治愈主题沙盘的更多呈现，促进该学生内在能量的储备。

2.继续对特殊学生进行沙盘治疗

①在自我疗愈中，加强专业干预。沙盘游戏能够唤醒该学生天生的内在康复力量，起到自我疗愈的作用；同时，运用专业、恰当、适时的干预手段，如意象对话、绘画治疗等技术，可以加速该学生不良情绪的宣泄、心理创伤的愈合和人格的完善。

②在团体沙盘中，学习人际交往。研究者计划在该学生与母亲、同学之间开展团体沙盘，促进其母子关系的发展，提升其与同学的社交技能。

二、团体游戏治疗案例分析

本案例主要训练学生认识自己的角色定位并学会调整行为，具体案例分析如下。

（一）团体成员基本信息

本案例的活动对象为某随班就读小学的 6 名学生，这 6 名学生均存在自我中心问题，在班级存在感不强、与同学相处不太融洽、经常与他人争吵、不积极参与班级大扫除等活动，家长们反映其在家庭中同样存在不帮助家里做家务、不完成自己力所能及的事、不愿意同家人说话等情况。其中有两名同学为注意力缺陷多动障碍。具体情况见表 12-5。

表 12-5　团体成员基本信息

团体规模	6 人
学段	小学中年级
年龄	9~10 岁
成员特征	两名注意力缺陷多动障碍学生，其余 4 名基本情况良好。
基本问题	**团体成员均存在以下问题：** **班级中：**集体荣誉感较差，班级角色定位不明确，经常以自我为中心，以自我标准为衡量事情的标准，常出现一些与同学争吵、打架等相处不融洽的情况，不参与班级大扫除、运动会、演讲比赛等团体活动，自我感觉自己班级中存在价值很低，不愿意与班级融为一体，学习动力也较低，态度不端正，经常不遵守班级规则，对因他而造成的影响和伤害无责任感，推脱或让家长处理。 **家庭中：**学生多为独生子女，在家庭中唯我独尊，不帮助家里做家务、不完成自己力所能的事、不愿意同家人说话，没有家庭责任感，家人说的话基本不入耳，基本不和家人一起外出。

（二）团体活动设计

根据以上团体成员存在的基本情况，教师设计了"小行星与太阳系"的团体游戏活动。

1. 活动目标

①通过画家庭太阳系和班级太阳系，了解自己的角色定位。

②通过家庭与学校的对比，认识自己的角色变化。·

③讨论和同学的冲突事件，感受在班级中需要调整自己的行为：由太阳变成星星。

2. 活动准备

两张白纸、黑色中性笔（不带文具盒等辅具）。

3. 活动过程

"小行星与太阳系"团体活动

一、团体暖身活动——游戏：行走的星星

T：1 个游戏，3 个要求。

要求 1：音乐响，走；

要求 2：音乐停，停；

要求 3：如果两人相碰，同时毁灭，回到座位静息。

T：这个游戏叫做"行走的星星"，每一个"我"都是一颗小星星，和许多其他的星星共存于浩瀚宇宙。

【PPT：宇宙 > 银河系 > 太阳系 > 太阳】。

二、团体转换

1.画家庭太阳系，了解自己在家里的角色定位。

（1）画自己家的太阳系

①自己

T：【PPT】这一颗颗行星，围绕在太阳，形成了一个大家庭。如果要你来画你家的太阳系，你会怎么画？

请同学们拿出工作纸，在上面画一个圆，写上姓名代表你自己。【板书：我】

②家人

T：你的家里有哪些人？他们在纸上的哪里？【板书：妈妈、爸爸】一个圆代表一个人。音乐停笔就停。

③思考

T：仔细看看你画的这幅画。【请学生上台展示】

• 最大的"太阳"是谁？

• 还有谁和他一样，把自己画得最大吗？

• 谁离你最近？为什么？

——（妈妈离我最近）

——是因为？

T：仔细看看你画的这幅画。【请学生上台展示】

• 最大的太阳是谁？

• 还有谁和他一样，把自己画得最大吗？

• 谁离你最近？为什么？

——妈妈离我最近

——是因为？

——妈妈经常陪我。

• 请你想一想，为什么你是最大的星球？

【讨论】

【PPT——图】正像你们所发现的一样，我们是家里的太阳，受到爸爸妈妈等亲人的关注与呵护。

【PPT——图】但是，我们总有离开家的时候，来到学校，来到班级，成为成百上千学子中的一员。

2.画班级太阳系，了解自己在班级的角色

T：如果，这一张纸（拿出纸）代表着我们班。找一找，你又在哪里呀？你多大？

画出来。

三、团体工作

1.通过家庭与学校的对比，认识自己的角色变化

T：同学们，请仔细看看你画的这两幅画，你在哪里更大？【请学生上台展示】——（家里）

你发现了吗？在班里，也许你变小了，也许你不再是中心，甚至是在这张纸的边缘……为什么会有这种变化？【讨论】

S：班里有很多同学／班里人多，大家都很重要／同学不会像家里人这么宽容你，让着你……

S：为什么会有这样的变化，因为班级是一个小社会，与家里不同，家里亲人都关心你，以你为中心。但是在班级里大家都是平等的，都是一样大。

【PPT——图】这种变化也代表着，我们的一言一行都将从唯我独尊的太阳变成星星中的一颗。

如果仍然像太阳一样和同学相处"我绝对没错，你凭什么说我，你不能冲我发火，这不公平！"会发生什么事情呢？

2.讨论和同学的矛盾，感受在班级中需要调整自己的行为

T：让我们分小组说一说【PPT】

①依次说一件你和同学闹矛盾的事儿。当时，你做了什么？说了什么？像个小太阳？

②如果重来一次，你要从小太阳变成星星，你会怎样劝自己？你会怎么做呢？

③如果你这么做了，这件不愉快的事儿可能会发生怎样的变化……（音乐停、讨论停）

预设一：

S1：今天就发生了冲撞事件。我下楼梯的时候撞了一下××，××和她的朋友一起说我，其实我是不小心的。（饱含泪水）

××：他以很快的速度冲下来，把我撞得很痛。

××的朋友：是的，他从楼梯上跳下来。

S1：我没有跳，我是走下来的。

T：还记得刚才做的那个游戏吗？

有的同学没有被碰到，因为他们让对方先走，走得很慢。有的同学被碰到了，淘汰出局，都有谁？——S举手

S4：你来说一说，你被碰到后是怎么想的？——S5：我想没关系都是同学，他也不愿意碰我。

T：结合刚才的游戏，你会对自己说什么？——S1：我该走慢一点。

T：××，你呢？——T××：我会宽容他，他也不是有意的。

预设二：

S：××经常打我。

（引起公愤：对对对，他也打了我……）

他一直都像小太阳吗？谁来说一说他像小星星的时候是什么样子。（××的好朋友）为什么他对你会有小星星的一面。

看来，如果遇到一个小太阳，你也会用小太阳的方式去对他，就会发生大碰撞。但是如果你用星星的方式去对他，说不定他就从太阳变成星星了。

预设三：

S：一团纸引发的争吵，两个人互不相让。都说纸是对方的。

S1：有可能真的不是他的，也不是我的，那我做个好事去扔了吧。看来，一旦有一个小太阳变成星星，大碰撞就不会出现。

预设四：

小组长看到组员A没有静息好，直接用书打了A，很凶的骂他让他坐好。A偏不坐好，与小组长对骂，反击。

小组长：

1.如果小组长这么做，你会怎么做呢？

2.当时你做了什么？说了什么呢？像个……

3.如果重来一次，你会怎样劝自己？

如果A这么做了，你会……？

预设五：

小组内排练，准备下午的表演。

小组长A让组员们排练，组员们认为要耽误很多时间，就跑开了。

A认为组员会跑是因为自己的态度不好，很霸道。（这只是其中一个原因）

让组员来说说为什么：A说话不算数，说好只排练一次，但是要排练很久，不准走。

（主要的原因是时间太长）

1.打破恶性循环：排练时间长——逃避排练，躲起来——组长找，组织组员（10分钟）——排练时间更长，组员情绪大效果差。

2. 良性循环：专心排练 10 分钟（打表）——抓紧时间排练，组员情绪好效果佳——按时结束。

3. 达成一致，试一试

T：我们每个人都有太阳的一面，也有星星的一面。在家里像太阳多一点，在班里像星星多一点。如果某个人、某件事让你变成了太阳，你试着劝劝自己，变回星星，说不定这件事儿 就会发生完全不一样的变化。

T：平等的星星会这样想：我也有可能不对

你有可能是对的

你也许会对我……

你有你的想法

你可能会……

如果我们的班级都是星星，那将是一个和平愉快的班级。

四、团体结束

1. 摆摆我们班的太阳系。

T：同学们，让我们把教室墙上贴的自己的照片撕下来，贴上双面胶，分小组摆在我们班的星图上（一张大纸）上（依次请小组上台摆放）。

（三）分析与思考

1. 活动分析

本活动中的团体成员多为独生子女，在家中一直都是家庭的中心，家中的"小太阳"，因此他们常出现一些以自我为中心的做事风格，常以自我利益为衡量做事的标准，不关心集体荣誉，没有良好的角色变化，因此常与同学出现矛盾和冲突，并在冲突时推卸责任，不愿承担责任。

本活动的设计是以学生身边的家庭、班级为着眼点，贴近学生的生活和学习实际，重视学生在活动中的体验，以有趣的游戏形式自然流畅地带领学生进入家庭和班集体生活中。整个活动过程，教师通过让学生完成绘画"星星与太阳"，画出家庭太阳系和班级太阳系，通过讲解和建立团体与个人的关系，将家庭与学校进行对比，认识自己的角色变化，使学生认识到自己是家庭的中心，更是班集体的一员，并帮助学生调整自己的角色，学会做一颗小星星来维护班级这个太阳。活动设计了小组合作的环节，通过小组合作，他们把自己的情况都真实告诉各小组成员，其中不少学生还把自己的不足也讲给组员听，并通过讨论和同学的冲突，体会到其在班级中需要调整自己的行为：由太阳变成星星，逐渐认识到自己的缺点和不对的地方，改变以自我为中心的想法。本次活动可以真切地感受到学生的变化，他们学着谦让、合作，学会看淡自己而关心集体。

2. 活动建议

活动时可以给学生树立一个值得学习的榜样，通过榜样的事例和行为正确引导他们，也帮助学生更容易理解活动的含义。除了以与自己相处时间较长的家长、教师作为榜样，学生还可以以身边的同学作为榜样，这样能使自己更好地认识自己的不足和别人的长处，给自己提供充足的学习动力；也可以以名人为榜样，以名人的成长经历来引导、激励学生。

促进家长或同伴的参与。在进行游戏干预时可邀请学生的同伴共同参与游戏，在游戏中减少对学生的直接指导，更多的是关注儿童游戏的情景和环境。由教师和父母充当引导者，对学生进行游戏干预，开展"家校"合作。在具体的教学实践中，教师可在具体的教学活动中充当学生游戏的引导者，促进学生的身心发展。学生在家中进行游戏时可由父母充当游戏的引导者，父母可在家中为学生布置一个游戏的空间，进行一些亲子游戏。

第六部分　资源教室劳动教育课程建设与实施

第十三章/
劳动教育课程概述

第一节　理论基础

一、人的全面发展理论

　　人的全面发展理论作为马克思主义理论的重要组成部分，是马克思在历史辩证法的基础上针对资本主义社会人的异化提出来的。马克思提出人的全面发展就是"人以一种全面的方式，也就是说，作为一个完整的人，占有自己的全面的本质"。在马克思看来，人的全面发展包括以下三个方面：人的劳动活动的全面发展、人的社会关系的全面丰富、人的素质的全面提高和个性的自由发展。马克思认为人的全面发展首先是指人的活动特别是人的劳动活动的全面发展，以及人的需要和能力的全面发展。活动内容和形式的多样性、完整性和可变动性是活动的全面发展的表现。社会活动并非片面的、单一的和固定的，人类改造自身的活动（如教育活动、审美活动）和改造社会的活动是丰富多样的。人们不再从事狭隘的工作，不再被迫分工，每一个人都可以根据自己的能力、爱好、特长自由地选择适合自己的、乐意从事的活动，不再局限于体力劳动，还包括脑力劳动，而且参加活动的形式丰富多样，既有物质生产劳动，还有经济、政治、社会生活的管理活动，人们还可以参与科学艺术的创造活动。人的需要和人的能力的全面发展也是人的活动的全面发展的重要表现。人人都具有需要的本性，需要是人的一切活动的动力和目的，马克思曾说过，"任何人如果不同时为了自己的某种需要和为了这种需要的器官而做事，他就什么也不能做"。人的需要是通过能力实现的，能力是实现需要的手段，是主客体对象性关系得以建立的必要条件之一。吴向东将马克思关于人的需要的全面发展的论述概括为"需要随着活动的全面发展形成包括生存、享受和发展等层次递进的丰富体系，个人按照自己的自主活动来发展一切合理的需要，并将较低层次的需要当作直接满足发展'自由个性'最高层次需要的前提"。而人的能力的全面发展则意味着人全面地发展自己的所有能力，包括全面发展自己的智力、体力、自然力和社会力、潜力和现实能力等能力，并且能够通过实践活动将人的全部能力发挥出来。正如马克思所言，全面发展的个人就是指人可以适应极具差异的劳动需求，并且在不断变换的活动中自由发展自己先天和后天的各种能力。

二、人的全面发展理论与劳动教育的关系

（一）劳动教育是人的全面发展的重要组成部分

我党根据马克思的人的全面发展理论确立了教育与生产劳动相结合的教育方针，劳动教育作为教育与生产劳动相结合的实践形式，反映了新时代人才培养的根本要求。2018 年，习近平总书记在全国教育大会上强调，坚持中国特色社会主义教育发展道路，培养德智体美劳全面发展的社会主义建设者和接班人。这是首次明确将劳动教育与德智体美一同确定为全面发展教育的重要组成部分。2019 年，《中共中央 国务院关于深化教育教学改革全面提高义务教育质量的意见》明确提出：坚持"五育"并举，全面发展素质教育。突出德育实效，提升智育水平，强化体育锻炼，增强美育熏陶，加强劳动教育，促进学生全面发展。2020 年，我国又出台了《中共中央 国务院关于全面加强新时代大中小学劳动教育的意见》和《大中小学劳动教育指导纲要（试行）》，进一步强调了劳动教育在全面发展教育中的重要意义。习近平总书记在诸多论述中也特别强调了要从小对学生进行劳动教育，树立广大青少年的劳动情怀，如在庆祝"五一"国际劳动节中，习近平总书记明确表示，要通过各种措施和方式，教育引导广大青少年牢固树立热爱劳动的思想、牢固养成热爱劳动的习惯，为祖国培养一代又一代勤于劳动、善于劳动的高素质劳动者。基于此，我们要培养的是德智体美劳全面发展的社会主义建设者和接班人，教育要造就的不是只在某一方面得以发展的某一类人，而是全面发展的人，劳动教育已然成为人的全面发展教育的重要组成部分。

（二）劳动教育是实现人的全面发展的唯一途径

马克思明确提出，生产劳动与教育相结合不仅是提高社会生产力的重要方法，还是培养全面发展的人的唯一途径。开展劳动教育不仅可以促进社会物质方面的

发展，更重要的是促进人的精神方面的发展。劳动教育的内在目的就是通过科学的教育教学体系，实现以劳树德、以劳增智、以劳强体、以劳育美、以劳创新，促进学生身心全面发展。劳动教育的提出使"德智体美"有了更具体的实现方式，德智体美的发展都离不开劳动，劳动教育既包括传递正确的劳动观念、教授劳动技能，还包括通过劳动的方式教育人才、培养人才。人在接受劳动教育的过程中应该主动融入劳动的实践过程中，不应单纯地处在被动的受教育的地位，只有个人主动认识到生产劳动的重要性，才能在今后的工作岗位中形成良好的社会关系，真正成为整个社会中不可或缺的一分子，激发人的内在积极性，为实现人的全面发展创造条件。

总体而言，劳动教育既是人的全面发展的重要组成部分，也是实现人的全面发展的唯一途径，而开设劳动教育课程是学校实施劳动教育的重要方式。人的全面发展不仅指德智体美劳各方面的全面发展，还指所有的个体都能够得到全面发展，包括普通学生和特殊学生。因此，为促进特殊学生的全面发展，开设符合他们需求和能力的劳动教育课程就十分必要。

第二节　劳动教育课程的性质

一、劳动教育的性质

劳动作为人类社会实践活动的一种特殊形式，是创造物质财富和精神财富的过程。劳动教育作为一种教育活动，其目的是促进学生树立正确的劳动观念、形成积极的劳动态度、具备一定劳动知识与技能、形成良好的劳动习惯，使学生具有热爱劳动和劳动人民的思想观念。新时代劳动教育的实施重点是有目的、有计划地组织学生参加各种实践活动，包括日常生活劳动、生产劳动和服务性劳动，帮助学生在实践中树立正确的劳动观念和良好的劳动品质。劳动教育是我国全面发展教育体系中的重要组成部分，具有以下三个性质。

（一）思想性

我国的劳动教育是在继承发展马克思关于人的全面发展理论及马克思主义劳动观的基础上发展而来的，劳动教育是中国特色社会主义教育制度的重要组成部分，是实现立德树人根本任务的重要途径，具有鲜明的思想性。它强调一切财富与价值都源于劳动，劳动者是国家的主人，所有的劳动和劳动者都应该得到尊重；劳动教育主张诚实劳动，通过辛勤付出创造美好的生活与实现个人价值，反对不劳而获、奢靡浪费、贪图享乐的错误思想。

（二）社会性

劳动教育是教育与生产劳动相结合的实践形式，因此学校的劳动教育与社会生活、生产实践密切相关，将个人与社会连接在一起。劳动教育强调引导学生逐渐认识社会，增强社会责任感，还强调在劳动活动中让学生学会分工与合作，逐步建立新时代的建立平等、和谐的新型劳动关系。

（三）实践性

实践性是劳动教育的最突出特性。为帮助学生树立正确的劳动价值观、具备良好的劳动品质，必须在实践活动中开展劳动教育。劳动教育必须在真实的生活环境和职业环境中，为学生提供各种实践活动，让学生在亲自动手实践中认识劳动的价值，培养学生吃苦耐劳、诚实守信、勤俭节约等良好的劳动品质，并通过劳动活动使其德智体美劳得到发展。

二、劳动教育课程的性质

劳动教育课程以立德树人为根本任务，主张通过课程培养学生尊重劳动、热爱劳动的劳动价值观，掌握生活和适应社会发展必备的劳动知识和劳动技能，提高社会适应能力。该课程具有以下性质。

（一）实践性

劳动教育课程与其他课程最大的区别就是实践性，学生需要通过亲身实践活动获得直接经验，不断丰富劳动技能。劳动教育课程强调"做中教""做中学"，要求学生手脑并用，在各种操作、体验等实践活动中获得劳动知识与技能，并提高将知识与技能运用到实践中去的能力，逐步形成良好的道德品质。

（二）生活性

生活性是指在劳动教育课程实施过程中，学生根据教师的指导体验生活、参与生活与适应生活。课程的内容源自生活，与学生所处的生活环境，当地的社会、经济、文化环境密切相关。劳动教育课程要选择学生生活中必须具备的、有益于学生发展的知识与技能为课程资源，要引导学生将所学的知识与技能运用到生活中去，促进学生在生活中的健康成长与发展。

（三）综合性

综合性是指劳动教育课程具有多学科交叉融合的特性。劳动教育课程与其他课程紧密结合在一起，包括德育课程、智育课程、体育课程及美育课程，劳动教育课程可以渗透到其他课程中去，在潜移默化中对学生进行劳动教育。真正掌握劳动技能要求学生具备一定的其他学科知识，如语文、数学知识等，并将这些知识灵活运用到劳动活动中。

（四）开放性

开放性是指劳动教育课程内容、教学设计等具有开放、多样的特点。劳动教育课程不仅要基于学生的生活，适应目前社会发展的需要，还要关注学生的未来生活及社会未来发展的需求。学校开设劳动教育课程不仅要考虑课程的普适性，还要考虑学生发展的差异性和生活环境的特殊性。课程内容、教学方法的选择与设计是弹性可变化的，具有多样性。

第三节　劳动教育课程的目标

劳动教育课程的目标主要以《大中小学劳动教育指导纲要》和《培智学校义务教育课程标准》（2016 年）为依据，包括总的目标和学段目标两个部分，从知识与技能、过程与方法、情感态度与价值观三个方面提出目标要求。

一、总的目标

（一）知识与技能目标

能够掌握自我服务劳动、家务劳动、公益劳动、生产劳动的基本知识与技能；认识并正确使用常见的劳动材料与工具，具备基础的加工技术；初步掌握完成一定劳动任务所需的通用生产技术；初步认识并了解残疾人劳动就业的相关知识及求职的方法、技巧。

（二）过程与方法目标

可以协调运用肢体和感官参与劳动，观察及分析事物；具有模仿劳动技能的能力并能进行实际操作；改善认知功能，提高精细动作水平，具备完成一定劳动任务所需的操作能力和团队合作能力；自觉遵守劳动安全规则；养成良好的劳动习惯，杜绝浪费；初步具有独立或半独立生活的能力。

（三）情感态度与价值观目标

通过丰富的实践活动，初步树立劳动最光荣、劳动最崇高、劳动最伟大、劳动最美丽的思想观念；尊重劳动，尊重普通劳动者，具有劳动意识和诚实守信、吃苦耐劳的意志品质；具有认真负责、遵守纪律、勤俭节约、爱护公物、珍惜劳动成果、团结协作的品质。

二、学段目标

（一）低年级

低年级是劳动教育的启蒙阶段，低年级应以个人生活起居为核心，以整理和清洗个人物品为重点开展劳动教育；学校应注重培养低年级学生的劳动意识，让其感知劳动的乐趣，促使其初步形成良好的劳动习惯。该阶段的劳动教育课程的目标包括：能整理、清洗个人物品，对家庭环境和校内环境进行简单的打扫整理，可以进行简单的手工制作；初步表达自己的活动意愿，参与适当的班级集体劳动，熟知个人物品，对家庭、学校的生活环境有初步的了解；具有参与劳动的意识，初步形成爱劳动、爱护工具、节约材料的意识和不怕吃苦、不畏艰难的意志品质。

（二）中年级

中年级应该以个体和家庭为中心，以自我服务技能和家务劳动技能为主要内容开展劳动教育，增强学生的劳动兴趣，初步养成热爱劳动、热爱生活的态度，使其初步具有解决实际问题的应用能力。该阶段的劳动教育课程的目标包括：具有家居清洁、收纳整理的基本能力，会使用常见的生活用具、家用电器、厨房用具，掌握基本的食材加工技能、厨房劳动技能及简单的手工缝纫技能；熟知家庭成员的生活习惯和作息规律，了解家庭、学校的生活环境，初步学会与他人合作劳动，具有自主参与劳动活动的习惯；主动参与劳动，能感受到劳动的乐趣，具有一定的安全意识、环保意识，初步树立正确的劳动价值观。

（三）高年级

高年级是劳动教育的提升阶段，劳动活动场所从家庭、学校扩大到社区、社会，在熟练掌握自我服务劳动技能和家庭劳动技能的基础上，学习并初步掌握基本的职业知识与技能，具有良好的劳动习惯和热爱劳动的情感，具备综合运用劳动技术的能力。该阶段的劳动教育课程的目标包括：能熟练地进行家庭日常清洁，熟练使用常用的家用电器，掌握几种简单的烹饪技能，学会手工缝纫技能，参与有一定技能要求的公益劳动和生产劳动，掌握几种职业的特点和简单的求职、就业知识；熟悉社区环境，积极主动参与敬老、扶弱等社区公益劳动，具有良好的与他人合作的能力，恰当地处理劳动过程中遇到的问题，了解个人兴趣特长，为接受职业教育做准备；积极参与劳动，具有为他人、集体、社区服务的意识，具有认真负责、勤俭节约、团结协作、遵守纪律、爱护公物的良好品质。

第四节　劳动教育课程的内容

本节主要参考了《培智义务教育劳动技能课程标准》（2016年）中对劳动教育课程内容的划分，其划分为自我服务劳动技能、家务劳动技能、公益劳动技能和简单生产劳动技能。以上四类内容，在不同学段各有侧重。低年级以自我服务劳动、简单家务劳动和简单公益劳动为主；中年级在巩固自我服务劳动技能的基础上，提高家务劳动和公益劳动的难度；高年级适度增加了简单生产劳动和职业准备的内容。劳动教育课程的学习随着学生年级的升高表现出由易到难、由简到繁，螺旋上升的发展规律，促进学生劳动素养的形成。

一、自我服务劳动技能

自我服务劳动技能是指学生在日常生活中妥善照料自己的能力，包括使用、整理和清洁个人物品等技能。此类内容分为使用物品、整理物品、洗涤物品和移动物品四个项目。学习自我服务劳动技能有助于学生形成劳动意识，养成自己动手的习惯，提高生活自理能力，为其从事其他各类劳动奠定基础。不同学段，自我服务劳动技能的课程内容有所不同，详见表13-1。

表13-1　不同学段自我服务劳动技能课程内容

学段	项目	内容
低年级	使用物品	1. 使用学习用品； 2. 使用家具、床上用品等。
	整理物品	1. 整理小件衣物； 2. 整理学习用品。
	洗涤物品	清洗、晾晒小件衣物。
	移动物品	移动小件物品。

续表

学段	项目	内容
中年级	使用物品	使用并清理雨具。
	整理物品	整理较大件衣物。
	洗涤物品	1. 刷鞋、洗书包等物品。 2. 清洗、晾晒、折叠薄厚适中的衣物。
高年级	移动物品	移动大件物品。
	移动物品	搬运重物。

二、家务劳动技能

家务劳动技能是学生适应家庭生活、从事家务劳动所具备的能力。此类内容包括使用物品、清洁整理、洗涤晾晒和厨房劳动四个项目，它与自我服务劳动的内容有所重合。家务劳动技能的培养重在促使学生适应家庭生活，培养学生的家庭责任感，为其将来融入社会，参与社会生活奠定基础。以下为不同学段的家务劳动技能课程内容，见表13-2。

表13-2 不同学段家务劳动技能课程内容

学段	项目	内容
低年级	清洁整理	1. 餐前准备和餐后整理； 2. 整理床上用品； 3. 整理、打扫房间； 4. 开、关、锁门窗。
	厨房劳动	清洗蔬菜和水果。
中年级	使用物品	1. 使用电视、热水器等常见家用电器； 2. 使用常见锁具； 3. 使用餐具、茶具； 4. 使用常用生活物品。
	清洁整理	1. 更换、整理卧具； 2. 刷洗餐具、茶具、炊具； 3. 打扫卫生间。
	洗涤晾晒	使用洗衣机洗衣服。
	厨房劳动	1. 洗水果； 2. 择菜、洗菜； 3. 使用刀具； 4. 使用冰箱、微波炉等厨房电器； 5. 认识调料，打开食品容器； 6. 无明火条件下使用炊具加热饭菜，制作简单饭菜。

学段	项目	内容
高年级	使用物品	使用电暖气等家用电器。
	清洁整理	1. 按季节存放衣服、鞋、被褥等物品； 2. 使用吸尘器等清洁电器； 3. 擦玻璃； 4. 打扫、整理厨房； 5. 美化、装饰房间。
	洗涤，晾晒	按季节清洗衣服、鞋、被褥、毛毯等。
	厨房劳动	1. 使用电烤箱、电饼铛等厨房电器； 2. 使用灶具； 3. 掌握将食材处理成块儿、片儿等的刀工； 4. 掌握蒸、煮、炒、煎、炸等烹饪技能； 5. 学会制作简单的面食； 6. 制作凉拌菜； 7. 冲泡饮料； 8. 按要求存放食材。

三、公益劳动技能

公益劳动技能是指直接服务并有益于社会的无偿劳动所包含的能力。公益劳动的场所多为学校和社区。通过公益劳动提高学生组织、合作和解决问题的能力，培养学生社会责任感和热爱集体、关爱他人、助人为乐、爱护公物等优良品质。此类内容包括校内劳动和社区劳动两个项目。以下为不同学段的公益劳动技能课程内容，见表13-3。

表13-3　不同学段公益劳动技能课程内容

学段	项目	内容
低年级	校内劳动	1. 打扫教室； 2. 打扫校园； 3. 开关教室或楼道的灯、门窗； 4. 浇花。
	社区劳动	参加居住社区的清扫活动。
中年级	校内劳动	1. 清扫教室、校舍、校园等； 2. 修补图书。
	社区劳动	1. 参加社区保洁劳动； 2. 参加社区服务活动。
高年级	校内劳动	1. 维修课桌椅等； 2. 布置、装饰校内环境。
	社区劳动	参加社区志愿者服务活动。

四、简单生产劳动技能

生产劳动技能是指农业、工业和服务业中所需的劳动能力。本课程主要帮助学生认识和使用常用劳动工具，学习农业、工业和服务业中最基础的劳动技能，包括使用工具、手工劳动、缝纫编织、种植劳动、养殖劳动、畜牧技术和职业准备七个项目，其中部分内容为拓展性内容。通过此类技能的学习使学生掌握简单的生产劳动技能，为接受职业教育做准备。以下为不同学段的简单生产劳动技能课程内容，见表13-4。

表13-4　不同学段的简单生产劳动技能课程内容

学段	项目	内容
低年级	使用工具	使用剪刀等简单工具。
	手工劳动	穿珠、粘信封等简单手工劳动。
中年级	使用工具	1. 使用简单办公用品； ※2. 使用简单种植工具。
	缝纫编织	熟悉手工缝纫基本针法。
	种植劳动	※ 种植常见花草、蔬菜。
	养殖劳动	※ 饲养常见小动物。
高年级	使用工具	1. 使用简单的五金工具进行操作； ※2. 使用简单农具； ※3. 使用装订机等简单机械。
	缝纫编织	1. 掌握手工缝纫针法； 2. 能使用针线进行简单的缝补； ※3. 能进行简单手工编织或刺绣。
	种植劳动	※ 种植当地农作物。
	职业准备	1. 了解残疾人就业的相关法律法规，了解求职、就业等知识； 2. 体验常见职业工种的操作技能。

注：标 ※ 的为拓展性内容。

第十四章
劳动教育课程评估

第一节 评估方法

在开展劳动教育课程之前，老师应对学生的劳动技能基本情况进行评估，可自行设计检核表进行评估，与家长或同事访谈评估，设置具体情境进行情境测验评估。

一、检核表

根据《大中小学劳动技能指导纲要（试行）》和《培智学校义务教育劳动技能课程标准》中的规定，劳动教育课程主要有四个方面的内容，即自我服务劳动技能、家务劳动技能、公益劳动技能、简单生产劳动技能。在学校内，老师对学生已有一定了解，因此，在对学生进行劳动教育课程评估时，老师可根据以上四个方面的内容设计检核表进行初步评估。对于老师不了解的领域，可以邀请同事和家长一起进行评估。通过检核表，老师可了解学生在四个大领域中的具体项目的掌握情况。在得知学生四大领域中哪些具体项目得分较低后，即可通过访谈法和情境测验法进行下一步的评估。

以下是自编《劳动教育课程评估量表》的示例。评量者根据学生具体情况，在"无法完成""能在他人动作协助下完成""能在他人口头协助下完成""独立完成"四栏下打"√"，学生无法完成给 0 分，能在他人动作协助下完成给 1 分，能在他人口头提示下完成给 2 分，能独立完成给 3 分。在得出每一项的具体分数后，计算出各项目的平均分。可据此设计学期教学计划，并根据评量结果，对家长进行访谈，进一步了解情况。此外，根据《培智学校义务教育劳动技能课程标准》的实施建议，设计学期教学计划时要从学习最基本的自我服务劳动技能入手，打牢基础，再逐步过渡到学习家务劳动技能、公益劳动技能和简单生产劳动技能。

表 14-1　自编劳动教育课程评估量表

类别	项目	内容	无法完成	在他人动	在他人动作协助下完成	在他人口头提示下完成	独立完成
自我服务劳动技能	使用物品	使用学习用品					
		使用家具、床上用品等房间中的物品					
		使用并清理雨具					
		使用电视、热水器等常见的家用电器					
		使用常见锁具					
		使用餐具、茶具					
		使用常用生活器具					
		使用电暖气等家用电器					
	移动物品	移动小件物品					
		移动大件物品					
		搬运重物					
家务劳动技能	清洁整理	整理小件衣物					
		整理学习用品					
		整理较大件衣物					
		餐前准备和餐后整理					
		整理床上用品					
		整理、打扫房间					
		开、关、锁门窗					
		更换、整理卧具					
		刷洗餐具、茶具、炊具					
		打扫卫生间					
		按季节保养、存放衣服、鞋、被褥等物品					
		使用吸尘器等清洁电器					
		擦玻璃					
		打扫、整理厨房					
		美化、装饰房间					
		服装熨烫					
	厨房劳动	清洗常见水果					
		择菜、洗菜					
		使用刀具					
		使用冰箱、微波炉、电烤箱、电饼铛等厨房电器					
		认识调料，开启食品容器					
		无明火条件下使用炊具加热饭菜、制作简单饭菜					
		使用灶具					
		掌握将食材处理成块儿、片儿、丝儿的刀工技法					

类别	项目	内容	无法完成	在他人动	在他人动作协助下完成	在他人口头提示下完成	独立完成
家务劳动技能	厨房劳动	掌握蒸、煮、炒、煎、炸等烹饪技能					
		学会制作简单的面点					
		制作凉拌菜					
		冲泡饮料					
		按存储要求存放食材					
	洗涤晾晒	清洗、晾晒小件衣物					
		刷洗鞋、书包等物品					
		清洗、晾晒、折叠薄厚适中的衣物					
		使用洗衣机洗衣服					
		按季节清洗服装、鞋、被褥、毛毯等					
公益劳动技能	校内劳动	打扫教室					
		打扫宿舍					
		打扫校园					
		开关教室或楼道的灯、门窗					
		浇花					
		布置、装饰校内环境					
	社区劳动	参加社区保洁劳动					
		参加社区服务活动					
简单生产劳动技能	使用工具	使用剪刀等简单工具					
		使用简单办公用品					
		使用简单种植工具					
	手工劳动	穿珠、粘信封等简单手工劳动					
	缝纫编织	熟悉手工缝纫基本针法					
		能使用针线进行简单的缝补					
	职业准备	了解残疾人就业的相关法律法规，了解求职、就业等知识					
		体验常见职业工种的操作技能					

二、访谈法

学生在学校以文化课为主，老师在学生劳动能力上所了解的信息会比较有限，所以在对学生劳动教育进行课程评估时，需要用到访谈法。访谈是为了搜集客观真实的第一手资料，以口头形式与他人进行交谈的研究方法。在一线教学实践中，老师可以通过与他人进行开放式访谈，灵活地了解学生在劳动领域某一方面的具体情况。在通过检核表进行评估后，老师已经知道学生在哪些具体项目得分较低，因此，在评估学生基本劳动技能掌握情况时，可与家长进行访谈，将目标聚焦在某一项目中的具体内容上，再通过情景测验，确定学生在该具体劳动技能上的掌握情况，从而进行针对性的教学。例如，在已知学生"自我服务劳动技能"领域，"整理物品"得分较低后，与家长进行访谈，了解到学生不会"整理小件衣物"。

三、情境测验

国家下达关于劳动教育的要求后，已有学校增加了烹饪室、种植园地等场地，为劳动教育课程的实施创设了教学条件。检核表进行了初步评估，与家长的访谈确定了具体的教学内容，而在进行具体教学时，需要根据学校提供的教学条件进行一定的情境测试，了解学生的现有水平。如在进行"煮饺子"的教学时，可在学校的烹饪室进行授课，授课的开始环节进行情境测试，在无烹饪室的情况下，可由家委会协助，提供相关器材，在教室内现场测试并授课。

第二节 评估案例

一、基本信息

表 14-2 为学生王 × 的基本信息。

表 14-2 王 × 的基本信息

学生信息			
姓名	小王	性别	男
年龄	16 岁	年级	八年级
诊断类型	轻度智力落后		
基本能力	具备一定认知能力，无情绪问题行为，动作能力较好，与人交往充满热情，愿意尝试学习新技能。		

二、检核表评估结果

表 14-4 是王 × 的自编劳动教育课程评估表评估结果。

表 14-3　王 × 劳动教育课程评估结果及需求分析

类别	项目	各项目平均分
自我服务劳动技能	使用物品	2.5
	移动物品	3
家务劳动技能	清洁整理	1.94
	厨房劳动	1.92
	洗涤晾晒	1.8
公益劳动技能	校内劳动	2.33
	社区劳动	2
简单生产劳动技能	使用工具	1.67
	手工劳动	2
	缝纫编织	0
	职业准备	0
劳动技能课程需求分析	运用检核表对该生进行初步评估发现，王 × 各项目中最低平均分是"简单生产劳动技能"中的"缝纫编织"与"职业准备"（0分），其次是"简单生产劳动技能"中的"使用工具"（1.67分），"家务劳动技能"中的"洗涤晾晒"（1.8分）、"厨房劳动"（1.92分）和"清洁整理"（1.94分）。根据《培智学校义务教育劳动技能课程标准》的实施建议，四大类别的劳动技能优先级由高到低为：自我服务劳动技能、家务劳动技能、公益劳动技能和简单生产劳动技能。结合学生评估结果可知，学生学习需求度最高的三个劳动项目分别是"洗涤晾晒""厨房劳动""清洁整理"。	

三、访谈

王 × 的检核表评估结果显示，教学计划应从"洗涤晾晒""厨房劳动""清洁整理"等项目展开。在更进一步确定小王的劳动教育需求时，可就三个项目的具体内容与家长进行开放式访谈。访谈发现，在这三个项目的内容中，家长希望小王能学会折叠衣物、清洗和晾晒衣物，能保持房间卫生，能自己煮面条、饺子、汤圆等简单面食。根据访谈结果，教学计划可从"折叠和清洗衣物""保持房间清洁"和"煮简单面食"三个方面展开。

四、情境测验

根据检核表和访谈确定好具体教学内容后，需在正式授课前进行情景测试，以了解学生在具体任务中的具体问题，该环节可安排在教学过程的开始环节，也可在日常班级环境中进行。例如，在对王 × 进行"折叠衣物"的教学时，由王 × 自备衣物，在授课时进行情景测验，测验发现，王 × 不知如何折叠衬衣和较厚的棉袄。在进行"保持房间清洁"的教学前，安排王 × 担任值日生进行情景测验，负责教室的清洁工作，发现王 × 存在不良的卫生习惯。在"煮简单面食"的授课时，发现王 × 无法判断水是否烧开以及面食是否煮熟。

第十五章 / 劳动教育课程设计与实施

第一节　劳动课程教学设计

一、劳动教育训练计划

（一）学生的个别化劳动教育训练计划

个别化劳动教育训练计划由五个部分组成：①学生的基本情况；②长期目标与短期目标；③计划的起始时间；④教学措施及辅助措施；⑤效果评价。

1. 学生的基本情况

基本资料：姓名、性别、年龄、家庭状况、联系方式等。

生理状况：听力情况、视力情况、肢体运动情况、有无特殊的生理体征或疾病。

一般智力情况：智商水平、认知能力发展水平（包括记忆力、注意力、想象力等）。

主要能力障碍或异常行为：生活自理能力、交往能力、语言表达能力、其他异常行为。

目前的劳动技能状况：自我服务劳动技能、家务劳动技能、公益劳动技能、简单生产劳动技能等方面的水平，劳动习惯、劳动意识的发展水平。

2. 长期目标与短期目标

根据学生目前的劳动技能水平及发展需求，制订学期内可达到的长期目标，在长期目标的基础上制订单元短期目标，即将长期目标细分为若干个具体可操作的短期目标，短期目标要具有层级性，目标难度逐步增大。

3. 个别化训练计划的起始时间（包括分阶段实施时间）

个别化训练计划的起始时间即计划开始和结束的时间，训练计划的起始时间要根据长期目标的达成所需时间来确定，同时要考虑学生劳动能力水平和学校课程安排及支持等因素。起始时间是实施整个计划所需的时间，分阶段实施时间是指计划达成各个长期目标和短期目标的时间安排。

4. 教学措施与辅助措施

根据学生的特殊需要及训练要求，采取合适的教育教学措施及辅助措施，以达到个别化训练的目标，这些教学措施与辅助措施包括以下几个方面：①恰当的教育安置方式（何时在资源教室接受个别化训练或补救教育、何时随班学习劳动技能）；②调整课程内容及课程标准（根据学生能力选择合适的课程内容，适当调整课程标准要求，降低难度）；③教材教法的选择（考虑劳动教育课程的特殊性，选择注重实际操作的教材教法）。

5. 效果评价

教师要将过程性评价与终结性评价相结合，既要对每一单元的短期目标完成度进行评价，也要综合评价整个学期的长期目标，根据过程性评价结果及时反思训练计划，对不足的地方进行调整，不断完善个别化训练计划；教师不仅要评价学生的表现，也要评价自身的教学。通过多方面的评价，充分了解学生的目标实现情况，为制订下一个个别化训练计划提供依据。

（二）学生的个别化劳动教育训练计划制订案例分析

1. 学生基本情况

姓名：王 ×

年龄：16 岁

性别：男

年级：八年级

生理状况：轻度智力障碍

在家务劳动技能与简单生产劳动技能方面的能力不足，家务劳动技能中的清洁整理、洗涤晾晒技能、厨房技能水平较低，简单生产劳动技能中的缝纫编织与职业准备技能水平较低。根据对家长的访谈结果，该学生特别需要提升家务劳动技能。

2. 个别化训练计划（表 15-1）

表 15-1　个别化训练计划

领域	目标		负责教师	教学决定	测评结果	评测人员/日期	策略
家务劳动技能	整理、保持房间清洁	会将枕头放到合适位置					现场示范、视频指导、模拟操作、同伴合作
		会叠被子					
		会整理床单					
		会将桌面上没用的东西都丢到垃圾桶					
		会打扫地上的脏东西					
		会将房间物品摆放整齐					
	折叠和清洗个人衣物	会根据需要正确使用洗衣机					
		会清洗服装、鞋					
		会清洗被褥、毛毯					
	简单的蒸煮技能	会独立择菜、洗菜					
		会独立使用刀具					
		会正确使用厨房电器					
		会将食材处理成为相应形状					
		会煮饺子					

3. 劳动教育训练课程计划

根据评估结果，了解学生劳动技能的优、劣势与发展需求，在此基础上设计课程计划，形成个别化训练课程。以学生李 × 为例，评估结果表明李 × 在家务劳动技能水平较低，根据李 × 的技能情况和发展需求，个别化训练课程内容应以洗涤晾晒、清洁整理、厨房劳动为主。以下为李 × 的劳动教育课程计划（表 15-2）。

表 15-2　李 × 的劳动教育训练课程计划

月份	第一周	第二周	第三周	第四周
9 月	整理床上用品	更换床上用品	整理餐具、茶具	刷洗餐具、茶具
10 月	衣物分类	衣物摆放	洗衣机用法	洗衣液用量、水位选择
11 月	独立使用洗衣机清洗被褥、衣服	正确晾晒衣物	清洗鞋子	衣物收纳折叠
12 月	清洗水果	择菜洗菜	清洗厨具	使用厨房电器
1 月	认识调味用品	使用刀具切菜	用电磁炉炒菜	

二、劳动教育课程教学设计

（一）教学设计内容及要素

劳动教育的教学内容，需在对学生进行评估后，根据评估结果来确定。劳动教育是一门实践性课程，实际操作时需要用到相关场地和材料。因此，在进行教学设计时，除了一般教学所涉及的教学目的、课时、教学重难点、教学方法、教学具体步骤等要素，还要考虑劳动教育的实施场地、劳动器材以及安全隐患等要素。

（二）教学设计案例分析

评估后发现，王 × 在"厨房劳动"项目上得分较低，在对其家长访谈后发现，其家长希望王 × 能学会自己煮面条、饺子、汤圆等简单食物。在情境测验中发现王 × 不会判断水是否烧开，不会判断面食是否煮熟。以下为王 × "煮饺子"的教学设计的案例（表 15-3）。

表 15-3　王 × "煮饺子"教案

学生	王 ×	学科	劳动技能	班级	八年级
年龄	16 岁	使用教材	自制教材		
教学内容及课时	煮饺子一课时	教学辅助工具	多媒体、速冻饺子、电磁炉、锅、勺子、碗、筷子、水		
教学目标	**知识与技能：** 1.能熟练地使用电磁炉和锅具； 2.能判断水是否烧开； 3.能进行"点水"操作； 4.能判断饺子是否煮熟。 **过程与方法：** 能通过手、眼、脑的配合，完成煮饺子的各个环节。 **情感态度与价值观：** 在煮饺子过程中，能形成一定的安全意识和质量意识。				
教学重点、难点	1.能判断水是否烧开； 2.能进行"点水"操作； 3.能判断饺子是否煮熟。				
教学环节	**一、猜谜语** 岸边一群小白鹅，扑腾扑腾跳下河。春潮涨落三遍后，白鹅一起上山坡。（打一食品） 教师：你知道谜底是什么吗？提示：过年我们要吃的东西，超市里也有卖，放开水里煮的。（饺子） 教师：你猜对了，就是饺子。（播放 PPT 饺子图片） **二、煮饺子步骤** 教师：今天我们要学习怎么煮饺子。煮饺子要准备哪些东西呢？ 学生：饺子、锅、勺子。 教师：对，但是今天我们在教室里煮饺子，还需要用到电磁炉。接下来，我们一起来煮饺子吧！ 				

教学环节	第一步：电磁炉插上电源（保持手部干燥，提醒学生注意安全）； 第二步：烧水，将锅放在电磁炉上，加入适量水，按下开关； 第三步：将水烧至沸腾（锅中间冒大个大个的泡泡）； 第四步：水开后下饺子，用勺子轻轻搅一搅，盖上锅盖； 第五步：饺子浮起后点水（即水再次沸腾后加入冷水），点水两次； 第六步：煮熟捞出（三次点水后，所有饺子浮在水面）。 注意事项：在煮饺子过程中，提醒学生保持注意力集中，手眼配合，小心烫伤，提醒学生安全使用电器。 **三、品尝及拓展** 教师：你知道饺子的其他烹饪方法吗？ 学生：蒸饺、煎饺…… 教师：除了直接水煮，饺子还有其他烹饪方法，有兴趣的话，下次我们可以一起试一试。接下来，我们一起来品尝自己煮的饺子吧。 **四、结束环节** 1. 课堂总结。 2. 课后作业：回家煮饺子，并录制煮饺子视频发给老师。
安全教育	使用电器时保持手部干燥，小心触电，下饺子和捞饺子时避免烫伤。饺子经三次点水后，漂浮至水面，可以再多煮两分钟，确定煮熟后再捞出。
教学反思	经过本次教学，学生能在他人少量口头提示下完成煮饺子的所有步骤，但具体操作尚不熟练，还需日常生活中多加练习。因此，需与家长进行沟通，给学生提供实操机会。

第二节 劳动教育课程实施案例

一、研究目的

本研究通过对两名轻度智力障碍学生的个案研究，旨在了解个案劳动能力发展水平及不足之处，根据课程目标和内容要求为个案分别设计课程计划和个别化训练计划，并实施计划，以提高个案的劳动发展水平，丰富其劳动技能。

二、研究案例分析

（一）研究案例1

1. 研究对象

王×，男，16岁，目前正在上八年级。诊断类型为轻度智力障碍，具备一定认知能力，无情绪问题行为，行动能力较好，与人交往充满热情，愿意尝试学习新技能。

2. 研究内容

首先，了解王×目前的劳动能力发展水平，包括日常生活劳动、家务劳动、公益劳动和简单生产劳动四个方面的劳动技能水平。其次，根据学生实际情况和需求，劳动教育课程目标和内容要求为王×设计个别化训练计划和课程计划，实施计划以提高王×对劳动技能的掌握水平。

3. 研究方法

该研究主要采用了检核表、访谈法、情境测验法等研究方法，这些研究方法前文已经进行了详细介绍。

4. 研究过程

1）了解基本信息

初步熟悉王×及其家庭、学校，了解王×的基本信息，其所在班级每周的劳动教育课程与活动安排。

2）评估劳动技能

采用自编的检核表评估王×对各方面劳动技能的掌握情况，通过对王×的家长及其老师、同学的访谈，了解王×在家庭中和班级中劳动表现及劳动能力，通过情境测验实际观察小王的劳动技能掌握水平。以下为王×劳动技能评估结果及需求分析（表15-4）。

表15-4 小王劳动教育课程评估结果及需求分析

类别	项目	各项目平均分
自我服务劳动技能	使用物品	2.5
	移动物品	3
家务劳动技能	清洁整理	1.94
	厨房劳动	1.92
	洗涤晾晒	1.8
公益劳动技能	校内劳动	2.33
	社区劳动	2
简单生产劳动技能	使用工具	1.67
	手工劳动	02
	缝纫编织	0
	职业准备	0
劳动技能课程需求分析	运用检核表对该生进行初步评估发现，王×同学各项目中最低平均分是"简单生产劳动技能"中的"缝纫编织"与"职业准备"（0分）；其次是"简单生产劳动技能"中的"使用工具"（1.67分），"家务劳动技能"中的"洗涤晾晒"（1.8分）、"厨房劳动"（1.92分）和"清洁整理"（1.94分）。 根据《培智学校义务教育劳动技能课程标准》的实施建议，四大类别的劳动技能优先级由高到低依次为：自我服务劳动技能、家务劳动技能、公益劳动技能和简单生产劳动技能。结合王×评估结果可知，王×最需要培养的三个劳动项目分别是"洗涤晾晒""厨房劳动""清洁整理"。	

通过与家长访谈发现，在这三个项目的内容中，家长希望王×能学会折叠衣物、清洗和晾晒衣物，能保持房间卫生，能自己煮面条、饺子、汤圆等简单面食。根据访谈结果，教学计划可从"折叠和清洗衣物""保持房间清洁"和"煮简单面食"三个方面展开。

利用各种场景和材料对王×"折叠和清洗衣物""保持房间清洁"和"煮简单面食"三方面进行情景测验发现：在"折叠、清洗和晾晒衣物"上，王×不知如何折叠衬衣和较厚的棉袄，不知加多少洗衣液洗衣服；在"保持房间清洁"上，发现王×存在不良的习惯；在"煮简单面食"上，×王无法判断水是否烧开以及面是否煮熟。

3）制订与实施计划

根据前面的评估结果，考虑到小王在家务劳动技能方面表现欠佳，家长期望

能够提高王 × 的家务劳动能力，因此为王 × 制订以家务劳动技能为主题的个别化劳动教育训练计划和课程计划，见表 15-5、表 15-6。

表 15-5　王 × 的个别化训练计划

领域		目标	负责教师	教学决定	测评结果	评测人员/日期	策略
家务劳动技能	整理、保持房间清洁	会将枕头放到合适位置					现场示范、视频指导、模拟操作、同伴合作
		会叠被子					
		会整理床单					
		会将桌面上没用的东西丢到垃圾桶					
		会清扫地上的脏东西					
		会将房间物品摆放整齐					
	折叠和清洗个人衣物	会根据需要正确使用洗衣机					
		会清洗服装、鞋子					
		会清洗被褥、毛毯					
	简单的蒸煮技能	会独立择菜、洗菜					
		会独立使用刀具					
		会正确使用厨房电器					
		会将食材处理成相应的形状					
		会使用煮锅煮饺子					

表 15-6　王 × 的劳动教育训练课程计划

月份	第一周	第二周	第三周	第四周
9 月	整理个人床铺	更换床上用品	整理个人桌面	房间物品归类
10 月	打扫房间卫生	使用洗衣机	清洗衣服、被褥	清洁鞋子
11 月	晾晒衣物	衣物折叠收纳	择菜洗菜	认识调味用品
12 月	正确使用刀具	使用常见厨房电器	清洗厨具	摆放厨具

5. 研究结果

为王 × 制订并实施个别化劳动教育训练计划后，通过再次对王 × 的家务劳动技能进行评估，发现王 × 各方面的得分明显提高，经过对其家长的访谈得知王 × 可以独立折叠衣服，房间卫生打扫能力有所提高，知道煮水饺的步骤，家务劳动技能得到了提升。

（二）研究案例 2

1. 研究对象

李 ×，男，10 岁，目前就读于五年级，被诊断类型为轻度智力障碍，具备一定认知能力，无情绪问题行为，性格内向腼腆，发音不太清晰，会流口水，精细动作能力和手脑协调能力较差。

2. 研究内容

首先，了解李 × 目前的劳动能力发展水平，包括日常生活劳动、家务劳动、公益劳动和简单生产劳动四个方面的劳动技能掌握情况和存在的不足。其次，根据学生实际情况和需求，以及劳动教育课程目标和内容要求，为李 × 设计个别化训练计划和课程计划，实施计划以提高李 × 的劳动技能掌握水平。

3. 研究方法

该研究主要采用检核表、访谈法、情境测验法等研究方法，此前已经对这些研究方法在进行了详细介绍。

4. 研究过程

1）了解基本信息

初步熟悉李 × 及其家庭、学校，了解李 × 的基本信息，以及其所在班级每周的劳动教育课程与活动安排。

2）评估劳动技能

采用自编的检核表评估李 × 对各方面劳动技能的掌握情况，通过对李 × 的家长及其老师、同学的访谈，了解李 × 在家庭和班级中的劳动表现及劳动能力，通过情境测验实际观察李 × 的劳动技能水平。以下为李 × 劳动技能评估结果及需求分析（表 15-7）。

表 15-7　李 × 劳动教育课程评估结果及需求分析

类别	项目	各项目平均分
自我服务劳动技能	使用物品	1.5
	移动物品	1.33
家务劳动技能	清洁整理	1.31
	厨房劳动	1.08
	洗涤晾晒	1
公益劳动技能	校内劳动	2
	社区劳动	1
简单生产劳动技能	使用工具	1.5
	手工劳动	2
	缝纫编织	0
	职业准备	0
劳动技能课程需求分析	运用检核表对该生进行初步评估发现，李 × 同学各项目中平均分最低的是"简单生产劳动技能"中的"缝纫编织"与"职业准备"（0分）；其次是"家务劳动技能"中的"洗涤晾晒"（1分）"公益劳动技能"中的"社区劳动"（1分）、家务劳动技能中的"厨房劳动"（1.08分）和"清洁整理"（1.31分）。根据《培智学校义务教育劳动技能课程标准》的实施建议，四大类别的劳动技能优先级由高到低依次为：自我服务劳动技能、家务劳动技能、公益劳动技能和简单生产劳动技能。结合李 × 的评估结果可知，李 × 最需要培养的三个项目是"洗涤晾晒""厨房劳动"和"清洁整理"。	

通过与家长访谈发现，在这三个项目的内容中，家长希望李 × 能学会折叠衣物以及用洗衣机清洗衣物，能清洗锅碗瓢盆等生活用具，能用扫帚打扫卫生以及用拖把拖地。根据访谈结果，教学计划可从"折叠和清洗衣物""使用扫帚、拖把"和"清洗锅碗瓢盆"三个方面展开。拖地时手部力气不足，使不上劲儿；在"清洗锅碗瓢盆"上，小李动作不熟练，精细动作较差，许多地方清洗不干净。

利用各种场景和材料对小李"折叠和清洗衣物""使用扫帚、拖把"和"清洗锅碗瓢盆"三方面进行情景测验发现：在"折叠和清洗衣物"上，李 × 不会折叠常见上衣，不会使用洗衣机；在"使用扫帚、拖把"上，李 × 用扫帚扫地时，不会有次序地按照方向进行打扫，无法将垃圾扫至一处，拖地时手部力气不足，使不上劲儿；在"清洗锅碗瓢盆"上，李 × 动作不熟练，精细动作较差，许多地方清洗不干净。

3）制订与实施计划

根据前面的评估结果，考虑到李 × 缺乏基本的家务劳动技能，家长期望能够提升李 × 折叠衣物、打扫卫生、厨房清洁等方面的劳动技能，因此为小李制定以家务劳动技能为主题的个别化劳动教育训练计划和课程计划，见表 15-8、表 15-9。

表 15-8　李 × 的劳动教育训练计划

领域	目标		负责教师	教学决定	测评结果	评测人员/日期	策略
家务劳动技能	整理、保持房间清洁	会摆放床上用品					现场示范、视频指导、模拟操作、同伴合作
		会整理房间桌面物品					
		会摆放清洗餐具、茶具					
		会正确将衣物进行分类					
		会整理摆放衣服、鞋子等物品					
		会使用扫帚等工具打扫室内卫生					
	折叠和清洗个人衣物	会正确使用洗衣机					
		会根据需要调整水位、洗衣液容量、衣服件数					
		会正确晾晒衣物					
		会清洗鞋子					
		整齐折叠衣物					
	简单的蒸煮技能	认识不同厨具用途					
		整齐摆放厨具					
		正确使用洗洁精清洗厨具					

表 15-9　小李的劳动教育训练课程计划

月份	第一周	第二周	第三周	第四周
9 月	整理床上用品	更换床上用品	整理餐具、茶具	刷洗餐具、茶具
10 月	衣物分类	衣物摆放	洗衣机用法	洗衣液用量、水位选择
11 月	独立使用洗衣机清洗被褥、毛毯、衣服	正确晾晒衣物	清洗鞋子	衣物收纳折叠
12 月	清洗水果	择菜洗菜	清洗厨具	使用厨房电器
1 月	认识调味用品	使用刀具切菜	使用电磁炉炒菜	

（三）研究结果

研究者针对李 × 的劳动技能掌握水平制订了专门的训练计划和课程计划，实施结果表明了其计划的有效性。计划实施后对李 × 的家务劳动技能掌握水平再次进行评估，检核表得分表明李 × 在清洁整理、折叠和清洗个人衣物、厨具清洁整理等方面有所提高，经过与其家长的访谈得知，李 × 在家中做家务的能力有明显的提升。

参考文献

[1] 白洁琼，蒋路易.特殊儿童团体游戏治疗的研究综述［J］.邵阳学院学报（自然科学版），2015，12（4）：69-74.

[2] 蔡蓓瑛，孔克勤.自闭症儿童行为评定与社会认知发展的研究［J］.心理科学，2000，23（3）：269-274.

[3] 蔡瑞美.回归主流高中职身心障碍学生巡回辅导制度的实施现况［J］.台湾师范大学特殊教育中心，2000.

[4] 查怡韵.听障学生记叙文阅读理解中插图效应的实验研究［D］.上海：华东师范大学，2009.

[5] 陈家麟，骆伯巍.心理健康对智力发展的影响［J］.教育评论，1990（5）：44-46.

[6] 陈婧，肖翠萍.机器人技术在自闭症儿童干预中的应用［J］.中国临床心理学杂志2017，25（4）：789-792.

[7] 陈莲俊，昝飞.随班就读支持保障体系建构视角下我国资源教室的建设与运行［J］.中国特殊教育，2020（3）：8-13.

[8] 陈墨，韦小满.自闭症儿童非语言沟通能力的评估研究［J］.中国特殊教育，2015（5）：44-50.

[9] 程从柱.劳动教育何以促进人的自由全面发展：基于马克思主义劳动观和人的发展观的考察［J］.南京师范大学学报（社会科学版），2020（3）：16-26.

[10] 达庆红.普通中小学轻度发展障碍学生社交能力培养的个案研究［J］.现代特殊教育，2019（7）：27-29.

[11] 董奇，陶沙.动作与心理发展［M］.2版.北京：北京师范大学出版社，2014.

[12] 郭长义.人的全面发展视域下的新时代高校劳动教育研究［J］.辽宁大学学报（哲学社会科学版），2019，47（4）：161-169.

[13] 韩静.团体沙盘游戏对特殊儿童心理康复的质性研究［J］.现代特殊教育，2016（11）：75-76.

[14] 洪丽萍.培智义务教育劳动技能校本课程建设的实践研究［J］.现代特殊教育，2016（15）：72-74.

[15] 黄赫鑫.培智学校校本课程开发的研究［M］.沈阳：东北师范大学，2006.

[16] 黄儒军，申仁洪，明兰，等.重庆地区智力障碍儿童家庭生活质量调查研究［J］.贵州工程应用技术学院学报，2018，36（5）：132-140.

[17] 江琴娣.随班就读轻度智力落后学生心理健康问题的研究［J］.中国特殊教育，2005（2）：37-40.

[18] 蒋小丽，陈顺森.箱庭游戏：自闭症谱系障碍儿童社会认知特点的象征性表达［J］.漳州师范学院学报（自然科学版），2014，27（2）：119-125.

[19] 李凤.汉语拼音读写困难儿童的阅读流畅性研究［D］.重庆：重庆师范大学，2019.

[20] 蓝祺琳.小学身心障碍资源班教师角色期望和践行之调查研究［D］.台北：台湾师范大学，1997.

［21］林崇德 . 心理学大辞典［Z］. 上海：上海教育出版，2003.

［22］林克松，熊晴 . 走向跨界融合：新时代劳动教育课程建设的价值、认识与实践［J］. 湖南师范大学教育科学学报，2020，19（20）：57-63.

［23］朴永馨 . 特殊教育辞典［Z］. 北京：华夏出版社，1996.

［24］林坤灿 . 资源教室经营［M］. 花莲师范学院特殊教育中心，1999.

［25］林坤灿 . 融合教育现场行动方案［M］. 东华教育大学特殊教育中心，2016.

［26］林素贞 . 资源教室方案与经营［M］. 2 版 . 台北：五南图书公司，2009.

［27］刘娜 . 对识字困难型阅读障碍儿童的干预研究［D］. 武汉：华中师范大学，2006.

［28］刘翔平，候典牧，杨双，等 . 阅读障碍儿童汉字认知特点研究［J］. 心理发展与教育，2004，20（2）：7-11.

［29］刘秀红 . 小学特殊儿童心理问题的"诊断"与指导［J］. 辽宁教育，2012（10）:36.

［30］刘一 . 自闭症儿童团体游戏治疗的实践研究［D］. 上海：华东师范大学，2012.

［31］毛荣建，顾新荣 . 汉语发展性书写障碍研究的现状探析［J］. 北京联合大学学报（自然科学版），2014，28（3）：89-92.

［32］毛颖梅 . 游戏治疗的内涵及其对智力障碍儿童心理发展的意义［J］. 中国特殊教育，2006（10）:36-39.

［33］明兰，吴金航，任登峰 . 自闭症幼儿社会认知实验及干预绩效研究［J］. 管理观察，2014（34）：178-180.

［34］庞颖，景时 . 资源教室:阅读障碍学生的补救教学策略［J］. 绥化学院学报，2018，38(1):90-92.

［35］舒华，毕雪梅，武宁宁 . 声旁部分信息在儿童学习和记忆汉字中的作用［J］. 心理学报，2003，35（1）：9-16.

［36］孙静雯 . 写作障碍的有效干预策略综述［J］. 绥化学院学报，2018，38（4）：107-111.

［37］王娇娇，连福鑫，朱楠 . 小学随班就读智力障碍学生同伴关系现状研究［J］. 中国特殊教育，2020（3）：42-48，61.

［38］王晓萍 . 儿童游戏治疗［M］. 南京：江苏教育出版社，2010.

［39］王莹 . 新时代育人目标的丰富和拓展：从"德智体美"到"德智体美劳"的解读［J］. 学校党建与思想教育，2020（7）：52-55.

［40］王振德 . 资源教室的行政管理与经营［J］. 特教园丁，1998，13（3）：1-6

［41］韦小满 . 特殊儿童心理评估［M］. 北京：华夏出版社，2006.

［42］魏英杰 .《培智学校义务教育劳动技能课程标准》解读［J］. 现代特殊教育，2018(11)：34-36.

［43］翁盛，魏寿洪 . 录像示范法在自闭症儿童社交技能训练中的应用［J］. 中国特殊教育，2015（9）：25-32.

［44］肖非 . 关于个别化教育计划几个问题的思考［J］. 中国特殊教育，2005（2）：8-12.

［45］谢爱武 . 手书运动分析及其在书写困难中的研究［J］. 心理科学，2009，32（4）：977-979.

［46］谢骏 . 随班就读学生心理问题解析［J］. 现代特殊教育，2015（11）：70-71.

［47］熊莉 . 心理剧与戏剧疗法之比较［J］. 黑龙江教育学院学报，2007，26（3）：61-63.

［48］许家成.培智学校义务教育课程标准的基本特点［J］.现代特殊教育，2017（1）：8-9.

［49］徐素琼，向友余.随班就读中学习障碍儿童社交技巧教学的个案研究［J］.中国康复理论与实践，2010，16（2）：182-184.

［50］须芝燕，黄美贤.随班就读康复训练课程的实践探索［J］.现代特殊教育，2012（11）：27-28.

［51］闫俊，崔玉华.艺术疗法［J］.临床精神医学杂志，2003，13（4）：240-241.

［52］杨晓翠.特校学生心理健康的问卷编制与调查［D］.重庆：重庆师范大学，2016.

［53］杨坤堂.学习障碍儿童［M］.台北：五南图书出版公司，1995.

［54］昝飞.积极行为支持：基于功能评估问题行为干预［M］.北京：中国轻工业出版社，2013.

［55］昝飞，刘春玲.弱智儿童语音发展的比较研究［J］.心理科学，2002，25（2）：224-225.

［56］昝飞，刘春玲，陈建军.随班就读学生与正常学生心理行为问题比较［J］.中国特殊教育，2002（3）：29-32.

［57］曾天山.国外关于教科书插图研究的述评［J］.外国教育研究，1999，26（3）：20-23.

［58］詹世英.建构资源教室课程，为特殊教育需要学生提供适合教育：以四川大学附属实验小学江安河分校为例［J］.现代特殊教育，2019（17）：25-28.

［59］张立秋.大连市甘井子区资源教室课程建设实践探索［J］.现代特殊教育，2018（15）：11-13.

［60］张福娟，江琴娣，杨福义.轻度智力落后学生心理健康问题的研究［J］.心理科学，2004，27（4）：824-827.

［61］张明璇.大专校院资源教室辅导人员角色之实践、期待与生涯定位［D］.台北：台湾师范大学.2011

［62］张日升.箱庭疗法［J］.心理科学，1998（6）：544-547.

［63］张微.学习障碍的评估与矫正［M］.武汉：华中师范大学出版社，2013.

［64］张煜晨，徐玉林，林木英南.沙盘疗法在特殊教育中的应用及启示［J］.智库时代，2019（32）：201-202,208.

［65］张珍珍，连福鑫，贺荟中.小学随班就读自闭症谱系障碍儿童同伴关系现状研究：以浙江省杭州市为例［J］.中国特殊教育，2019（9）：28-34.

［66］赵曼.辅读学校学生语言能力特点研究［D］.上海：华东师范大学，2012.

［67］郑静，马红英.弱智儿童语言障碍特征研究综述［J］.中国特殊教育，2003（3）：1-5.

［68］郑琦.论马克思人的全面发展理论［J］.黑龙江社会科学，2009（6）：5-8.

［69］周念丽.特殊儿童的游戏治疗［M］.北京：北京大学出版社，2011.

［70］周倩瑜.小学低年级识字教学策略研究［J］.教育观察，2021，10（7）：102-104.

［71］朱靓琳.关于儿童游戏治疗的论述［J］.吉林省教育学院学报（上旬），2012，28（9）：122-123.

［72］朱琳.对小学二年级识字困难儿童的教育干预研究［D］.福州：福建师范大学，2019.

［73］Ellingson S，Miltenberger R，Stricker J，et al. Functional assessment and intervention for challenging behaviors in the classroom by general classroom teachers［J］. Journal of Positive Behavior Interventions，2000，2（2）：85-97.

［74］Ewoldt K B, Morgan J J. Color-Coded Graphic Organizers for Teaching Writing to Students With Learning Disabilities［J］. Teaching Exceptional Children, 2017, 49（3）:175-184.

［75］Graham S, Collins A A, Rigby-Wills H. Writing Characteristics of Students with Learning Disabilities and Typically Achieving Peers: A Meta-Analysis［J］. Exceptional Children, 2016, 83（2）: 199-218.

［76］Graham S, Harris K R, Larsen L. Prevention and Intervention of Writing Difficulties for Students with Learning Disabilities［J］. Learning Disabilities Research and Practice, 2001, 16（2）:74-84.

［77］Gubby S S, Klerk N H. A study and review of developmental dysgraphia in relation to acquired dysgraphia［J］. Brain and Development, 1995, 17（1）: 1-8.

［78］Hartman E, Houwen S, Scherder E, et al. On the relationship between motor performance and executive functioning in children with intellectual disabilities［J］. Journal Intellect Disability Research, 2010, 54（5）:468-477.

［79］Kaiser M L, Schoemaker M M, Albaret J M, et al. What is the evidence of impaired motor skills and motor control among children with attention deficit hyperactivity disorder（ADHD）? Systematic review of the literature［J］. Research in Developmental Disabilities, 2015（36）:338-357.

［80］Landerth G L. Play therapy: the art of the relationship［M］. London: Routledge, 2012.

［81］Leview W H, Lentz R. Effects of text illustrations: A review of research［J］. AV Communication Review, 1982, 30（4）: 195-232.

［82］Mason L H, Harris K R, Graham S. Self-regulated strategy development for students with writing difficulties［J］Theory into Practice, 2011, 50（1）:20-27.

［83］Rosenblum S, Weiss P L, Parush S. Handwriting evaluation for developmental dysgraphia: Process versus product［J］. Reading & Writing, 2004, 17（5）:433-458.

［84］Saddler, Bruce, Asaro, et al. The effects of peer-assisted sentence-combining practice on four young writers with learning disabilities［J］. Learning Disabilities—A Contemporary Journal, 2008, 6（1）: 17-31.

［85］Schumaker J B, Deshler D D. Adolescents with learning disabilities as writers: Are we selling them short? ［J］. Learning disabilities: research and practice, 2009, 24（2）: 81-92.

［86］Sterrett K, Shire S, Kasari C. Peer relationships among children with ASD: Interventions targeting social acceptance, friendships, and peer networks［J］. International review of research in developmental disabilities, 2017（52）: 37-74.

［87］Suzanne A, Roy M. The barriers to social inclusion as perceived by people with intellectual disabilities［J］. Journal of Intellectual Disabilities, 2006, 10（3）: 275-287.